НОВЫЙ ВЗГЛЯД НА 1888 ГОД

© 2022 CFI Book Division

Дизайн обложки и макет спроектированы «CFI Graphic Design»

Все права сохранены. Чтобы заказать книги оптом, задать вопросы или оставить комментарии, вы можете обращаться к нам «CFI Book Division» посредством нашего сайта: www.gospel-herald.com

В квадратных скобках указаны страницы оригинала. Номер стоит в начале обозначенной страницы.

ISBN: 978-1-7344387-6-5

Фото на задней обложке любезно предоставлено Центром адвентистского наследия, Университет Эндрюса.

НОВЫЙ ВЗГЛЯД НА 1888 ГОД

ИЗДАНИЕ ИСПРАВЛЕННОЕ И ДОПОЛНЕННОЕ САМИМИ АВТОРАМИ

Роберт Дж. Виланд и Дональд К. Шорт

1888–1988:
Сто лет противостояния между Богом и Его народом

Точный перевод оригинала,
изданного в 1987 году издательством
«THE 1888 MESSAGE STUDY COMMITTEE»

оригинальное название
«1888 RE-EXAMINED»

Опубликовано издательством «CFI Book Division»
P.O. Box 159, Gordonsville, Tennessee 38563, USA

Всё это происходило с ними, как образы; а описано в наставление нам, достигшим последних веков.
(1-е Коринфянам 10:11)

СОДЕРЖАНИЕ

Предисловие		i
Глава 1.	Почему необходимо пересмотреть историю адвентисткой церкви	1
Глава 2.	Грех оставления нашей первой любви	10
Глава 3.	Громкий клич придёт не так, как ожидалось	18
Глава 4.	Принято или отвергнуто? В поисках более определённого ответа	34
	Дополнительные примечания к четвёртой главе	62
Глава 5.	Принципиальная проблема: Как оценить послание 1888 года	71
Глава 6.	Как отвергли Эллен Уайт в 1888 году	88
Глава 7.	Более пристальный взгляд на «исповеди»	109
Глава 8.	Кризис адвентистского движения: Сессия Генеральной Конференции 1893 года	125
Глава 9.	Ложная праведность по вере: Семена отступничества посеяны	137
Глава 10.	Почему Джоунс и Ваггонер сбились с пути?	157
Глава 11.	Кризисы «альфа» и «омега»	177
Глава 12.	Отступничество пантеизма	191
Глава 13.	Предсказания Эллен Уайт о поклонении Ваалу	201
Глава 14.	От 1950 до 1971 года	223
Глава 15.	От 1971 до 1987 года и далее	240
Приложение А:	Проповедовал ли А. Т. Джоунс ересь о «святой плоти»?	262
Приложение Б:	Сравнение учений о праведности по вере	266
Приложение В:	Один из источников мифа о принятии вести	275

| Приложение Г: | Каково будущее Церкви Адвентистов Седьмого Дня? | 280 |
| Приложение Д: | Краткий обзор публикаций, вышедших в 1987–1988 годах | 292 |

Об авторах книги «Новый взгляд на 1888 год» 314

ПРЕДИСЛОВИЕ

Авторы этой книги твёрдо убеждены в том, что Бог доверил Адвентистам Седьмого Дня Своё последнее послание о Его преизобилующей благодати для человечества. Эта весть должна окончательно исцелить нас от проблемы греха, явить праведность Божью через верующих, и оправдать жертву Христа. В Царствие Небесное «не войдёт ничто нечистое и никто преданный мерзости и лжи» (Откровение 21:27).

Авторы также верят в неизмеримо сильное желание Спасителя, чтобы народ Божий приготовил путь для Его возвращения. Весть, которую Бог послал Своему народу в 1888 году, имела целью завершить работу Его благодати в людских сердцах, вследствие чего разрешилась бы великая борьба между Богом и сатаной. Но сто лет тому назад что-то пошло не так. План Господа был сорван и его исполнение приостановлено. Что же произошло? Почему эта задержка длится так долго?

Маяки, указывавшие путь сто лет назад, потускнели, а во многих случаях задрожали и потухли. Столпы адвентизма поколебались. Наш народ, хоть и не объявляет об отказе от веры во второе пришествие Христа, но постепенно теряет надежду на Его *скорое* возвращение. Многие пребывают в смущении и замешательстве. Современный мир увлекает нас модой, развлечениями и заботой о своих наслаждениях.

Даже в общинах с богатым духовным наследием количество разводов достигло размеров эпидемии. Употребление спиртных напитков стало проблемой в наших колледжах, университетах, и в огромном количестве наших семей. У большинства Адвентистов Седьмого Дня в Северной Америке сегодня нет чёткого представления о небесном Дне Искупления и о наших уникальных обязанностях в отношении воздержания и умеренного образа жизни, которые требуются в этой связи. Поражает то, что во времена бурного прогресса мы как народ в целом имеем весьма смутное представление о том, что совершает Христос как Первосвященник в этот окончательный День Примирения, и выражаем весьма скудное сочувствие Его намерениям. А то, что мы не понимаем сами, мы не в состоянии передать миру.

Хорошо известно, что большая часть нашей молодёжи не имеет ясных убеждений, отличающих их как Адвентистов Седьмого Дня. В серии статей, опубликованных в июне 1986 года в «*Адвентист Ревью*» описан новый феномен: адвентистская молодёжь присоединяется к церквям, соблюдающим воскресенье (смотри 13-ю главу этой книги).

Стремительно растёт количество ответвлений и независимых служений. Финансовые скандалы дают пищу для нападок критиков. Поднимаются серьёзные вопросы о том, не обречена ли церковь Адвентистов Седьмого Дня на то, чтобы стать ещё одним придатком Вавилона.

«Самая драгоценная весть», посланная Господом Своему народу более столетия назад, содержит в себе «начало» решения всех этих проблем. Она представляет собой послание о преизобилующей благодати. Постоянно растущие трудности являются прямым и неизбежным плодом прошлого и настоящего неверия в эту так называемую «весть 1888 года». Когда истина отвергается, заблуждения всегда заполняют образовавшийся вакуум. Но нет таких проблем, которые нельзя решить с помощью покаяния.

Всемирная церковь должна без промедления узнать полную историю нашего столетнего противостояния Христу. Эллен Уайт часто уподобляла наше непринятие послания 1888 года отвержению иудеями Христа два тысячелетия тому назад. В данной книге мы снова пересмотрим её письма и рукописи, а также опубликованные заявления. Необходимо чтобы её слово прозвучало открыто и беспрепятственно. Когда вся правда будет открыта и понята, независимо от того, кто её откроет, – данные авторы, или другие, у которых это получится ещё лучше, – покаяние и реформация неизменно последуют, что и приготовит народ к пришествию Господа. Послание к Лаодикии достигнет своей цели, и послужит исцелению и восстановлению.

Убеждение Эллен Уайт удачно выражено в кратком письме её сына, написанном незадолго до её смерти: «Я рассказал миссис Лиде Скотт об отношении мамы к опыту церкви остатка и о её совершенно определённом учении о том, что Бог не позволит отступничеству этой церкви достигнуть таких масштабов, чтобы появилась необходимость в образовании другой церкви» (Письмо. 23 мая 1915 г.). Данное утверждение подразумевает, что отступничество будет очень серьёзным, но Господь не позволит ему стать всеобщим. До самой смерти Эллен Уайт верила в то, что, в конце концов покаяние церкви всё-таки состоится.

В чём суть вести 1888 года?

При написании этой книги мы не ставили перед собой задачу воспроизвести содержание самой вести. Такая попытка сделана в ряде других трудов данных авторов[1]. Но для тех, кто не имеет доступа к этим публикациям или к первоисточникам, мы приведём в кратчайшей форме наиболее отличительные и существенные идеи данного послания. Читатель сразу увидит, что эти концепции противоречат идеям, общенародно (или официально) принятым нашим народом сегодня (документированные доказательства можно получить в книгах, упомянутых в сноске).

(1) Жертва Христа не просто *условна*, а *действенна* для всего человечества. Поэтому человек может погибнуть только по той причине, что он сам выбрал путь сопротивления спасительной благодати Божьей. Те, кто спасутся для вечности, обнаружат, что это произошло только по Божьей инициативе. Те же, кто погибнет навеки, погибнет исключительно по своей инициативе. Спасение совершается только по вере; гибель — только по неверию.

(2) Таким образом, жертва Христа *в юридическом смысле* уже оправдала «каждого человека», и буквально спасла наш мир от преждевременного уничтожения. Все люди обязаны Ему даже своей физической жизнью, верят они в это или нет. На каждой буханке хлеба стоит отпечаток Его креста. Когда же грешник слышит и верует в чистое евангелие, он оправдывается *верой*. Погибающие же — это те, кто преднамеренно отвергают то оправдание, которое Христос уже совершил для них.

(3) Следовательно, оправдание *верой* представляет собой нечто большее, чем юридическое провозглашение человека оправданным; оно изменяет сердце. Грешник теперь уже сам принимает это искупление, что и примиряет его с Богом. А поскольку невозможно воистину примириться с Богом, не примирившись с Его святым законом, из этого следует, что истинное оправдание *верой* делает верующего послушным всем заповедям Божьим.

(4) Эта удивительная работа совершается посредством служения Нового Завета, в котором Господь фактически пишет Свой Закон *в сердце* верующего. Послушание исходит *от любви*, и сила этой новой мотивации превосходит силу страха перед погибелью, равно как и надежду на награду спасения. (Именно эти мотивации имеет в виду Павел, используя выражение «под законом»). Ветхий и новый заветы отличаются не временем, в которое они

---

[1] *The 1888 Message, An Introduction*, Review and Herald, 1980; *Gold Tried in the Fire*, Pacific Press, 1983; *The Good News is Better Than You Think*, Pacific Press, 1985; *A Summary of the History and Content of the 1888 Message*, The 1888 Message Study Committee, 1977.

заключались, а своей природой. Вера Авраама сделала его способным жить новым заветом, в то время как множество современных христиан живут в ветхом завете по причине эгоцентризма своих мотиваций. Ветхий завет представляет собой обещание людей быть верными Богу. В новом же завете спасение приходит через веру в Божьи обещания, данные нам, а не через *наши обещания, которые бы мы давали* Ему.

(5) Любовь Господа активна, а не пассивна. Христос, как Добрый Пастырь, активно разыскивает своих заблудших овец. Наше спасение зависит не от наших поисков Спасителя, а от веры в то, что Он ищет нас. Окончательная погибель ожидает лишь тех, кто продолжает противиться и презирать Его влекущую любовь. В этом и заключается суть *неверия*.

(6) Таким образом, трудно погибнуть и легко быть спасённым тому, *кто понимает и верит в доброту этой Благой вести*. Грех – это постоянное сопротивление Божьей благодати. Христос уже принял возмездие за все грехи людей, и поэтому единственная причина, по которой кто-либо может погибнуть – это постоянное неверие, отказ оценить искупление, совершённое Христом на Его кресте, и посылаемое Им как нашим Первосвященником. Истинное евангелие рассеивает это неверие и ведёт к подлинному покаянию, которое подготавливает верующего к возвращению Христа. Человеческая гордость, возвеличивание себя и лесть несовместимы с подлинной верой во Христа, и явно свидетельствуют о господствующем неверии, даже если оно господствует внутри самой церкви.

(7) В поисках заблудшего человечества Христос прошёл весь путь, принимая на Себя падшую греховную природу человека, которую тот имел после грехопадения, с той целью, чтобы быть искушённым во всём подобно нам, однако продемонстрировать совершенную праведность «в подобии плоти греховной». Весть 1888 года принимает слово «подобие» как собственно «подобие», а не как *отличие*. Слово «праведность» никогда не применялось к Адаму до его грехопадения, как не применялось оно и к безгрешным ангелам. Оно может означать только ту святость, которая *в падшей человеческой природе* вступила в борьбу с грехом и одержала над ним победу.

Таким образом, весть о «праведности Христа», с таким энтузиазмом одобренная Эллен Уайт в эпоху 1888 года, основывается на вышеуказанном уникальном понимании природы Христа. Если бы Он принял природу Адама до грехопадения, то в таком случае сам термин «праведность Христа» стал бы бессмысленной абстракцией. Вестники 1888 года утверждали: учение о том, что Христос принял безгрешную природу Адама является наследием католицизма, насаждающим «тайну беззакония», делая Христа «далёким», а не «близким» людям.

(8) Таким образом, наш Спаситель «осудил грех во плоти» падшего человечества. Это значит, что Он лишил грех его законной силы, сделал его необязательным во свете Своей миссии. Невозможно иметь новозаветную веру во Христа и продолжать грешить. Мы не вправе оправдывать согрешения, говоря, что «мы всего лишь люди», или что «дьявол заставил нас согрешить». Во свете креста дьявол не в силах заставить грешить никого. Быть же истинно «человечным» означает иметь христоподобный характер, ибо Он был и остаётся полностью человеком и полностью Богом.

(9) Из этого следует, что подлинная новозаветная *вера* — единственное, в чём нуждается Божий народ для подготовки к пришествию Христа. Именно этого церкви и не хватает. Ей кажется, что она «богата, разбогатела, и ни в чём не имеет нужды», имея в виду доктрины и духовный опыт, но на самом деле её главный грех — жалкое *неверие*. Праведность же достигается верой. Невозможно иметь веру и не проявлять праведность в жизни, потому что истинная вера «*действует* любовью». Нравственные и духовные падения являются плодом увековечивания древнего греха Израиля — неверия, путём внедрения ложной праведности по вере.

(10) С 1844 года праведность через веру является «вестью третьего ангела в своей подлинной сути». Поэтому праведность по вере — это нечто более великое, чем то, чему учили реформаторы, и чему учат популярные церкви сегодня. Это — весть о преизобилующей благодати, которая согласуется с уникальной адвентистской истиной об очищении небесного святилища, которое совершается одновременно с очищением сердец народа Божьего на земле.

В послании 1888 года есть и другие аспекты, такие как реформа здоровья и образования. Но основное внимание в нашей книге уделено главному аспекту этого послания, который, по свидетельству Эллен Уайт, заключается в праведности через веру. Неправда, что весть 1888 года была направлена против церковной организации (см. 10-ю главу).

Значимость этой вести в наши дни

Весть и история 1888 года дают ключ к примирению с Господом Иисусом. Великое «окончательное искупление» станет реальностью. «В тот день откроется источник дому Давидову (руководству церкви) и жителям Иерусалима (организованной церкви) для омытия греха и нечистоты» (см. Захария 13:1). Некоторые, а возможно и многие, с презрением отвергнут этот источник, о котором говорит Захария, но мы верим в честность и искренность многих из народа Божьего. «В день силы Твоей народ Твой будет готов во благолепии святыни», – говорит псалмопевец. Спящее адвентистское сознание ещё воспримет и возрадуется истинам, которые пока ещё воспринимаются с трудом. Несмотря на оппозицию внутри церковной структуры, адвентистское мировоззрение пока ещё признаёт свидетельства Эллен Уайт о вести 1888 года подлинным проявлением пророческого дара и «свидетельством Иисуса». Истина непобедима в своём воздействии на искренние сердца.

Мир и Вселенная ожидают сошествия с неба ещё одного ангела, «имеющего власть великую, от славы которого осветится вся земля» (Откровение 18:1). Если планом Божьим предусматривалось, чтобы весть 1888 года стала «началом» работы этого ангела и «началом» позднего дождя, то что же может быть важнее поисков полной правды об этом послании?

Да будет данная книга прочитана с молитвой о проницательности и духе искренней веры и раскаяния.

Роберт Дж. Виланд, Дональд К. Шорт

(3 июня 1987 г.)

ГЛАВА ПЕРВАЯ

ПОЧЕМУ НЕОБХОДИМО ПЕРЕСМОТРЕТЬ ИСТОРИЮ АДВЕНТИСТСКОЙ ЦЕРКВИ

Адвентистское движение ещё не достигло такого прогресса, который бы соответствовал его пророческому предназначению. Определённое развитие имеет место, но не то, которое определено Священным Писанием. Три ангела, о которых говорится в 14-й главе книги Откровение, ещё не пробудили интерес мира. Миллиарды людей либо ничего не знают, либо знают очень мало об этой жизненно важной вести.

Мы не можем отрицать того, что четвёртый ангел, о котором говорится в книге Откровение (18-я глава), всё ещё не осветил мир сиянием своей славы. Божий план, согласно которому Он проявляет заботу и любовь к этой планете, каким-то образом оказался отсроченным. Его долгое неисполнение увеличивает смущение и растерянность в церкви, вызывает досаду.

Если мы скажем, что причина заключается в нашем невыполнении своего долга, то возникает вопрос: «Почему мы не исполнили его, и когда мы его исполним?» Заявления же о том, что Бог вскоре предпримет нечто особенное, рождает другой вопрос: «Почему Он до сих пор не сделал того, что в конце концов собирается совершить?»

Мы не осмелимся обвинить Бога в пренебрежительном отношении к исполнению Своего слова. Мы знаем, что Его любовь к этому миру настолько велика, что Он отдал Своего Сына ради искупления человечества. Мы также знаем, что Он уже давно был готов довести план спасения до окончательного славного триумфа. Крест Христов свидетельствует о Его полной преданности человечеству. Такая любовь устраняет всякие мысли о божественном равнодушии. Однако миллиарды людей почти ничего не знают о послании Божьей благодати. Неужели они так и не получат возможности оценить цену искупления, уплаченную Им, и Его продолжающееся служение Первосвященника? Настоятельно требуется найти ответ на вопрос: «Какова причина такой задержки и как преодолеть это препятствие?»

Более половины столетия мы пытались решить этот вопрос в каждой новой программе, в каждой новой тактике и стратегии проповеди евангелия. И только когда какая-то сверхъестественная сила распространит евангельскую весть по всему миру, так чтобы люди хотя бы поняли, что она из себя представляет, только тогда существование нашего движения окажется оправданным, и будет одержана долгожданная победа. Только в этом случае отпадёт необходимость переосмысливать нашу историю.

Проблема в том, что Бог не может оправдать равнодушный народ, так как это стало бы отказом от верных принципов, которые Он уже более ста лет пытается открыть через вдохновенного вестника. Такой компромисс был бы равнозначен фактическому признанию краха всего плана искупления, поскольку *его подлинный успех зависит от последнего времени.*

Причина очевидна

Во все века христиане жили надеждой на участие в «первом воскресении». Адвентисты Седьмого Дня не могут согласиться с братьями из других церквей в том, что спасённые получают награду сразу же после своей смерти, так как это противоречит Священному Писанию. В Библии сказано, что они «спят в Иисусе» и будут оставаться в могилах до самого первого воскресения. Но надежда эта тщетна, если Христос не придёт во второй раз, поскольку только Его личное явление сделает воскресение возможным. «Тот же самый Иисус» должен вернуться буквально и лично. И никакой эфемерный дух не сможет заменить Его самого, воскрешая мёртвых.

Это учение адвентистов выдвигает серьёзную проблему, ставящую под сомнение распространённые теории о праведности по вере. Если душа человека бессмертна, и спасённые отправляются на небеса сразу после смерти, то нет необходимости в специальном приготовлении ко второму пришествию. «Вечное евангелие» в этом случае не должно совершить ничего особенного вдобавок к тому, что оно совершало тысячелетиями для уже умерших людей. А это значит, что популярные понятия о праведности по вере не предполагают никакой особой подготовки ко второму пришествию.

По этой причине многие протестанты, не принадлежащие к Церкви Адвентистов Седьмого Дня, ограничивают понимание праведности по вере юридическим оправданием. По их мнению, совершенное послушание святому Закону Божьему не только необязательно, но и невозможно. О специальной подготовке ко второму пришествию Христа даже не думают.

Но библейская истина о человеческой природе настаивает на *приготовлении* ко второму пришествию Христа целого общества, состоящего из живущих верующих, прежде чем состоится воскресение мёртвых. Христос – Земледелец, который не может собрать урожай, пока жатва не созрела (От Марка 4:26–29). Но что если Божий народ так никогда и не приготовится в силу своей неспособности либо нежелания?

Христос говорит о Себе: «Я ... победил» (Откровение 3:21), и Он же говорит, что «ангел Лаодикийской церкви» должен победить, «как и Он победил». Отсюда очевидно, что специальная подготовка необходима. Но если этой специальной подготовки так никогда и не случится, смирится ли Он с неспособностью или нежеланием Своего народа побеждать, признавая Свои стандарты слишком высокими для них? Может быть, по этой причине Он никогда серьёзно и не надеялся, что Его народ одержит победу? Неужели мы неверно понимали Его более ста лет, веря в то, что Он требует послушания Своему закону, тогда как такое послушание просто невозможно? А может никакой особой готовности Его народа и не требуется?

Это серьёзные вопросы. Значительная часть церкви и её руководства склоняется к распространенным концепциям о том, что победить грех *практически* невозможно. Такие идеи уже приняты адвентистами, выражая кальвинистское учение о том, что пока человеку присуща греховная природа, его постоянные согрешения неизбежны, а значит оправданы. (Это учение, конечно, отрицает значимость уникальной адвентистской истины – учения о Дне искупления)

Принижать Божьи ожидания, чтобы оправдать равнодушный, «тёплый» народ, означает оскорблять божественную справедливость. Это подобно строительству Старого Иерусалима на новой земле, созиданию города, постоянно отступающего от веры, нераскаявшегося и непокорного, на месте духовно побеждающего и истинно кающегося Нового Иерусалима. Такой город разочарует ожидания Авраама, который «...ожидал *города*, имеющего основание, которого художник и строитель Бог». Этот «город» должен, в конце концов, стать победоносным *обществом* духовных потомков Авраама, а не кучкой рассеянных и разрозненных личностей (см. Евреям 11:10). Вера Авраама не станет соглашаться на меньшее! На земле должен быть народ, достигший такой зрелос-

[3]

ти христианского опыта и веры, которыми обладал их духовный родоначальник. Именно к этой кульминации движется история мира.

Но не только Авраам проявлял такую веру. Мы читаем о том, что и сам Христос проявляет веру в Свой народ, невзирая на то, что в прошлом они «не веровали». Он пролил Свою кровь за людей и за полное искупление человечества. Цена этой жертвы слишком высока, чтобы не принести ожидаемого результата! В итоге эта «верность Бога» не должна оказаться «напрасной» (Римлянам 3:3, KJV). В противном случае само вечное евангелие окажется под сомнением, и Он навечно будет разочарован в том, что проявил наивную веру в человечество.

Неудача: невероятная развязка плана Божьего

Несмотря на то, что Христос умер за нас, и уплатил полную цену за наши грехи как наш Божественный Заместитель, *с нашей стороны ожидается некоторый отзыв веры*. До тех пор, пока нет *народа*, истинно готового ко второму пришествию Христа, пока нет понимания миссии этого народа в этом мире, Господь не может вернуться. Он не может «пустить» Свой могучий серп, пока «жатва на земле не созрела» (Откровение 14:15, 6). Адвентизм глубоко укоренён в этой очевидной истине. Мы никак не можем отступить от неё и остаться адвентистами.

Прежде чем Господь сможет оправдать Свою «церковь остатка», нынешнее поколение должно каким-то образом принципиально исправить каждый отказ народа Божьего последовать свету. И достичь этого необходимо не с помощью программы дел, а посредством зрелости развитой веры. Бог, как верный Судья, не может оправдать нераскаявшихся, будь то отдельные люди, или целое движение.

Исследования данного труда приходят к выводу о роковом непонимании жизненно важных событий в истории Адвентистов Седьмого Дня. Существуют доказательства того, что истина о позднем дожде Святого Духа и громком кличе из 18-й главы книги Откровение была искажена и даже сокрыта. Это привело к трагическим всемирным последствиям. Непонимание нашего прошлого также лишает нас верного взгляда на настоящее, и ослабляет веру в нашу уникальную миссию. А это может привести к беде. Ни один народ ни в какой части света не способен правильно понять текущие события, искажая при этом факты своей собственной истории.

Истина не пострадает от внимательного исследования. Будь то богословское учение, либо важнейшие события истории церкви, Эллен Уайт советует скрупулезно это исследовать:

> Ни одна истинная доктрина не потеряет от тщательного исследования. Мы живём в опасное время, и поэтому не можем ни принимать на веру без тщательной проверки всё, что претендует на истину, ни позволить кому-то отвергнуть всё, что приносит плоды Духа Божьего. Мы должны быть восприимчивыми, кроткими и смиренными сердцем. ... Господь желает, чтобы мы проверяли свои взгляды и мнения («Ревью энд Геральд». 20 декабря 1892 г. пункт 1). [4]

Если мы сами не будем «проверять» наши взгляды относительно доктрин и истории церкви, то вместо нас это в конечном итоге сделают проницательные умы из числа наших оппонентов:

> Если верно, что Господь говорил через меня, то настанет время, когда мы предстанем перед «синедрионом» и перед тысячами за имя Его, и каждому придётся отстаивать свою веру. И тогда жестокой критике будет подвергнуто всё, что принималось за правду («Ревью энд Геральд». 18 декабря 1888 г. Статья А. пункт 12).

В тот период, когда писались эти слова, история Церкви Адвентистов Седьмого Дня только создавалась. Сегодня определённые интерпретации этой истории приняли для нас форму и авторитет «доктрины». Отсюда и необходимость тщательного исследования, чтобы отделить правду от «преданий старцев». По причинам, которые будут указаны далее, мы окутали эпоху 1888 года туманом таких преданий. Факты необходимо отделить от предубеждений.

Покаяние и День искупления

Очищение небесного святилища не завершится до тех пор, пока не будет достигнуто полное понимание происшедшего в 1888 году, и пока не решится духовная проблема, лежащая в основе этого инцидента. Именно этот эпизод нашей истории особенно важен. Это подчеркивается в заявлении, написанном Эллен Уайт в адрес президента Генеральной Конференции О. А. Олсена спустя четыре года после конференции в Миннеаполисе:

> Грех, совершённый во время случившегося в Миннеаполисе, остаётся записанным в небесных книгах, и записан он напротив имён тех, кто противился свету. И он останется в этих кни-

гах до тех пор, пока не произойдёт полное исповедание, и виновные в полном смирении не предстанут пред Богом (Письмо 19д (*Letter* 19d). 1892 г. пункт 43).

Её более поздние записи свидетельствуют о том, что «полное исповедание» так и не наступило, и что большинство из них так и не предстали перед Богом «в полном смирении». Все эти братья уже умерли, но это не означает, что данные «небесные книги» были автоматически ликвидированы. Ведь они отмечают как личные, так и корпоративные грехи. Фундаментальная истина, которая сделала Адвентистов Седьмого Дня уникальным народом, состоит в том, что смерть человека не очищает небесные книги от записей грехов. Очищение должно произойти «во время следственного суда» – всеобщего и последнего Дня искупления.

Проблема сегодня не в том, чтобы дать спасение тем уважаемым лидерам, которые столетие назад противились этой вести. Они покоятся в Господе, в мире, оставаясь узниками своих могил. Вопрос теперь заключается в завершении работы Божьей на земле, развитии того долгожданного сочувствия Господу, так чтобы мы и в самом деле «воздали Ему славу, ибо наступил час суда Его». Мы должны возродить в нынешнем поколении то бесценное благословение, которое столетие назад наши братья «сокрыли от мира», и «в большой степени от нашего народа» (Эллен Уайт. Избранные вести. Т.1. стр. 234.6). Мы являемся «единым телом» во Христе, тем «городом», или духовным корпоративным сообществом, неотделимым от наших братьев из прошлого. Их грех является нашим грехом, пока не произошло конкретное и осознанное покаяние в нём.

«Тело Христа» названо равнодушным, «тёплым», страдающим духовной болезнью, началом которой является 1888 год. Новое поколение должно иметь правильное понимание того, что случилось с прежними поколениями, потому что это имеет огромное значение для нашего духовного состояния сегодня. Послание Христа к Его церкви последнего времени ясно требует пересмотра нашей истории, лежащей в основе целого комплекса духовных проблем под названием «Ты богат, разбогател, и ни в чём не имеешь нужды» (Откровение 3:14–21).

Отказ от такого пересмотра навлекает на нас вину предыдущих поколений. Мы подвержены такой же серьёзной проверке, что и они. Подобно Голгофе, происшедшее в 1888 году представляет собой нечто большее, чем просто историческое событие. Провидение Божье не позволит всему этому покрыться пылью на адвентистском чердаке в забвении у новых поколений. Ведь здесь затронуты принципы, которые будут действовать в каждом поколении вплоть до окончательной победы истины.

В определённом смысле каждый из нас сегодня является свидетелем Голгофы, а также «делегатом» конференции 1888 года. Мы призваны совершить то, что не смогло сделать прежнее поколение. Вдохновенное пророчество говорит нам о том, как необходимо пересмотреть события 1888 года:

> Мы должны быть последними из всех людей на земле, которые хоть в малейшей степени поддерживает дух преследования тех, кто несёт весть Божью этому миру. Это самая скверная черта из всех противоположных христианству качеств, которая проявлялась в нашей среде со времени собрания в Миннеаполисе. Настанет время, и она откроется в своей подлинной сути, вместе со всеми горестными последствиями, которые она приносит (выделено нами – Р.В. и Д.Ш.) (Э. Уайт. Ежедневный Бюллетень Генеральной Конференции. Т.5. 1893 г. стр. 184.9).

Один из президентов Генеральной Конференции также признал, что проблема 1888 года должна оставаться нашим постоянным испытанием до тех пор, пока мы, в конце концов, полностью не преодолеем его:

> Некоторые, возможно, чувствуют раздражение при одном только упоминании о Миннеаполисе (сказано на съезде 1893 года). Мне известно, что некоторых огорчает и раздражает даже намёк на то собрание и на сложившуюся там ситуацию. Но будем помнить, что причина таких чувств заключается в упрямом духе такого человека. Как только мы полностью смиримся, откроем наши сердца перед Богом, все трудности исчезнут. Даже само напоминание о чьём-то раздражении сразу же доказывает наличие семян мятежа в этом сердце …
>
> Если мы не пройдём это испытание, Господь снова подведёт нас к этому рубежу; если мы не пройдём его снова, Он снова вернёт нас сюда же; не пройдя его в третий раз, мы снова окажемся на этом же этапе. … Вместо того, чтобы сердиться на Господа, снова и снова возвращающего нас назад, давайте благодарить и непрестанно славить Его, ибо в этом проявляется Божья милость и сострадание. Всё остальное принесло бы нам крах и уничтожение (О. А. Олсен. там же. стр. 188 – пункты 6, 8).

Сегодня тоже могут найтись люди, которые чувствуют «горечь и раздражение» оттого что наша история исследуется подобным образом. Зачем уделять столько внимания этому трагическому прошлому? Не лучше ли забыть об этом и идти вперёд с того места, где мы сейчас находимся?

По словам президента Генеральной Конференции 1893 года О. А. Олсена, *чувства негодования и возмущения по отношению к 1888 году свидетельствуют о том, что сердце находится в состоянии вражды со Святым Духом*. Возможно, Сам Господь наделил его мудростью сказать эти слова. Эллен Уайт также напоминает нам, что, забывая прошлое, мы подвергаемся ужасной опасности (Очерки жизни Эллен Уайт (Life Sketches of Ellen G. White). стр. 196.2). Предсказание, сделанное А. Т. Джоунсом на этой же конференции в 1893 году, поражает своей сверхъестественной меткостью:

> В будущем произойдут более удивительные вещи, чем те, которые произошли в Миннеаполисе, более удивительные, чем всё, что было до сих пор. И нам, братья, предстоит принять эту истину и проповедовать её. Но пока в моём и в ваших сердцах остаётся хотя бы частица этого духа, то к этой вести и вестнику, через которого оно послано, мы отнесёмся так же, как согласно свидетельству Божьему, отнеслись к этой вести [1888 года] (А. Т. Джоунс. Ежедневный Бюллетень Генеральной Конференции. Т.5. 1893 г. стр. 185.5).

Понимание необходимо более, чем увеличение количества дел

Открыто смотреть в лицо полной правде не означает быть «критически настроенным». Правда о прошлом не только освещает тайны настоящего, но и даёт надежду на неизвестное будущее. Чистая правда — это всегда добрая весть. Когда мы признаем её, наши попытки приблизить «поздний дождь» и последнюю жатву увенчаются успехом. Самый длинный объездной путь окажется кратчайшей дорогой домой. Опыт веры предполагает полное признание правды. Но до тех пор, пока мы не захотим посмотреть правде в лицо, все наши многочисленные дела будут напрасны, потому что они будут лишены этой спасительной веры.

При Божьем водительстве история должна поставить нас лицом к лицу с реальностью:

(1) Божья любовь требует, чтобы Его весть «вечного евангелия» была проповедана всему миру с великой силой. Но Он объявил, что не может послать Свои благословения при замешательстве в нашей среде.

(2) Лжехристос современного мира не обладает силой вечно удерживать «церковь остатка» в своей власти. Он не может послать свою сверхъестественную силу на весь этот народ так, как он сделает это для многих других религиозных движений, по причине присутствия в его рядах многих тысяч тех, кто настаивает на полном принятии истины. Ведь эти люди являются подлинными Адвентистами Седьмого Дня, имея глубокие убеждения, основанные на Писании. Они не преклонят колен пред Ваалом. И они не позволят Ваалу заставить их замолчать, потому что знают свою принадлежность к телу Христову. Они будут стоять твёрдо, как Тот, кто, стоя в храме воскликнул: «Как вы смеете превращать дом Отца Моего в дом торговли!» (От Иоанна 2:16, NIV).

(3) Таким образом, Церковь Адвентистов Седьмого Дня не потерпит неудачу в заключительном кризисе, потому что в ней ещё остаётся немало людей с искренними сердцами, составляя большую часть её членов. И они сделают бессильной последнюю попытку Ваала подчинить себе Божий народ. Даже Ваалу не под силу послать свои фальшивые благословения на этот разделённый народ, колеблющийся между двумя мнениями! Решающим фактором, несущим победу истине, является очищение небесного святилища, такое служение Спасителя мира как Первосвященника, которого ещё не знала история вплоть до 1844 года.

Следующий шаг – за теми, кто заявляет о своей вере в «блаженную надежду»; им предстоит решить, за кем идти в смысле своей полной покорности: за одним Господом, или за другим. Последствия этого решения поражают воображение.

ГЛАВА ВТОРАЯ

ГРЕХ ОСТАВЛЕНИЯ НАШЕЙ ПЕРВОЙ ЛЮБВИ

Никто не может подвергнуть сомнениям истинность духовных опытов тех, кто участвовал в движении 1844 года. Иисус был тогда «драгоценным» для верующих, ожидавших Его скорого пришествия, и их сердца были едины в глубоком и искреннем посвящении. Они ясно видели присутствие Святого Духа в этом движении.

Именно это убеждение, превосходящее надежду на богословскую точность, поддержало веру этого «малого стада» во время Великого разочарования. Церковь Адвентистов Седьмого Дня была зачата в опыте подлинной любви и родилась в душевных муках тех, кто рискнул всем ради своей уверенности в истинной работе Святого Духа. Так и появилась эта церковь, начав своё здоровое существование с истинной веры, а не с законничества.

В свои ранние годы эта церковь любила Господа всем сердцем и высоко ценила присутствие Святого Духа. Все её беды в последующие времена начались с оставления этой «первой любви», за которым последовала неспособность различать действия Святого Духа.

Уже в 1850 году сердечная преданность Иисусу у многих постепенно начала сменяться, как говорила молодая вестница Божия, «состоянием оцепенения, дремоты и полусна». Коварное самолюбие стало подменять истинную любовь к Спасителю, порождая «тёплое состояние». Гордость и самодовольство от обладания целой системой богословия постепенно вытеснили из сердец ту простую, сердечную веру в Иисуса, которая когда-то и привела к принятию этих истин.

Таким образом, вскоре после «великого разочарования» 1844 года, когда собралось вместе это «малое стадо», сохранившее свою веру, они обнаружили недостаток понимания значения трёхангельской вести. Непонимание это имело не богословскую, а духовную природу. Церковь уподобилась юноше, который вырос физически, а в остальном остался ребёнком.

«Истина» чрезвычайно быстро развивалась и была признана непобедимой в дебатах, но, как сказала Эллен Уайт в 1855 году: «Слуги Господни слишком уповают на силу аргументов и убеждений» (Э. Уайт. Свидетельства для церкви. Т.1. стр. 113). Это мешало им противостоять бессознательному, но тонкому и коварному искушению потакать духовной гордыне: разве не они познали и приняли истину, разве не они жертвовали ради неё? Эта жертва казалась им заслугой. Служители и евангелисты разбивали свои евангельские палатки на новом месте, пробуждали интерес других служителей из популярных церквей, выигрывали споры и дебаты, принимали в свои ряды «лучших» членов этих общин, крестили их, создавали новые общины, и шли дальше к новым победам, распространяя своё влияние почти повсеместно. Они испытывали эйфорию от этого успеха.

Это успешное противостояние побуждало их лелеять надежду на личное или корпоративное воздаяние при втором пришествии, более чем любвеобильное ожидание встречи с Возлюбленным, независимо от того, несёт эта встреча им воздаяние или нет. Их вера стала для них скорее убеждённостью верном учении, и послушанием доктринам, движимым эгоистичным желанием награды, чем сердечной благодарностью за благодать Христову. И вместо того, чтобы ходить смиренно в полной зависимости от Господа, «мы» стали гордиться нашими неоспоримыми доктринальными доказательствами в пользу «истины». Неизбежным результатом стала одна из форм законничества. Этот же опыт часто повторяется и в жизни отдельных новообращённых адвентистов. Правильно понятая история адвентизма – это история наших собственных сердец. Каждый из нас представляет собой маленькую модель целого, подобно тому, как капля воды является частицей целого океана. Упоминая весь опыт прошедших лет, не будем забывать, что мы ничем не лучше наших предшественников. Как Павел писал верующим в Риме, «мы» делаем то же самое (Римлянам 2:1). Только с пониманием, признающим нашу общую корпоративную вину, ошибки в истории нашей деноминации могут разрешиться с положительным и обнадёживающим результатом.

Как укоренилось наше «тёплое» состояние

Эллен Уайт с самого начала осознавала, что в основе трудностей лежит оставление «первой любви», потеря тесной связи со Христом из-за недооценки Его жертвенной любви. Очевидно, что сама она никогда не теряла этой «первой любви», поскольку всегда была способна быстро распознать истинные проявления Святого Духа. Но «мы» оказались не такими восприимчивыми.

Мы могли вместе с Уильямом Х. Хайдом радостно петь: «В сиянии нам слышится голос из святой земли, нам слышится голос, и сердца наши радуются», – но при этом поддерживать постоянный конфликт между признанием и оценкой живого дара пророчества с одной стороны, и нашим природным человеческим противлением против этих упрёков и советов с другой стороны. Когда сила Святого Духа проявлялась в служении Эллен Уайт, это заставляло руководителей церкви признавать божественный авторитет её свидетельств, но в то же время они в целом редко проявляли сердечную симпатию к её глубоким духовным исследованиям. Подобное внутреннее раздражение свойственно нам, людям, и это неудивительно. Свидетельства этому мы находим на протяжении всей долгой истории древнего Израиля.

Такое почти постоянное пренебрежение к искренним призывам Эллен Уайт вернуться с раскаянием к «первой любви» привело нас в самые мрачные часы нашей истории. Растущее неосознанное себялюбие служителей и членов церкви вытеснило нашу подлинную веру, а вместе с ней и способность распознавать действия Духа Святого. Наконец настало такое бедственное положение, которого наши пионеры (да и мы, пожалуй, тоже) не могли и представить. Наступило время, когда в 1888 году великая Третья Личность Божества (Дух Святой) фактически был «оскорблён» высокопоставленными делегатами официальной сессии Генеральной Конференции (см. Письмо 24. 1892 г. пункт 10; «*Special Testimonies. Series A*» №7. стр. 54.2; см. 6-ю главу этой книги). Как могли Адвентисты Седьмого Дня совершить такое?

[10] Если бы Эллен Уайт не продолжала своё служение, вряд ли это движение смогло бы выжить, кроме как в виде законнического культа, подобно Свидетелям Иеговы, или Всемирной Церкви Бога. Сам по себе этот факт, признаваемый большинством, уже ясно и до боли точно свидетельствует о природе нашего глубоко укоренённого неверия. За несколько десятилетий мы повторили историю, которую древний Израиль проходил долгие столетия. Ни один адвентист седьмого дня не станет отрицать, что церковь эта была «Иерусалимом». Но она всё ещё была старым городом, а не новым.

Мы не смогли увидеть в трёхангельской вести «вечное евангелие». Доктрины были верны, но служители и члены церкви были слишком слепы, чтобы правильно распознать «весть третьего ангела *в своей подлинной сути*», подобно тому, как слепота евреев помешала им различить истинную весть Ветхого Завета. Та истина, которую евреи не смогли увидеть – это место креста в их церемониальных обрядах, и в служении их долгожданного Мессии. Подобным же образом место креста в вести третьего ангела ускользнуло от внимания наших братьев в конце девятнадцатого столетия.

Ещё в 1867 году Эллен Уайт говорила больше о принципах креста Христова (чем, скажем о реформе одежды), и говорила о них как об основах, вдохновляющих всё наше посвящение и образ жизни как Адвентистов Седьмого Дня:

> Мы настолько соединились с миром, что потеряли из виду крест и не страдаем Христа ради. ...
> Принимая крест, мы отделяемся от мира (Свидетельства для церкви. Т.1. стр. 525 – пункты 2, 3).
> Мы поднимаем слишком много шума и суматохи вокруг нашей религии, а Голгофа и крест забыты (Свидетельства для церкви. Т.5. стр. 133.1).

Прирост вопреки развитию

Факторы, ещё более усложнившие понимание нашего духовного состояния, заключались в следующем: Церковь процветала, радовалась увеличению престижа, численности, и финансовому росту. Это в свою очередь отразилось на возрастании её структуры, учреждений, финансового и организационного могущества. Крошечное движение, начинающее в 1844 году практически с нуля, на виду у насмехающегося мира, достигло статуса сильной и стабильной деноминации с хорошей репутацией. Мы имели широко известное и лучшее в мире медицинское учреждение, и самые передовые церковные типографии на «Западе».

Разумеется, не было ничего плохого в таких материальных достижениях. Большинство из них были достигнуты благодаря настойчивым требованиям вестницы Духа пророчества. Было правильно и необходимо создавать новые структуры, распространять своё влияние на новые территории и возводить новые церкви. Но как служители, так и рядовые члены ошибочно восприняли этот рост за истинный результат и цель адвентистского движения, которое заключается в духовном приготовлении к возвращению Христа. В результате возникла путаница, и в еженедельных отчётах по «продвижению дела», публикуемых в *Ревью*, стали выражаться эти чувства собственной значимости и самодовольства.

[11] Дух этих отчётов о «прогрессе» резко отличается от горячих вестей и советов, посылаемых Эллен Уайт в это же время. Многие из братьев выражали бесконечный оптимизм по поводу достигнутых ими результатов. Действительно, Бог руководил этим движением, и оно принадлежало Ему. Но вдохновенные и исторические источники констатируют тот факт, что самая значимая реальность этой «работы» заключалась не в материальном процветании, а в отсутствии духовной зрелости.

Основной целью адвентистского движения всегда было развитие христоподобного характера, дабы остаток оправдал жертву Христа. Нет другого сообщества верующих во всей истории, которое приветствовало бы такой зрелый опыт, символизируемый в Писании выражением из книги Откровение (19:7) – «жена Его приготовила себя». Этот последний остаток станет населением «Нового Иерусалима», преодолев отступничество всех предыдущих поколений. В их характере отразятся практические результаты очищения небесного святилища. План спасения должен достичь своей кульминации, а сатана с его воинством должны раз и навсегда получить достойный ответ на все их сомнения и возражения. Все не павшие миры во Вселенной также должны удостовериться в полном успехе плана спасения, наблюдая его в последний час истории этого мира. Евангелие должно проявиться как «сила Божья ко спасению» (Римлянам 1:16).

Реализация этой главной цели тесно связана с достижением вспомогательной, вторичной цели – завершением проповеди евангелия во всём мире. *Выполнение вторичной цели представлено в Писании в качестве непременного результата реализации первичной и главной цели* (От Марка 4:26–29; Откровение 14:15; От Иоанна 13:35).

Если бы «мы» не были ослеплены себялюбием, верное понимание сути трёхангельской вести уже давно бы обусловило подлинное продвижение к достижению этой главной цели – христоподобного характера. Но вместо этого мы наблюдаем воображаемый успех в достижении вторичной цели.

Однако сразу же становится очевидной серьёзная проблема. Другие конфессии также достигли подобных, и даже более ярких успехов в росте численности и «развитии» своих структур. А это значит, что такой рост во свете подлинных небесных благословений в нашей работе имеет не такую уж великую ценность. В процессе обманчивого достижения вторичной цели мы как народ потеряли из виду первичную цель. Официальные отчёты заканчиваются поверхностными выводами, основанными на финансовых и статистических успехах. Вот один из примеров, показывающий лишь вершину айсберга гордыни и самодовольства:

> Финансовый успех этого огромного деноминационного предприятия не может быть сильнее веры и ревности, которые оживляют избранный Богом народ. Эти объединенные вместе ресурсы под руководством Вождя воинства Господня приведут к скорому триумфу великого Движения ожидающих второго пришествия во всём мире (Тридцать седьмой финансовый доклад Генеральной Конференции. 31 декабря 1948 г. стр. 9).

Иными словами, духовная вера и усердие избранного народа Божия измеряются посредством статистических отчётов! Можно возразить, что это крайний случай и устаревший пример. Но этот пример демонстрирует преобладавший в то время образ мыслей, который можно встретить почти везде и в наши дни. Наши сердца выражаются на языке «богатых, разбогатевших, и ни в чём не имеющих нужды». Однако Начальник и Совершитель нашей веры утверждает обратное.

[12]

Таким было духовное состояние нашей церкви в течение десяти лет, предшествовавших Генеральной Конференции 1888 года. К тому времени вестница Божья часто оплакивала то себялюбие, которое стало до боли явным во всеобщей лаодикийской «теплоте». Отчаянно желая помочь в этой ситуации, она посылала «нам» жгучие свидетельства и увещания в годы, предшествовавшие Конференции 1888 года, сообщала вести, побуждающие служителей и народ вернуться к глубокой сердечной любви к Иисусу, которая почти исчезла. Она усердно старалась, но по какой-то причине эти воззвания главным образом пролетали мимо ушей, и не принесли результата.

Простое Божье средство для сложной проблемы деноминации

Могла ли некая динамичная весть, некое простое «слово» проникнуть в самое сердце Лаодикийцев и совершить за короткое время для этой церкви то, что не смогли совершить целые десятилетия ревностного духовного служения Эллен Уайт?

План Господа даёт на этот вопрос утвердительный ответ. Он решил послать такое «слово» через смиренных вестников в 1888 году, послав весть, которая должна была стать «началом» позднего дождя и громкого клича. При этом сопутствующие этому обстоятельства должны были быть такими же незаметными, как «червь», который подточил растение Ионы, и такими же смиренными, как рождение Иисуса в Вифлеемском хлеву. Бог послал двух молодых малоизвестных вестников со свежей вестью чистой истины. Эллен Уайт возрадовалась их вести. Она увидела, как эта весть стала недостающим звеном адвентизма, мотивацией, преобразующей тяжкое законническое слово «должен» в радостные стимулы апостольского посвящения.

Но она была справедливо возмущена своими братьями, руководителями церкви, которые не поняли случившегося и восприняли эту весть негативно. Эллен Уайт же говорила об этих двух посланниках следующее:

> Священник взял младенца Иисуса на руки, не осознавая того, что он делает. Бог не обратился к нему и не сказал: «Это утешение Израиля». Но как только Симеон пришёл в храм, ... он увидел младенца на руках у Своей матери, ... Бог сказал ему: «Это утешение Израиля». ... Симеон узнал Спасителя, потому что он занимал позицию, позволяющую ему различать духовные вещи. ...
>
> У нас нет сомнений в том, что Господь был вчера с пастором Ваггонером, когда тот проповедовал. ...
>
> Вопрос в следующем: послал ли Бог эту истину? Призвал ли Бог этих людей для провозглашения истины? Я говорю: да, Бог послал этих людей донести до нас истину, которую мы бы не знали, если бы Бог не послал кого-то, чтобы принести её нам. ... Я принимаю её, и не смею поднять руки на этих людей, как не подняла бы её на самого Иисуса Христа, Которого необходимо узнать в Его посланниках. ...
>
> ... Мы находимся в смятении, в сомнении, и наши общины уже на грани смерти. Но здесь и сейчас мы читаем ... [цитирует Откровение 18:1–2] (Рукопись 2. 1890 г. пункты 2, 3, 6, 8).

Наша проблема сегодня

Сегодня, столетие спустя, имея ещё более развитую структуру и организацию, мы имеем эту же проблему избавления от такого же тёплого состояния, пребывания «на грани смерти», которая кажется ещё более сложной, чем это было в 1890 году. Наша гордость за свою деноминацию и Лаодикийская теплота во многих странах и культурах достигла ужасающих масштабов. Уже нельзя надеяться на то, что время излечит этот недуг. Даже Божье терпение может скоро закончиться. Господь не будет переносить последствия нашей «теплоты» бесконечно. Ведь именно Он говорит, что Ему настолько тошно от нас, что хочется «изрыгнуть» нас из уст Своих (таково значение текста Откровение 3:16–17 на языке оригинала).

Ключ к пониманию нашего текущего сложного положения находится в правильной оценке того, что произошло на сессии 1888 года и после неё. Мы должны признать отсутствие этого понимания, смотря на наш характер, который мы как всемирная деноминация проявляем сегодня. Поздний дождь и громкий клич начались среди нас в качестве простой, незаметной, скромной вести чудесной силы, но эти бесценные благословения были изгнаны, потому что Святой Дух был «оскорблён».

Как такое могло случиться? Этот вопрос мы будем исследовать в следующей главе.

ГЛАВА ТРЕТЬЯ

ГРОМКИЙ КЛИЧ ПРИДЁТ НЕ ТАК, КАК ОЖИДАЛОСЬ

В течение нескольких десятилетий, предшествовавших 1888 году, церковь и её руководители находились в ожидании «времени отрады», времени сошествия долгожданного позднего дождя. Сто лет тому назад мы ожидали этого с нетерпением, подобно евреям во дни Иоанна Крестителя, ожидавшим пришествие Мессии.

Но мало кто понимал, что поздний дождь и громкий клич прежде всего представляют собой более ясное понимание евангелия. Ожидалось, что громкий клич вызовет громкий шум, но мы не думали, что он окажется более ярким светом.

Мы ожидали грома и землетрясения, сопровождаемого гласом: «Приготовьтесь, иначе…!», и не были готовы к тихому голосу откровения о благодати как истинной мотивации вести третьего ангела. Но сверхъестественная *сила*, на которую мы надеялись, должна стать результатом нашего принятия этого более яркого евангельского *света*. Вот что должно осветить землю славой.

Однажды иудейские лидеры подверглись роковой опасности отвергнуть своего Мессию, когда Он придёт «внезапно». Такая же опасность заключалась в том, что руководители нашей церкви отвергли бы громкий клич в самом его начале. Ещё в 1882 году Эллен Уайт предупреждала, что однажды они окажутся неспособными распознать истинного Святого Духа:

> Многие из вас не в состоянии различить действия и присутствие Бога. … Среди нас есть люди, занимающие ответственное положение, считающие, что … вера, которую имели Павел, Пётр или Иоанн, уже устарела и непригодна для наших дней. Она объявлена нелепой, мистической и недостойной мыслящего человека (Э. Уайт. Свидетельства для церкви. Т.5. стр. 74.1, 79.2).

Ложный оптимизм преобладал («Я знаю, что многие слишком лестно отзываются о нынешнем времени»), и «в великом просеивании, которое скоро грядёт», эти руководящие работники окажутся неспособными для лидерства в эпоху кризиса:

> Те, кто полагается на ум, гений или талант, не смогут тогда встать во главе народа. Они не шли в ногу со светом. Тем, кто окажется неверным, не будет доверено стадо. В последней торжественной работе будут участвовать лишь немногие из известных людей … (Э. Уайт. Свидетельства для церкви. Т.5. стр. 80.1).

Эллен Уайт ожидала того времени, когда Господь возьмёт руководство в Свои собственные руки и воздвигнет таких слуг, которым Он сможет доверять:

> Когда у нас будут люди, посвящённые как Илия, имеющие веру, которую имел он, тогда мы увидим, что Бог откроет Себя нам, как Он открывался святым мужам в древности. Когда у нас появятся люди, которые, признавая свои слабости, станут умолять Бога с такой же искренней и неотступной верой, как это делал Иаков, тогда мы увидим такие же результаты (Э. Уайт. Свидетельства для церкви. Т.4. стр. 402.1).

[15]

В частности, президент Генеральной Конференции в 1885 году получил предупреждение о том, что если у него и у некоторых других руководителей …

> … не проснётся чувство долга, они не распознают действия Божьи, когда зазвучит громкий клич третьего ангела. Когда свет уже будет продвигаться вперёд, чтобы осветить землю, вместо того чтобы прибегнуть к помощи Господней, они будут стремиться ограничить Его работу в угоду своим узким интересам. Позвольте сказать вам, что Господь будет завершать Своё дело совершенно необычным образом вопреки любым человеческим планам. … Труженики удивятся тем простым средствам, которые Он будет использовать для завершения Своего праведного дела (Э. Уайт. Свидетельства для проповедников. стр. 299.2; 1 октября 1885 г.).

Это письмо было адресовано Дж. И. Батлеру и С. Н. Хаскеллу. Хаскелл внял этому предостережению, и стал одним из немногих, кто сумел распознать суть таинственных событий, происходящих у него на глазах три года спустя, чего нельзя сказать о Батлере и многих других. В 1888 году Господь был вынужден пройти мимо опытных служителей церкви и использовать более молодых и неизвестных посредников:

> Господь часто действует там, где мы меньше всего Его ожидаем. Он на удивление нам проявляет Свою силу через орудия, избранные Им Самим, проходя мимо людей, на которых мы смотрим как на носителей Его света. ...
>
> Многие отвергнут именно те вести, которые Бог посылает Своему народу, если эти руководящие братья не примут их. ... Даже если все наши руководители отвергнут свет и истину, эта дверь ещё останется открытой. Господь поставит людей, которые понесут народу весть для настоящего времени (Э. Уайт. Свидетельства для проповедников. стр. 106.1, 106.4, 107.1).

И снова в 1882 году нам было сказано:

> Вполне возможно, что за внешней непривлекательностью и неотёсанностью скрывается чистое сияние настоящего христианского характера. ...
>
> Илия взял Елисея от плуга и набросил на него свою одежду посвящения. Призыв к этому великому и торжественному труду был послан к людям ученым и влиятельным. Если бы эти мужи были скромны в своих собственных глазах и всецело полагались на Господа, Он удостоил бы их чести с торжеством нести Его знамя до самой победы. ...
>
> Бог будет совершать в наши дни такие дела, которых немногие ожидают. Он воздвигнет и возвысит среди нас тех, кто научен скорее через помазание Его Духа, нежели через формальное образование в учебных заведениях (Э. Уайт. Свидетельства для церкви. Т.5. стр. 80.1, 82.3, 82.5).

Эти свидетельства, датируемые 1882 годом, свидетельствуют нам о вдохновенном предвидении. Такое впечатление, что эта скромная леди заранее описала то, что произойдёт в 1888 году!

[16] Божественное избрание вестников

В том же 1882 году Эллет. Дж. Ваггонер начал особое изучение Священного Писания, под особым руководством Святого Духа. Бог готовил его как посредника для особой работы. Позже он так описал пережитый им духовный опыт:

> По-настоящему я начал изучение Библии тридцать четыре года тому назад [в 1882 году]. В это время Христос открылся моему взору как Спаситель, распятый лично за меня. Однажды в хмурый субботний день в летнем лагере в Хилдсбурге [Калифорния] я сидел в большой палатке немного в стороне от остальных членов церкви. Я уже не помню тему той проповеди. В памяти не осталось ни одного текста или слова. Осталось толь-

ко то, что я тогда увидел. Внезапно всё вокруг меня озарилось светом, который показался мне ярче света полуденного солнца. Я увидел Христа на кресте, распятого за меня. В тот момент я впервые получил явное откровение, сошедшее могучим потоком, о Божьей любви ко мне лично, и о смерти Христа за меня лично. В ту минуту во всей Вселенной для меня существовали только двое: Бог и я. Я осознал и явно увидел, что Бог был во Христе, примирив с Собою мир. А я был целым миром, со всеми его грехами. Уверен, что реальность происходящего была не меньшей, чем реальность случившегося с Павлом на пути в Дамаск. ...

Я сразу же решил, что буду изучать Библию во свете этого откровения, чтобы помочь другим постигнуть эту же истину. И я всегда верил, что на каждой странице Библии, более или менее ярко, раскрывается это же славное откровение [Христос распятый] (Письмо от 16 мая 1916 года, написанное незадолго до его внезапной смерти).

В тот же период, предшествовавший 1888 году, Господь готовил его сотрудника – Алонзо Т. Джоунса. Весть истины открылась Алонзо Джоунсу, когда тот служил рядовым в армии США. Джоунс, не имея соответствующего образования, день и ночь занимался самостоятельным изучением, и накопил огромный запас исторических и библейских знаний. Дж. С. Уошборн, знавший его лично, оставил нам свидетельство, что это был «смиренный, честный и глубоко чувствующий человек, чьи действенные молитвы свидетельствовали о том, что он знает Господа» (интервью, 4 июня 1950 г.).

Проницательный ум молодого Джоунса сочетался с его горячей и по-детски простой верой. Когда Бог использовал его, служение Джоунса отличалось особой силой как в проповедях, так и в личных отношениях. Вслед за 1888 годом мы имеем существенные доказательства того, что Дух Божий действовал через этого человека, и одно из них – его особое служение в Вашингтоне, в Сенате США, когда в результате его усилий был отклонён законопроект Блэра о воскресном дне. Кстати говоря, та религиозная свобода, которой американцы пользуются уже почти сто лет, является результатом настойчивых усилий забытых и непризнанных пасторов Джоунса и Ваггонера в их противостоянии религиозной нетерпимости своего времени.

Дух Божий и в самом деле готовил этих двоих молодых людей, чтобы через них возвестить церкви остатка и всему миру начало долгожданного громкого клича:

> По Своей великой милости самую драгоценную весть Своему народу Господь послал через пасторов Ваггонера и Джоунса. Эта весть должна ещё ярче представить перед миром возвышенного Спасителя, жертву за грехи всего мира. ... Бог дал Своим вестникам именно то, в чём нуждались люди (Э. Уайт. Свидетельства для проповедников. стр. 91.2, 95.1; 1895 г.).

В течение восьми лет после 1888 года Эллен Уайт часто называла этих двух молодых людей «вестниками Господа», одобряя их такими словами, которых не удостоился никто другой. Насчитывается примерно 200–300 её подобных восторженных заявлений. В 1890 году она написала:

> Допустим, вы решите устранить свидетельство, возвещающее праведность Христа последние два года. Но кого же вы тогда назовёте носителем особого света для народа? («Ревью энд Геральд». 18 марта 1890 г. пункт 9).

В 1888 году она сказала:

> Бог открывает умам людей драгоценные жемчужины посланной Богом истины, предназначенные для нашего времени (Евангелизм. стр. 122.2; Рукопись 8а. 1888 г. пункт 30; А. В. Олсон. Через кризис к победе (Through Crisis to Victory). 1966 г. стр. 279 (далее – Олсон)).
>
> Весть, которую проповедует А. Т. Джоунс и Э. Дж. Ваггонер, – это послание Бога к Лаодикийской церкви (Письмо 24. 1892 г. пункт 36).

Когда Эллен Уайт впервые услышала весть, которую проповедовал Ваггонер, она сразу же осознала её истинную значимость. Это было особое откровение для церкви и для всего мира:

> Мне задавали вопрос: «Что вы думаете о свете, который несут эти люди?» Да я же говорю вам об этом последние сорок пять лет – о несравненном очаровании Христа. Именно это я *пыталась донести* до вас. Когда брат Ваггонер высказал эти идеи в Миннеаполисе, то это было первое ясное изложение данного учения, услышанное мною из человеческих уст, не считая моих бесед с мужем. Я говорила себе, что ясно вижу всё потому, что Бог открыл мне это в видении; другие же не могут этого увидеть, потому что им не было открыто это так, как мне. Но когда я услышала это из уст другого человека, то каждая фибра моего сердца воскликнула: «Аминь» (выделено нами – Р.В. и Д.Ш.) (Рукопись 5. 1889 г. пункт 38).

Выражаясь современными терминами, она восприняла эту весть в качестве трансмиссии, способной передать силу от двигателя к ведущим колёсам. В течение «сорока пяти лет» она приводила в действие двигатель, но сила для окончания евангельского поручения не совершала своего действия. Теперь же она понимала, как эта новая весть, дополняя прежние, приготовит народ её поколения к пришествию Господа. Неудивительно, что она была счастлива!

Как мы не распознали громкий клич

Уже 1 апреля 1890 года Эллен Уайт, возрастая в понимании вести 1888 года, применила к ней терминологию 18-й главы книги Откровение:

> Некоторые писали мне, спрашивая, является ли весть [1888 года] об оправдании верой вестью третьего ангела? И я отвечала: «Это и есть весть третьего ангела в своей подлинной сути». Пророк говорит: «После сего я увидел иного ангела, сходящего с неба и имеющего власть великую; земля осветилась от славы его» [Откровение 18:1] («Ревью энд Геральд». 1 апреля 1890 г. пункт 8).

[18]

К 1892 году она была готова недвусмысленно заявить, что данная весть действительно была началом долгожданного громкого клича:

> Громкий клич третьего ангела уже начался в виде откровения о праведности Христа, прощающего грехи Искупителя. Это и есть начало излития света того ангела, который осветит своей славой всю землю («Ревью энд Геральд». 22 ноября 1892 г. пункт 7).

Заметьте, что «началом» работы этого ангела была сама *весть*, а не её предполагаемое принятие руководством церкви или людьми. Далее мы увидим, что во времена кризиса этот факт имеет особую важность.

Пастор Батлер, самый высокопоставленный служитель церкви, был первым, кто выступил против этого драгоценного света громкого клича. Не многие оказались способными противостоять его негативному влиянию. В его слепом противодействии громкому кличу мы можем увидеть трагическое исполнение вдохновенного предостережения, посланного ему 1 октября 1885 года (см. Э. Уайт. Свидетельства для проповедников. стр. 299):

Кое-кто очень сильно желает, чтобы по обсуждаемой теме сразу было принято решение относительно верной позиции. Поскольку это понравится пастору Батлеру, выдвигается предложение решить этот вопрос немедленно. Но приготовлены ли умы для такого рода решения? Я не могу одобрить подобный курс. ... Они не готовы к принятию верных решений. ...

Я не вижу никаких оправданий для того возбуждённого состояния чувств, которое создали на этом собрании [в Миннеаполисе, в 1888 году]. ... Сообщения, приходящие из Батл-Крика от вашего президента рассчитаны на то, чтобы побудить вас занять решительную позицию; но я предостерегаю вас от этого. ... Взвинченные чувства ведут к поспешным действиям (Рукопись 15. 1888 г. пункты 6, 9; Олсон. стр. 295).

Я никогда не забуду того, что произошло в Миннеаполисе, и всего того, что было мне показано относительно духа, который правил людьми, относительно слов, сказанных ими, и действий, совершённых ими под влиянием сил зла. ... Иной дух руководил ими на этом собрании, и они не узнали о том, что Бог послал этих двух молодых людей ... чтобы донести до них особое послание, к которому они отнеслись насмешливо и с презрением, не понимая, что небесные свидетели в это время наблюдали за ними. ... Я знаю, что тогда Дух Божий был оскорблён (Письмо 24. 1892 г. пункты 9, 10, 11).

Так поступило руководство этой церкви, наивно ожидая, что оно будет оправдано перед миром, давая ему долгожданный громкий клич, хотя на самом деле оно поступало вопреки Духу благодати и с презрением к богатству Его милости.

Сразу внесём ясность: этот грех оскорбления Святого Духа не связал церковь непростительным грехом. Грех древних евреев против Святого Духа состоял в том, что они приписали Его работу сатане (От Марка 3:22–30). Мы не читаем о том, что наши братья эпохи 1888 года в целом зашли *так далеко*, хотя некоторые из них, возможно, так и поступили (Оскорбление Бога – это серьёзно). Эллен Уайт продолжала служить этой церкви до самой своей смерти в 1915 году, выражая тем самым свою веру в то, что прощение возможно, и что решение нашей проблемы не в расформировании церкви, и не в её оставлении, а во всеобщем *покаянии всей деноминации* и примирении со Святым Духом.

Так называемые «ошибки» вестников не могут служить оправданием для отвержения их вести

Отрицание света теми, кого Бог избрал в качестве своих доверенных, никогда нельзя ничем оправдать. Сегодня, когда прошло столько времени, мы не должны искать виновных. Мы можем только констатировать факты. Братья, противящиеся свету, искренне полагали, что поступают правильно, потому что слуги, посланные Богом, как им казалось, совершали ошибки. Господь совершал свою работу необычным способом, и это вызывало недоумение у руководящих братьев. Эллен Уайт так описала происходящее, используя будущее время для описания текущих событий:

> В проявлении силы, освещающей землю своей славой, они увидят только то, что из-за своей слепоты они сочтут опасным, что вызовет у них страх и решимость ополчиться против этого. Они воспротивятся работе Господа только потому, что Он не действует в согласии с их ожиданиями и представлениями («Ревью энд Геральд». 23 декабря 1890 г. Статья Б. пункт 18).

Ещё раньше она точно указала на проблему, с которой сталкивались братья в своей душе. Мы можем только сочувствовать им, ибо испытание было весьма суровым:

> Я искренне желаю, чтобы каждый из вас был внимательным, занимая свою позицию, и решил, стоит ли ему погружаться в неверие, видя несовершенства. Возможно, вы замечаете какое-то слово или какую-то несущественную мелочь, которая может иметь место, и судите их [Джоунса и Ваггонера] по этим мелочам. ... Вам же следует увидеть, поддерживает ли их сам Бог, а затем признать Духа Божьего в их делах. Если же вы пойдёте путём сопротивления, вы поступите точно так же, как поступили иудеи (Рукопись 2. 1890 г. пункт 7; Проповедь. 9 марта 1890 г.).

Самолюбие старших и более опытных братьев было задето тем, что Эллен Уайт так решительно поддержала двух молодых и малоизвестных людей, противопоставив их практически всему собранию служителей. Пастор А. Г. Даниэльс сказал позже, что ей пришлось выступить «почти в одиночку» против всей Генеральной Конференции (А. Г. Даниэльс. Неизменный дар пророчества (*The Abiding Gift of Prophecy*). стр. 369). Роберт У. Олсон сообщил Ежегодному Совету в Рио-де-Жанейро в 1986 году, что на сессии

1888 года её «публично игнорировали» («Адвентист Ревью». 30 октября 1986 г.). Если она была права, то это означало, что Бог действовал помимо руководителей церкви, и это их возмущало:

[20]
> Те, кого Бог послал с вестью, всего лишь люди, но каков характер самой вести, которую они несут? Осмелитесь ли вы отвернуться и проигнорировать предостережения только по той причине, что Бог не посоветовался с вами относительно Своих предпочтений? («Ревью энд Геральд». 27 мая 1890 г. пункт 5).
>
> Бог … дал вам возможность выйти с доспехами и во всеоружии на помощь Господу. … Но приготовились ли вы? … Вы оставались на месте и ничего не делали. Вы позволили слову Господнему пасть на землю без внимания; и теперь Господь призвал людей, которые были ещё мальчиками, когда вы стояли на передовой в этой войне, и дал им эту весть и дело, за которое вы не пожелали взяться. … А теперь вы будете критиковать, и назовёте их выскочками? Вы сами отказались занять то место, которое теперь призваны занимать они (Э. Уайт. Свидетельства для проповедников. стр. 413.1).

Природа человеческая такова, что оппозиционеры всегда заняты поисками крючка, на который они могут повесить свои сомнения. И таким крючком стал тот факт, что посланники Господа – «всего лишь люди»:

> …Те, кого Бог послал с вестью, всего лишь люди. … Некоторые отвернулись от вести о праведности Христа, чтобы критиковать этих людей («Ревью энд Геральд». 27 мая 1890 г. пункт 5).

Обращаясь к тем, кто занимает «ответственные посты», Эллен Уайт спрашивала: «Сколько времени вы ещё будете ненавидеть и презирать вестников Божьей праведности?» (Э. Уайт. Свидетельства для проповедников. стр. 96.1).

Один из наших уважаемых авторов пытается доказать, что оппозиция 1888 года была оправданной. Обратите внимание на то, как он подчёркивает так называемые «недостатки» Джоунса и Ваггонера и обвиняет их в том, что они сами спровоцировали отвержение их вести. Тем самым автор увековечивает предубеждения 1888 года и снова переводит стрелки наших часов на сто лет назад:

> Он [Джоунс] был не только резким от природы, но и отличался своеобразной речью, странными манерами, … был иногда шумным и сам давал хороший повод для негодования. …

> Их возгласы [Джоунса и Ваггонера] «Христос – это всё» ... давали основание полагать, что они не были до конца освящены. ... [Здесь некорректно цитируется миссис Уайт, якобы поддержавшая идею о том, что Джоунс и Ваггонер подогревали дух спора во время «того ужасного опыта конференции в Миннеаполисе».]
>
> Они настаивали на том, что для спасения нужна одна только вера, ... не были расположены спокойно обсудить точку зрения другой стороны. ... Не были полностью лишены самомнения и высокомерия. ...
>
> Не смогли явить смирение и любовь, которые приносит праведность по вере. ... Крайние взгляды Джоунса и Ваггонера можно воплотить только в мистических речах тех, кто делает веру всем, а дела – ничем.
>
> ... [Они были] несовершенными каналами. ... Оглядываясь назад на это противостояние, мы видим, что враждебность вызывалась личными качествами (Джоунса и Ваггонера) в гораздо большей степени, чем разницей в верованиях, что и вызывало трудности (А. У. Спалдинг. Капитаны воинства (*Captains of the Host*). 1948 г. стр. 591–602).

И такой оценки были удостоены те, кого вдохновенное перо называло «посланниками Господа». Да, они и в самом деле были «всего лишь людьми», но как объяснить тот факт, что Господь избрал для такой особой миссии тех, кто был явно «несовершенными каналами», неосвящёнными (по сравнению с другими), грубыми, «мистическими», и вызывающими своим поведением «злобу» и «негодование»? Господь не терпит дух самоправедности и соперничества. Но Джоунс и Ваггонер в эпоху 1888 года такого духа не имели.

В то время, как Эллен Уайт однажды упрекнула А. Т. Джоунса за то, что он проявил «излишнюю строгость» по отношению к Урии Смиту в дискуссии на тему десяти рогов, тем не менее, она сама защищала этих двух братьев как «христиан» и «джентльменов». При этом она также довольно ясно давала понять, что действия многих из противостоящих им братьев не носили печать такого «небесного доверия».

И сегодня некоторые авторы изображают Джоунса и Ваггонера такими же терминами, которые применяли их оппоненты в 1888 году. Но эти два вестника пользовались решительной, хоть и не признанной поддержкой со стороны Эллен Уайт. Верно и то, что после окончания эпохи 1888 года они преткнулись и сбились с пути. Пожалуй, именно по этой причине современные писатели

[21]

желают обвинить именно их в трагедии 1888 года. Но они неправильно трактуют факты.

Эллен Уайт предсказывала, что эти трагические события произойдут, *если противостояние их вести не прекратится*. Тем не менее, она добавляла, что их поздние проблемы ни в коем случае не обесценят их весть и их служение с 1888 по 1896 годы, то есть в период её активной поддержки (смотри главу 10). Поэтому критиковать действия «вестников» в тот период «начала» громкого клича означает разделять противление их оппонентов того времени. Логически рассуждая, такая критика оправдывает тех, кто с презрением отверг особое благословение, посланное с небес. Изумляет то, что спустя сто лет мы по-прежнему склонны обвинять особых посланников Божьих в последствиях нашего неверия.

Эллен Уайт явно показывала, что Джоунс и Ваггонер явили истинно христианский дух как во время так и после Конференции в Миннеаполисе (свидетельства очевидца этих событий подтверждают её суждения):

> Доктор Ваггонер проповедовал прямо и просто. ... В одном я уверена: Как христиане мы не имеем права питать чувства вражды, недружелюбия и предубеждений к Доктору Ваггонеру, который излагал свою позицию ясно и откровенно, как и подобает христианину. ... Я верю в его предельную убеждённость в своих взглядах, и намерена уважать его чувства и доверять ему как брату во Христе до тех пор, пока мне не докажут, что он не достоин доверия. Тот факт, что он на основании Писания честно придерживается некоторых взглядов, которые отличаются от ваших или моих, не служит основанием обращаться с ним как с отступником, с опасным человеком, и делать его объектом незаслуженной критики (Рукопись 15. 1888 г. пункты 2, 4, 5; Олсон. стр. 294).

Один молодой служитель, прибывший на собрание в Миннеаполисе с предубеждением против Ваггонера, оставил запись о впечатлении, которое на него произвёл дух выступлений Ваггонера:

> Будучи решительно настроен в пользу пастора Батлера и против Э. Дж. Ваггонера, я отправился на это собрание с предубеждением в своём уме. ...
> С карандашом и записной книжкой в руках я готов был услышать ересь и старался отыскать недостатки и ошибки во всём, что говорилось. Но как только пастор Ваггонер начал говорить,

я увидел, что это сильно отличается от того, что я ожидал. К концу его второй лекции я уже был готов допустить, что он намерен быть честным и учтивым, а в его манерах не было никакого духа противостояния: он даже ничего не сказал о противодействии, которого ожидал. Очень скоро его манера говорить и евангелие, которое он проповедовал, изменили моё мнение и отношение, и я стал прилежным слушателем истины ... В конце четвёртой или пятой лекции пастора Ваггонера я был уже смиренным и кающимся грешником. ...

... После окончания одиннадцати уроков пастора Ваггонера под влиянием этих проповедей у многих в значительной мере пропал дух споров. ... (Честер МакРейнолдс. Опыт на Генеральной Конференции в Миннеаполисе, в 1888 году (*Experiences While at the General Conference in Minneapolis, Minn. in 1888*); Рукописи и воспоминания о Миннеаполисе (*Manuscripts and Memories of Minneapolis* – MMM). стр. 338–342).

[22]

Эллен Уайт даже защищала уверенную манеру проповеди и дух молодых посланников, борющихся с предрассудками:

Появятся люди, которые будут иметь силу и дух пророка Илии, чтобы подготовить путь для второго пришествия Господа Иисуса Христа. Их долг – выпрямить всё кривое. Что-то нужно разрушить, а что-то построить (Рукопись 15. 1888 г. пункт 30; Олсон. стр. 300).

Пусть никто не сетует на слуг Божьих, которые пришли к ним с вестью, посланной от Бога. Не выискивайте в них недостатки, говоря: «Они слишком категоричны и решительны». Может быть, они говорят строго, но разве в этом нет нужды? Если слушатели не обратят внимание на Божий голос или голос Его вести, Бог сделает так, что у них зазвенит в ушах. ...

Служители, перестаньте бесчестить вашего Бога и огорчать Его Святого Духа, бросая тень на способы и методы в работе людей, Им избранных. Бог знает их характер. Он видит темперамент избранных Им орудий. Он знает, что только ревностные, решительные, стойкие и мужественные оценят чрезвычайную важность этой работы и придадут своему свидетельству решительности и твёрдости, способной пробить брешь в укреплениях сатаны (Свидетельства для проповедников. стр. 410.1, 412.1).

Современный историк описывает несколько грубоватого и, по мнению некоторых, не получившего должного образования А. Т. Джоунса, как «возвышавшегося над остальными угловатого мужчину с прихрамывающей походкой и неуклюжими позами и жестами» (А. У. Спалдинг. Капитаны воинства (*Captains of the Host*). стр. 591). Эллен Уайт имела о нём совершенно другое мнение:

> Есть христианские работники, которые не получили университетского образования, потому что у них не было такой возможности. Но Бог засвидетельствовал, что Он избрал их. ... Он сделал их Своими эффективными сотрудниками. Они имеют дух ученичества, чувствуют свою зависимость от Бога, и Святой Дух сопровождает их, чтобы помогать им в их немощах. ... В его голосе слышно эхо голоса самого Христа.
>
> Очевидно, что он ходит с Богом, что он был с Иисусом и научился от Него. Он поселил истину во внутреннем святилище своей души; для него она – живая реальность, и он свидетельствует об истине в Духе и силе. Люди слышат радостную весть; Бог обращается к их сердцам через человека, посвящённого Его служению. ... Он становится очень красноречивым. Он убеждённый, искренний христианин, его любят те, для кого он трудится. ... Его недостатки будут прощены и забыты. Его слушатели не почувствуют утомления или раздражения, но будут благодарны Богу за весть благодати, посланную через Его слугу (Советы родителям, учителям и учащимся. стр. 509).
>
> Они [оппоненты] могут держать крошечный атом того, что им неприятно, под увеличительным стеклом своего воображения до тех пор, пока он не увеличится до размеров Вселенной и не закроет для них драгоценный свет, посланный с небес. ... Зачем уделять столько внимания тому, что кажется вам недостатком вестника, и в то же время отметать все доказательства, предоставленные Богом, чтобы убедить ваши умы в отношении истины? («Ревью энд Геральд». 18 апреля 1893 г. пункт 8).

Сама Эллен Уайт, будучи в почтенном возрасте и имея богатый духовный опыт, сознавая своё высокое положение особого посланника Господа, считала за честь поддержать деятельность Джоунса и Ваггонера:

> Я переезжала с места на место, посещала собрания, где проповедовалась весть о праведности Христа. Я считала для себя преимуществом занять сторону своих братьев и присоединить моё свидетельство к этой вести для настоящего времени («Ревью энд Геральд». 18 марта 1890 г. пункт 7).

Истинная причина отвержения послания

Когда мы перечитываем сегодня вдохновенные письма, написанные после 1888 года и настаивающие на необходимости принятия этой вести, то, читая поверхностно, мы можем недоумевать: «Как можно было не смириться с этими воззваниями и продолжать упорствовать?» По этой же причине мы склонны ошибочно предполагать, что наши братья в итоге приняли эту весть искренне и всем сердцем.

Но мы не должны упускать из виду важный факт. Как можно принять посланную Богом весть и одновременно «ненавидеть и презирать» самих вестников, избранных Богом для этой цели? Это были «всего лишь люди», решительные и смелые, и они оказались правыми, что и угрожало престижу и покою других братьев. Это и сделало избранных Господом слуг, посланных во спасение, объектом преткновения и камнем соблазна, по причине господствующего неверия. То, что по намерению Господа было дано как «запах живительный на жизнь», стало «запахом смертоносным на смерть» (2-е Коринфянам 2:16). То, что Господь послал для завершения Своего дела, стало началом длительной отсрочки.

Принятие этой вести сочли слишком большим унижением. Объясняли же это тем, что Бог каким-то образом недоволен духовным состоянием тех, кто был «верными каналами» для особого света с небес. Заметьте, как Эллен Уайт вникает в самую суть этой проблемы:

> Если бы лучам света, воссиявшего в Миннеаполисе, было позволено излить свою убеждающую силу на тех, кто воспротивился этому свету, если бы все подчинили свой путь и свою волю Духу Божьему, то они получили бы самые драгоценные благословения, разочаровали бы врага и выступили бы как мужи веры, твёрдые в своих убеждениях. Они имели бы богатый опыт. Но эгоистичное «я» сказало: «Нет!» Оно не пожелало оказаться побеждённым и боролось за превосходство, и теперь каждая из этих душ будет подвержена повторным испытаниям в тех же вопросах, которые они не смогли пройти. Страсти и себялюбие развили отвратительные качества (Письмо 19д (Letter 19d). 1892 г. пункты 39, 40).

> Кое-кто вынашивает ненависть к людям, которым Бог поручил нести особую весть миру. Они начали эту сатанинскую работу в Миннеаполисе. Впоследствии, когда они увидели и почувствовали проявление силы Святого Духа, подтверждающей то, что весть была дана от Бога, они возненавидели её ещё больше, потому что эта весть свидетельствовала против них (Свидетельства для проповедников. стр. 79.2; 1895 г.).

[24]

> Но Святой Дух время от времени будет открывать истину через избранные Им орудия. И никакой человек, даже священник или правитель, не имеет права сказать: вы не будете открыто проповедовать своё учение, потому что я не верю ему. Это самодовольное «я» может пытаться обесценить учение Святого Духа (Свидетельства для проповедников. стр. 70.1; 1896 г.).
>
> Они [противники вести] не слушали, и ничего не поняли. По какой причине? – Чтобы не обратиться и не признать ошибочность всех своих взглядов. Они были слишком горды, чтобы сделать это, а поэтому упорно продолжали отвергать совет Божий, свет и доказательства, которые были даны. ... Такова позиция, которую некоторые из наших руководящих братьев занимают даже сейчас (Рукопись 25. 1890 г. пункты 3, 4).

Как и в прошлые века, анализ правды, сделанный пророком, оказался нелестным и нежеланным. Но для нас сегодня знание всей правды – это добрая весть.

Мы можем ощутить твёрдую почву под ногами только в том случае, если захотим узнать всю правду. Время для этого уже настало, и уже никто не сможет перевести стрелки часов назад.

Кем были эти «некоторые»

Обратим внимание на фразу: «*некоторые* из руководящих братьев» отвергли «совет Божий». Возможно ли узнать, какой процент подразумевается под этим словом «некоторые»?

Шесть лет спустя после Конференции в Миннеаполисе Эллен Уайт писала о тех, кто отверг весть, обращаясь к обществу в целом. «Некоторыми» оказалось большинство наших руководящих, самых влиятельных братьев: «Свет, который должен был озарить всю землю своей славой, был отвергнут, и в результате неправильных действий *наших же братьев* мир в большой степени был лишён этого света (выделено нами – Р.В. и Д.Ш.)» (Избранные вести. Т.1. стр. 234.6). Везде без исключения она говорила о братьях, которые отвергли послание, как о «многих», а о принявших его, как о «немногих» (см. 4-ю главу этой книги).

История 1888 года проливает свет и на наше нынешнее положение:

> Иудеи отказались принять Христа, потому что Он пришёл не в соответствии с их ожиданиями. ...
>
> Такой же опасности подвержена современная церковь – человеческие выдумки могут заслонить точный метод сошествия Святого Духа. Некоторые уже так и поступили, хотя и не пони-

мают этого. А поскольку Святой Дух придёт не для прославления людей и защиты их ошибочных теорий, а для обличения мира о грехе, о правде и о суде, многие отворачиваются от Него (Э. Уайт. Свидетельства для проповедников. стр. 64; 1896 г.).

Очевидно, что весть 1888 года означала нечто намного большее, чем выразительный пересказ забытого учения. Делегаты этой конференции неожиданно оказались лицом к лицу с самим Христом, когда они неожиданно столкнулись с Его вестью. «Что есть оправдание через веру? Это дело Божье, повергающее в прах славу человеческую» (А. Г. Даниэльс. Христос – наша Праведность. стр. 104). В этом противостоянии им оставалось смирить свои души в прах, и к этому они не были готовы. Они не пожелали каяться со слезами на глазах, считая это слишком большим унижением.

Оглядываясь назад, мы видим, как любовь Христа, сокрушающая сердца и профессиональную гордость служителей церкви, была отвергнута. Они были упоены своими успехами, и смирение сердца оказалось для них камнем преткновения.

Может быть, в этом и наша проблема сегодня?

ГЛАВА ЧЕТВЁРТАЯ

ПРИНЯТО ИЛИ ОТВЕРГНУТО? В ПОИСКАХ БОЛЕЕ ОПРЕДЕЛЁННОГО ОТВЕТА

Вопрос о том, было ли послание 1888 года принято или отвергнуто, более важен, чем просто предмет для тривиального академического спора. Как невозможно отделить евангелие от истории Голгофского креста, так невозможно и оценить послание 1888 года, не зная исторических событий, связанных с ним. Мы не сможем правильно понять нашу текущую корпоративную взаимосвязь со Христом, пока не узнаем эту правду. Отсутствие ясности здесь опасно, ведь хорошо известно, что народ, не знающий истории, обречён на её повторение и, возможно, уже повторяет её.

Эллен Уайт объяснила эти исторические события настолько ясно, что их невозможно исказить. Тем не менее, один из авторов считает эти исторические свидетельства двусмысленными:

> Часто обсуждается вопрос: «Что произошло после сессии Генеральной Конференции в Миннеаполисе в 1888 году? Приняла или отвергла церковь этот свежий акцент на евангельской истине о спасении?» Тот, кто изучит документы тех лет в поисках доказательств в пользу принятия, найдёт такие доказательства. С другой стороны, ищущий доказательств в пользу отвержения также найдёт то, что будет искать (Н. Ф. Пиз. Вера, которая спасает (*The Faith That Saves*). 1969 г. стр. 43).

Важнейший вопрос, однако, не в том, была ли эта весть принята, или отвергнута самой *церковью*. Эллен Уайт говорит, что «Сатане удалось сокрыть её [весть] от нашего народа в значительной мере» (см. Э. Уайт. Избранные вести. Т.1. стр. 234.6; 1896 г.). У церкви никогда и не было возможности рассмотреть эту весть в неискажённом виде, без всяких препятствий. Вопрос в том, приняло ли эту весть *руководство церкви*. Эллен Уайт говорит об этом довольно прямо. Её свидетельство – это есть истина для настоящего времени, и оно относится к нашему духовному состоянию сегодня.

Авторитетные издания учат Церковь Адвентистов Седьмого Дня во всём мире, что в 1888 году весть была принята большинством руководителей того поколения, и с тех пор несомненно стала доктриной всей церкви. В этом и заключается надменное утверждение: «Я богат, разбогател и ни в чём не имею нужды». В кратком изложении официальная точка зрения сводится к следующему:

> Рядовые члены и служители Церкви Адвентистов Седьмого Дня приняли весть, представленную в Миннеаполисе (в 1888 году), и получили благословение. Некоторые же руководители церкви противились тогда этому учению (Дальнейшая оценка рукописи «Новый взгляд на 1888 год» (*A Further Appraisal of the Manuscript "1888 Re-examined"*). Генеральная Конференция. сентября 1958 г. стр. 11).

Другая книга, под названием «Движение судьбы» (*Movement of Destiny*), которая вышла в свет при поддержке двух президентов Генеральной Конференции, «была критически прочитана шестьюдесятью нашими самыми одарёнными богословами. ... Без всякого сомнения, ещё ни одна книга в нашей истории не получала такую великолепную поддержку перед публикацией» (стр. 8). В этой книге говорится, что оппозиция вести была незначительной, потому что в конечном итоге всего *менее десяти* делегатов по-настоящему отвергали его, либо выражали своё неприятие. Эта поразительная точка зрения заслуживает более пристального внимания, ибо если она верна, то мы обязаны ей верить:

[27]

> Обвинение ... в том, что учение о праведности по вере было в 1888 году отвергнуто всей церковью, или, *по крайней мере, её руководством* ... опровергается участниками самой сессии и является предубеждением, не имеющим никакого основания и поддержки. В историческом смысле это просто неправда. ... «*Некоторые*» из руководящих братьев встали на пути этого света и благословений. Но ... руководство церкви в целом никогда не отвергало библейское учение о праведности по вере (выделено в оригинальном тексте) (Ле Рой Фрум. Движение судьбы (*Movement of Destiny*). 1971 г. стр. 266).
>
> Из общего числа делегатов, составлявшего приблизительно девяноста человек, зарегистрировавшихся на сессии Генеральной Конференции в Миннеаполисе в 1888 году, всего лишь менее двадцати, а значит, менее *четверти* из общего числа, по-настоящему вели борьбу с этой вестью. ...

Большинство из тех, кто первоначально приняли участие в споре, сознались в своей неправоте … и в дальнейшем прекратили своё противодействие. … Только несколько самых «серьёзно настроенных» делегатов продолжали отвергать послание.

… Как оказалось, общее число тех «некоторых» не достигало и двадцати, а из общего количества, превышавшего девяносто, это число составляло менее четверти. По словам Олсона, *большинство* из этих двадцати признали свою неправоту, и таким образом, из «отвергавших» стали *принимающими* (выделено в оригинальном тексте) (там же. стр. 367–369).

Далее в этой книге сообщается, что послание было *с самого начала* принято руководством церкви:

Все члены церкви, и её руководство, в частности, *не отвергали* вести о праведности по вере ни в 1888 году, ни позже. … Новый президент … искренне и всем сердцем принял и поддержал учение о праведности по вере. … Ответственные *руководители* адвентистского движения в период с 1888 по 1897 год определённо *не* отвергали эту весть (выделено в оригинальном тексте) (там же. стр. 370, 371).

И президент, и вице-президент Генеральной Конференции в сделанных ими заявлениях придерживаются одного мнения:

Будучи пятьдесят пять лет служителем Церкви Адвентистов Седьмого Дня, … я ни разу не слышал ни от служителя церкви, ни от рядового члена … выражения «противление посланию о праведности по вере». Также мне ничего не известно о выражении такой оппозиции в публикациях Адвентистов Седьмого Дня (А. В. Олсон. Через кризис к победе (*Through Crisis to Victory*). 1966 г. стр. 232 (далее – Олсон)).

Мы будем правы, если скажем, что весть [1888 года] была провозглашена с кафедры, через прессу и через жизнь тысяч и тысяч людей, посвящённых Богу. … Адвентистские пасторы и евангелисты провозглашают эту жизненно важную истину с церковных кафедр и на публичных собраниях, с сердцами, объятыми пламенем любви ко Христу (там же. стр. 233, 237).

Есть немногие, которые совершенно ошибочно предположили, что Церковь Адвентистов Седьмого Дня сбилась с пути, не усвоив этого великого и основополагающего христианского учения [вести 1888 года] (Р. Р. Фигур – президент Генеральной Конференции. В предисловии книги Н. Ф. Пиза «По вере только» (*By Faith Alone*). 1962 г. стр. vii).

Секретарь совета попечителей наследия Эллен Уайт, длительное время занимавший эту должность, уверяет нас, что послание было в целом принято:

[28]

> Идея о том, что Генеральная Конференция и, таким образом, вся церковь отвергла весть о праведности через веру в 1888 году не имеет оснований ... Письменные свидетельства того времени не содержат и намёка на то, что эта весть была отвергнута церковью. Нигде не существует ни одного высказывания Эллен Уайт о том, что это было так. ... Историческая запись о принятии вести в общинах, состоявшемся после Конференции, поддерживает концепцию о том, что благоприятное отношение к вести было повсеместным. ... Возможно, случившемуся на сессии Генеральной Конференции в Миннеаполисе была дана искажённая количественная оценка (А. Л. Уайт. Одинокие годы (*The Lonely Years*). 1984 г. стр. 396).

Следуя примеру других богословов, один автор замечает:

> Означает ли это, что вся церковь или даже её руководство отвергли весть 1888 года? Вовсе нет. Некоторые отвергли его – подавляющее меньшинство. ... Новое руководство всем сердцем одобрило этот новый акцент (Марджори Льюис Ллойд. «Слишком медленно выходя» (*Too Slow Getting Off*). стр. 19, 20).

Если эти официальные мнения основываются на исторических данных и вдохновенных свидетельствах Эллен Уайт, то наша моральная обязанность – верить им. Но тут мы сталкиваемся с проблемой. Дело в том, что Эллен Уайт неоднократно уподобляла реакцию руководства церкви на послание 1888 года поведению евреев, которые отвергли Христа.[1] А это уж никак нельзя назвать принятием!

Если вышеприведённые выводы верны, то трудно понять озабоченность Эллен Уайт на протяжении целых десяти (и даже больше) лет тем, что она называла постоянным отвержением

---

[1] см. Рукопись. 9. 1888 г.; А. В. Олсон. Через кризис к победе (*Through Crisis to Victory*). стр. 292, 297, 300; Рукопись. 15, 1888 г.; Рукопись. 13, 1889 г.; «Ревью энд Геральд». 4 и 11 марта 1890 г.; там же. 26 августа 1890 г.; там же. 11 и 18 апреля 1893 г.; Свидетельства для проповедников. стр. 64; 75–80; Письмо 6. 1896 г. пункт 7; Специальная инструкция, касающаяся «Ревью энд Геральд офис» и «Работа в Батл-Крике» (*Special Instruction Relating to The Review and Herald Office, and The Work in Battle Creek*). 1895 г. стр. 16.3; Коллекция Сполдинга и Магана (*Spalding and Magan Collection*). стр. 34.1; Принципы христианского воспитания (*Fundamentals of Christian Education* – FE) стр. 472.

вести со стороны «наших братьев» в руководстве, особенно если допустить, что их было немного. Разве стал бы Господь лишать всемирную церковь благословений позднего дождя и громкого клича из-за упорства менее чем десятка служителей церкви, которые даже не были руководителями церкви? А если бы стал, то можно ли надеяться на более похвальное процентное соотношение принимающих к отвергающим какую бы то ни было весть с небес? И если Господь лишит всех нас благословений Святого Духа из-за такой мизерной оппозиции, то как можно надеяться на завершение евангельского поручения?

Евреи отрицают, что они отвергли Мессию

Евреи отрицают свою причастность к отвержению Мессии. Это отрицание принимает две формы: (а) «Не та Личность»: они утверждают, что Иисус из Назарета не был Мессией, поэтому отвержение ими этого «Человека» не является серьёзной ошибкой; (б) Ошибочное перекладывание ответственности: «Его распяли не евреи, а римляне» (см. Макс Даймонт. Евреи, Бог и История (*Jews, God, and History*). стр. 138–142).

Очевидно, что во многих из рассмотренных нами свидетельствах видна такая же проблема: (а) ошибочное опознание – почти все авторы избегают упоминать тот факт, что весть 1888 года была началом позднего дождя и громкого клича. Практически все они без исключения считают весть 1888 года всего лишь «напоминанием» о протестантской доктрине шестнадцатого века об оправдании верой, которую проповедуют популярные церкви.² (б) Ошибочная ответственность: утверждается, что весть отвергали и презирали только немногие. Большая же часть остальных покаялись, так что в итоге весть была довольно хорошо принята руководством церкви.

[29]

---

²Пиз ссылается на утверждение Эллен Уайт от 22 ноября 1892 года, в котором она отождествляет весть с «началом» громкого клича (Н. Ф. Пиза. По вере только (*By Faith Alone*). 1962 г. стр. 156). Но вообще-то он полагает, что весть 1888 года делает акцент на широко известной протестантской «доктрине». Фрум считает весть «началом» позднего дождя, но противоречит самому себе, утверждая, что в то же время эту же весть проповедовали Евангелические церкви (Ле Рой Фрум. Движение судьбы (*Movement of Destiny*). 1971 г. стр. 262, 318–325, 345, 561–570, 662–667). Другие писатели полностью игнорируют высказывания Эллен Уайт, в которых она отождествляет весть с «началом» громкого клича и позднего дождя.

Доктор Фрум говорит, что интерпретации А. У. Спалдинга и Л. Х. Христиана, данные событиям 1888 года находятся «в полной гармонии» с фактами (Движение судьбы (*Movement of Destiny*). стр. 268). Также и по мнению А. В. Олсона, Спалдинг представляет «полную правду» по этому вопросу (Олсон. стр. 233). Такие оценки заметно расходятся с мнением Эллен Уайт, но поскольку они пользуются сегодня единодушным одобрением, мы уделим им более пристальное внимание:

> Величайшим событием восьмидесятых годов для Адвентистов Седьмого Дня было восстановление, переосмысление и перефразирование их веры в основное учение христианства. ... В последнее десятилетие девятнадцатого века было заметно, что посредством евангелия церковь возрастала и готовилась к выполнению миссии Божьей. ... Церковь была разбужена этим животворящим посланием об оправдании верой (А. У. Спалдинг. Капитаны воинства (*Captains of the Host*). 1948 г. стр. 583, 602).

> 1888 год является заметной вехой в истории Церкви Адвентистов Седьмого Дня. Его можно сравнить с переходом через горный перевал, после которого открываются страны нового континента. Некоторые «клеветники братьев», называющие себя реформаторами, пытаются доказать, что на сессии мы потерпели поражение, в то время как правда состоит в том, что там была одержана славная победа. ... С неё начинается новый период нашей деятельности – время пробуждения и спасения душ. ... Господь даровал Своему народу чудесную победу. Это было началом великого духовного пробуждения среди адвентистов ... зарёй нового славного дня Адвентистской церкви. ... Плодом великого возрождения Миннеаполиса, ... начавшегося в 1888 году ... стало богатство праведности и миссионерских достижений (Л. Х. Христиан. Плод духовных даров (*The Fruitage of Spiritual Gifts*). стр. 219, 223, 224, 237, 244, 245).

Отметим, что один из наших авторов невольно исполнил пророчество Христа, касающееся руководства Лаодикийской церкви. Он воспользовался тем самым словом, которое Христос вложил в уста «ангела церкви» (Откровение 3:14, 17), заявляющего, что он *«богат* и разбогател» через притворное принятие послания.

Весть была принята или отвергнута?

Разумеется, автор последнего высказывания не желает навесить ярлык «клеветника братьев» на известного президента Генеральной Конференции. Но логическая последовательность требует того, чтобы А. Г. Даниэльс был отнесён именно к этой категории, ибо он совершенно ясно заявляет, что события 1888 года означали «поражение» на пути продвижения дела Божьего. Его заявления полностью противоречат утверждениям наших уважаемых современных авторов:

> Послание о праведности во Христе ... встретило противодействие со стороны ревностных, добропорядочных, служащих делу Божию! Эта весть [1888 года] никогда не была ни принята, ни возвещена; она даже не получила возможности свободно распространяться в такой степени, чтобы донести до церкви несметные благословения, которые в ней сокрыты. ... Разделение и конфликт между руководителями церкви, вызванные из-за противления посланию о праведности во Христе, произвели весьма неблагоприятную реакцию. Простые люди были смущены и не знали, что делать ...
> За оппозицией скрывались хитрые замыслы вдохновителя зла. ... Какими же ужасными должны быть последствия его успеха, если он нанесёт ей [вести] поражение! (А. Г. Даниэльс. Христос – наша Праведность (*Christ Our Righteousness*). 1926 г. стр. 47, 50, 53, 54).

Отметим слово «поражение». Это антоним слова «победа».

С начала и до конца своей книги Даниэльс настаивает на том, что не было никакого пробуждения и принятия этой вести всей церковью как народом. В 1926 году он всё ещё полагал, что возрождение – это дело будущего:

> Все эти годы [начиная с 1888 года] возрастала надежда и вера, что настанет день, в который послание о праведности по вере засияет во всей присущей ему славе, достоинстве и силе, и встретит полное признание (там же. стр. 43).

То «могущественное возрождение», которое, по словам других авторов, уже произошло, Даниэльс относит в категорию того, «что могло бы быть»:

> Какое могущественное возрождение подлинного благочестия, ... какое проявление божественной силы для завершения работы, ... могли бы произойти в народе Божьем, если бы все наши служители ушли с той Конференции с тем же духом, с которым ушёл верный и покорный раб Господа [Эллен Уайт] (там же. стр. 47).

Рассуждая логически, Эллен Уайт также должна быть подвергнута строгой критике со стороны автора Христиана как «клеветник братьев», поскольку она назвала окончание эпохи 1888 года временем «победы *нашего врага*», когда заявила, что сатана преуспел ... «в значительной мере», пытаясь удержать эту весть от церкви и от мира (Э. Уайт. Избранные вести. Т.1. стр. 234.6; 1896 г.).

А. Т. Джоунс, ещё в то время, когда он смиренно ходил перед Господом, тоже должен быть подвергнут такой же критике, и не только он, но и все делегаты сессии Генеральной Конференции 1893 года. Однако они видели ситуацию более объективно. И всё же они были правы. Ни один из присутствовавших не осмелился перечить докладчику, потому что все знали, что он говорит правду:

> Когда нам как народу было открыто послание о праведности Христа? [Один-два голоса из аудитории: «Три или четыре года тому назад».] Так сколько же? Три или четыре? [Делегаты: «Четыре».] Да, четыре. Где это было? [Делегаты: «В Миннеаполисе».] Что же отвергли руководящие братья в Миннеаполисе? [Голос из зала: «Громкий клич».] ... Что же братья, занимающие эту ужасную позицию, отвергли в Миннеаполисе? Они отвергли поздний дождь, или громкий клич вести третьего ангела (Ежедневный Бюллетень Генеральной Конференции. Т.5. 1893 г. стр. 183.5).

В 1908 году Джоунс говорил о продолжавшемся уже «двадцать один год официальном противлении вести Божьей о праведности по вере»:

> Сегодня должности президентов унионов, а также официальные должности в Генеральной Конференции занимают люди, которые с самого начала ... как тогда [в 1888 году], так и до сих пор, противодействовали по каждому поводу, ... который только можно придумать, истине о праведности по вере, как той истине, которая ясно изложена в Священном Писании. Я знаю об этом, потому что не раз был вынужден часами выслушивать именно этих людей по этому же поводу (А. Т. Джоунс. Письмо Р. С. Оуэну. 20 февраля 1908 г.).[3]

---

[3] Объективные доказательства в пользу его замечаний можно найти в официальных публикациях относительно спора о двух заветах 1906–1908 гг. В этих публикациях превалирующим является взгляд оппозиции 1888 года. Например: Статьи из журнала «Знамения времени» (*Signs of the Times*), 13 ноября 1907 г.; там же. 29 января, 1908 г.

Если бы «рядовые члены и служители Церкви Адвентистов Седьмого Дня приняли то, что было представлено в Миннеаполисе», то разве не разумно было бы ожидать, что через несколько лет после этого Джоунс смог бы вспомнить хотя бы одного из них, кроме Эллен Уайт? Однако через тринадцать лет после 1908 года он напишет:

> Сейчас я не могу вспомнить никого, кто [кроме Эллен Уайт разумеется] открыто принял эту истину на собрании в 1888 году. Но позже многие говорили, что это [послание] им очень помогло. Один руководитель из Батл-Крика заявил на том съезде после одной из проповедей доктора Ваггонера: «Сейчас мы бы могли сказать «аминь» после всего услышанного, если бы к этому больше ничего не добавили. Но позже будет сказано нечто ещё, к чему нас теперь подготавливают. ... Если же мы скажем «аминь» на то, что уже сказано, то мы должны будем согласиться и с тем, что последует дальше, и окажемся в ловушке». ... Но последующих ловушек не было, и они сами лишили себя того, что их же сердца признавали за истину. Борясь со своими же вымыслами, они ожесточились в противлении тому, на что они должны были сказать «аминь» (А. Т. Джоунс. Письмо Клоду Холмсу. 12 мая 1921 г.).

В том же письме Джоунс добавляет, что «противниками были ... все, кто мог поддаться влиянию Генеральной Конференции».

Однажды Джоунс сказал, что «некоторые» приняли послание на Конференции в Миннеаполисе, «некоторые» отвергли его, а «некоторые» заняли промежуточную позицию. (Ежедневный Бюллетень Генеральной Конференции. Т.5. 1893 г. стр. 185.1). Сторонники точки зрения о принятии вести истолковывают эти слова так, что эти три лагеря были примерно одинаковыми по численности; а поскольку предполагается, что «многие» из первоначально отвергавших или «нейтральных» затем покаялись, то выдвигается версия о том, что в конечном счёте послание было принято подавляющим большинством. Однако Алонзо Джоунс в 1921 году продолжает свидетельствовать об этом, выражая иное мнение:

> Другие и приняли бы его, но поскольку дух преследований был силён, они, вместо того чтобы стоять за истину благородно, в страхе Божьем, и заявить, невзирая на критику: «Это правда Божья и я верю в неё всей душой», начали уступать давлению и, как бы извиняясь, искали различные оправдания для тех, кто проповедовал истину.

Такая неопределённая позиция может считаться чем угодно, но только не принятием послания о праведности Христа! Те, кто следует за Христом, готовы умереть за Его правду.

Джоунс оставил после себя записи, отражающие его мнение по поводу так называемых «всемирных пробуждений церкви», последовавших за Конференцией 1888 года. Приведённый ниже отрывок из письма 1921 года цитируется в официально одобренной книге, поддерживающейся точку зрения, согласно которой весть была принята:

> Когда настало время лагерных сборов [после 1888 года], мы втроём [Эллен Уайт, Ваггонер и он сам] посетили собрания верующих и проповедовали весть о праведности по вере ... иногда на одном собрании мы были все втроём. Это меняло отношение людей и, по всей видимости, отношение большинства руководителей (Н. Ф. Пиз. По вере только (*By Faith Alone*). 1962 г. стр. 149).

[32]

Цитата в книге на этом обрывается. Но следующая же фраза Джоунса опровергает версию «принятия»:

> Но последнее было только внешним, и никогда не было подлинным, ибо всё время в Комитете Генеральной Конференции и среди других царила негласная враждебность, которая ... в итоге завладела всей деноминацией, предоставив верховенство этому духу Миннеаполиса, противлению и человеческому авторитету.

Это письмо написано Джоунсом незадолго до его смерти. Оно проникнуто духом чистой преданности всем доктринам Церкви Адвентистов Седьмого Дня, духом полного признания пророческого дара, которым была наделена Э. Уайт.

Не прошло и пяти лет, как А. Г. Даниэльс опубликовал свою точку зрения, которая по существу совпадает с мнением Джоунса: «Это послание никогда не было ни принято, ни провозглашено, никогда не получило свободного распространения, какое должно было получить, чтобы донести до церкви заключённые в нём безграничные благословения» (А. Г. Даниэльс. Христос – наша Праведность (*Christ Our Righteousness*). 1926 г. стр. 47).

Но мы не имеем нужды полагаться только на оценку событий, данную Джоунсом и Даниэльсом. Мы имеем и другие свидетельства.

Веское вдохновенное свидетельство

Беспристрастное исследование показывает, что в трудах Эллен Уайт нет двусмысленных или неясных высказываний по поводу вопроса о принятии вести 1888 года. Она не может поддерживать одновременно обе стороны этих противоречивых позиций. Слова Джоунса о том, что «изменившееся отношение» руководящих братьев было только «кажущимся», подтверждаются свидетельством Эллен Уайт:

> Почти два года [написано в 1890 году] мы настоятельно просили людей принять свет и правду о праведности Христа, но они не решались принять эту драгоценную истину («Ревью энд Геральд». 11 марта 1890 г. пункт 11).

Почему же так происходило? Спустя неделю она объясняет причину, по которой члены церкви и молодые священнослужители были так нерешительны:

> Наша молодёжь равняется на наших старших братьев. Они видят, что те не принимают это послание, а относятся к нему как к чему-то несущественному. И этот факт побуждает несведущих в Писаниях отвергнуть этот свет. *И эти люди, отказываясь принять истину, становятся преградой между светом и народом* (выделено нами — Р.В. и Д.Ш.) («Ревью энд Геральд». 18 марта 1890 г. пункт 5).

Она также соглашалась с утверждением Джоунса о том, что среди руководителей церкви, занимающих самые ответственные должности, *не было ни одного*, кто встал бы на защиту вести о праведности Христа:

> Снова и снова я ясно и убедительно свидетельствовала собравшимся [в Миннеаполисе в 1888 году]. Но они не приняли этого свидетельства. По прибытии в Батл-Крик я повторила это же свидетельство в присутствии пастора Батлера, но там не нашлось ни одного, кто имел бы мужество встать на мою сторону, и тем самым дать понять пастору Батлеру, как и остальным, что они заняли неверную позицию. ... Предубеждение пастора Батлера возросло ещё более, когда он услышал разные донесения от *наших братьев-служителей*, с того собрания в Миннеаполисе (выделено нами — Р.В. и Д.Ш.) (Письмо 3. 25 января 1889 г. пункт 3).

Братья, которые, по её словам, «встали на пути света», были руководителями церкви. Хвала Господу, не все «отказались принять правду», но термин «наши братья» несёт обобщающий смысл. И он непременно означает, что это было большинство руководящих лидеров, за исключением, возможно, нескольких человек. Она использует этот термин неоднократно, и, что важно отметить, она использует его в ретроспективе:

> В Миннеаполисе ... сатане удалось в значительной мере отдалить от нашего народа особую силу Святого Духа. ... Враг не позволил им получить ту силу, которая могла помочь им нести истину всему миру. ... Свет, который должен осветить всю землю своей славой, встретил сопротивление, и действиями *наших же собственных братьев* был в большой степени сокрыт от мира (выделено нами – Р.В. и Д.Ш.) (Э. Уайт. Избранные вести. Т.1. стр. 234.6; 1896 г.).

Никоим образом небольшая кучка влиятельных «ожесточённых» противников не оказала бы такого рокового эффекта, если бы большинство руководящих братьев всем сердцем приняли эту весть. Вера в то, что хвост может вилять собакой, подорвёт всякое доверие окружающих. Эллен Уайт писала своему родственнику уже после «исповеди» большинства влиятельных руководителей:

> Кто из тех, кто сыграл свою роль на собрании в Миннеаполисе, пришёл к свету и получил богатые сокровища истины, которую Господь послал им с небес? Кто шёл в ногу с Вождём Иисусом Христом? Кто показал полное признание в своём ошибочном рвении, своей слепоте, своей ревности и злобных подозрениях, в своём пренебрежении истиной? Ни один ... (Письмо 2а. 1892 г. пункт 15).

В течение семи или восьми долгих лет после 1888 года она была вынуждена признавать правду о тех «некоторых» в Батл-Крике, которые «сохраняли дух мятежа, царивший в Миннеаполисе», и о которых она писала, как о «многих»:

> Они начали эту сатанинскую работу в Миннеаполисе. ... *Однако эти люди занимают ответственные посты и ведут дела сообразно своим собственным помыслам, как им заблагорассудится* (выделено нами – Р.В. и Д.Ш.) (Э. Уайт. Свидетельства для проповедников. стр. 79.2; 1 мая 1895 г.).

Призыв к простой честности

А. Г. Даниэльс призывает нас честно смотреть в лицо фактам: «Удобнее всего было бы устранить некоторые заявления Духа

Пророчества об отношении некоторых руководителей к этой вести и самим вестникам. Но этого нельзя сделать, не ограничившись только частичным изложением ситуации, ... и не оставив этот вопрос под покровом тайны» (А. Г. Даниэльс. Христос – наша Праведность (*Christ Our Righteousness*). 1926 г. стр. 43).

[34]

В наше последнее и ответственное время чем меньше будет «тайн», тем лучше. Поэтому ниже мы приведём несколько кратких, но дословных цитат, взятых из «*Свидетельств для проповедников*», написанных в 1895 году. Это и будет обзором и суждением Эллен Уайт, составленным почти в самом конце эпохи 1888 года:

> Многие относятся к нему [посланию] с презрением.
>
> Вы повернулись к Господу спиной, а не лицом.
>
> Этот свет, который должен был осветить всю землю своей славой, оказался в пренебрежении ...
>
> Смотрите, как вы ... презираете проявления Святого Духа.
>
> Я могу однозначно заявить, что некоторые сейчас зашли уже слишком далеко, чтобы обратиться и покаяться.
>
> Эти великие и торжественные истины не ценятся и презираются.
>
> Люди ... стоят на пути грешников и сидят в собрании хулителей.
>
> Многие пошли по тёмным тайным тропам, и некоторые уже не вернутся.
>
> Они искусили Бога и отвергли свет.
>
> Они избрали тьму, а не свет, и осквернили свои души.
>
> Они не только отказались принять весть, но и возненавидели свет.
>
> Эти люди причастны к гибели душ. Они встали между светом, посланным Богом, и людьми. Они попирают Слово Божье и презирают Его Святого Духа.
>
> Годами они противятся свету и вынашивают дух сопротивления.
>
> Сколько ещё времени вы будете ненавидеть и презирать вестников праведности Божьей?
>
> Они обзывали их [вестников] фанатиками, экстремистами, выскочками.
>
> Когда уже будет слишком поздно, вы увидите, что сражались против Бога.
>
> Господу известно всё, что вы ставите с ног на голову.
>
> Ещё несколько шагов по пути отрицания небесного света, и вы погибнете.
>
> Долгое время вы являетесь ложными путевыми знаками и указываете неверное направление.

> Если вы отвергаете посланных вестников Христа, значит, вы отвергаете Самого Христа.
>
> Вы обесцениваете славный дар оправдания кровью Христа
>
> Я умоляю вас ... прекратить своё упорное сопротивление свету и доказательствам (Э. Уайт. Свидетельства для проповедников. стр. 89–97; 1895 г.).

Всё это наши авторы называют «выдающейся вехой истории Церкви Адвентистов Седьмого Дня», переходом «через перевал в новую землю», «славной победой, началом больших и лучших свершений в адвентистской церкви», «временем возрождения и спасения душ», «временем счастливого духовного опыта», «началом великого духовного пробуждения среди адвентистов», «пробуждением всей церкви»! Эллен Уайт в 1895 году как нельзя лучше выразилась по этому поводу: «Господу известно, как вы много чего ставите с ног на голову».

За семь или восемь лет, прошедших после Конференции, была дана масса возможностей, чтобы покаяться, исповедаться и принять сердечное участие в «возрождении всей церкви». Но хронологию отвержения можно вести год за годом:

> Вместо того, чтобы препятствовать движению колесницы истины, идущей в гору, вам следовало употребить всю свою энергию на то, чтобы подтолкнуть её.
>
> Наши старшие братья ... не принимают эту весть, но относятся к ней легкомысленно, не понимая последствий («Ревью энд Геральд». 18 марта 1890 г. пункт 5).
>
> Невозможно выразить словами тяжесть и страдание, которые я испытываю от осознания истинного положения дел, показанного мне. ...
>
> Мне было показано, что во всех наших конференциях служители пренебрегают изучением Священного Писания с целью исследовать эту истину. ... Как мало проявляется в церквах веры и любви! ...
>
> Библейская религия очень редко встречается даже среди наших служителей ... и стандарты служения были сильно занижены. ...
>
> В стан Израилев проникают холодность, бессердечие и недостаток нежного сочувствия. Если позволить этим недобрым качествам укрепляться, как это происходило в течение ряда лет в прошлом, то наши церкви придут в плачевное состояние (Э. Уайт. Свидетельства для проповедников. стр. 142–156; 20 августа 1890 г.).

[35]

Возрождение не пришло и к 1892 году:

> В церкви царит атмосфера равнодушия, её дух таков, что мужчины и женщины не способны стойко держаться образца первоначального, рождённого небом благочестия. Огонь их первой любви угас, и если они не пройдут через крещение Святым Духом, их светильник будет сдвинут с места своего (Э. Уайт. Свидетельства для проповедников. стр. 167.3; 15 июля 1892 г.).

В 1893 году положение не изменилось:

> О, как мало тех, кто узнал день своего посещения! ... Мы убеждены, что среди народа Божьего распространилась слепота разума и чёрствость сердец, хотя Бог проявил к нам невыразимую милость. ...
>
> Сегодня очень мало тех, кто служит Господу от всего сердца. Большинство тех, кто состоит в наших общинах, духовно мертвы по преступлениям и грехам. ... Самая сладкая мелодия, которая только может прийти от Бога через человеческие уста – весть об оправдании верой и о праведности Христа – не вызывает в них ответную любовь и благодарность ... Они ожесточили свои сердца против Него [Небесного Торговца] («Ревью энд Геральд». 4 апреля 1893 г. пункты 3, 4).

К 1895 году состояние не улучшилось:

> Многие оставили свою адвентистскую веру. ... говоря в сердце желанные для них слова: «Не скоро придет Господин мой». ...
>
> Люди, наделенные большой ответственностью, но не имеющие живой связи с Богом, поступают вопреки Его Святому Духу. ... Предостережения от Бога снова и снова посылались этим людям, но они отвергали их и осмеливались идти тем же путём. ...
>
> Если Бог будет продолжать миловать их, а они будут продолжать вынашивать тот же самый дух, который двигал ими перед конференцией в Миннеаполисе и после неё, то они наполнят своими делами полную чашу беззакония тех, кого Христос осудил, живя на земле (Э. Уайт. Свидетельства для проповедников. стр. 77–79; 1 мая 1895 г.).

В 1896 году мы тоже не наблюдаем даже признаков малейших изменений:

> Люди оскорбляют Бога, если лелеют мятежный дух, бунтовавший ещё в Миннеаполисе. Всё небо разгневано духом, годами проявляющимся в нашем издательском учреждении в

Батл-Крике. ... Раздался голос, указавший на заблуждения и во имя Господа умолявший о решительной перемене. Но кто послушался этого голоса? Кто смирил сердце, чтобы избавиться от всех следов своего нечестивого, угнетающего духа? (Э. Уайт. Свидетельства для проповедников. стр. 76.3; 30 мая 1896 г.).

Похоже, что в 1897 году сердца руководителей по-прежнему не были охвачены духом «возрождения»:

> Бог посылает людям как совет, так и обличение для их же собственного блага. Он уже послал Свою весть, сказав им то, что было необходимо для этого времени – 1897 года. ... Он дал вам возможность выйти с доспехами на помощь Господу. Сделав всё это, Он велел вам занять своё место. Но приготовились ли вы? Сказали ли вы: «Вот я, пошли меня»? Вы оставались на месте и ничего не делали. Вы оставили Слово Господне лежащим на земле без внимания. ...
>
> О, почему люди становятся помехой там, где они могут помочь? Почему они вставляют палки в колёса, имея возможность довольно успешно содействовать? Почему они лишают свою же душу благ и отнимают у других благословение, которое могло бы прийти через них? Эти противники света останутся бесплодной пустыней ... (Э. Уайт. Свидетельства для проповедников. стр. 413; 1897 г.).

Без сомнений, эти противники вести остались в духовном смысле «бесплодной пустыней». Проповеди и статьи этих людей скучны и неинтересны, в них отсутствуют важнейшие истины вести 1888 года. И при этом они выражают крайнюю уверенность в своём понимании и проповедовании праведности по вере.

История «пробуждений» после 1888 года

Начиная с 1888–1890 годов Эллен Уайт в своих трудах часто упоминает о собраниях возрождения, где она проповедовала вместе с Джоунсом и Ваггонером. Теория о принятии вести 1888 года базируется в основном на данных свидетельствах. Мы должны дать им должную оценку. Ниже следуют примеры таких высказываний, полных восторга и энтузиазма:

> Я никогда ещё не видела такую работу возрождения, которая отличалась бы такой завершённостью и тщательностью, и в то же время была свободна от всякого ненужного волнения. Не было никаких настойчивых приглашений и побуждений. Не было призывов выйти вперёд, но было торжественное осознание того, что Христос пришёл, чтобы призвать не праведников,

но грешников к покаянию. ... Многие признались в том, что во время проповеди испытывающих истин они увидели себя грешниками во свете закона («Ревью энд Геральд». 5 марта 1889 г. пункты 10, 11).

Весть о том, что Христос — наша праведность, принесла утешение многим и многим душам, и Бог сказал Своему народу: «Идите вперёд». ...

На каждом собрании после Генеральной Конференции [1888 года] души горячо воспринимали драгоценное послание о праведности Христа. ...

В субботу [в Оттаве, штат Канзас] были представлены истины, не знакомые большинству собравшихся. ... Усилия проповедующих в эту субботу не были напрасны. В воскресенье утром появились бесспорные доказательства того, что Дух Божий произвёл великие изменения в моральном и духовном состоянии собравшихся («Ревью энд Геральд». 23 июля 1889 г. пункты 12, 16, 10).

У нас проходят самые превосходные собрания. Здесь нет духа, действовавшего в Миннеаполисе. Всё происходит в гармонии. ... Выступающие единодушно свидетельствовали, что эта весть света и истины, донесённая до нашего народа, является истиной для настоящего времени, и где бы она ни проповедовалось, она непременно приносит свет, утешение и благословение Божье (Рукопись 10. 1889 г. пункты 2, 3).

Эти заявления, вырванные из контекста истории десятилетнего периода после 1888 года, создают впечатление, что руководство всем сердцем приняло весть. Но следует рассмотреть и другие заявления, согласно их контексту. Версия о принятии вести руководством должна быть подкреплена сбалансированной картиной реальных событий.

Джоунс говорил, что их собрания «резко меняли отношение людей». Однако вопрос о перемене отношения рядовых членов церкви не стоял никогда. Проблема целиком касалась отношения руководителей и служителей церкви. Люди были готовы с радостью принять этот свет, если бы руководители позволили этому свету дойти до них беспрепятственно, в неискажённом виде, или даже если бы сами руководители искренне присоединились к проповедникам этой вести. Многие молодые служители церкви проявляли глубокий интерес. Но постоянная отстранённость, либо явное противление ответственных руководителей как в Батл-Крике, так и в других местах, заглушило это движение. Этот факт подтверждается не только трудами Эллен Уайт, но и документами архива Генеральной Конференции.

Чтобы удостовериться в официальном отвержении вести в Батл-Крике необязательно даже призывать Эллен Уайт в качестве свидетеля. Письма из архива Генеральной Конференции показывают существование скрытой оппозиции, представлявшей, по словам Джоунса, «тайный, никогда не прекращающийся антагонизм» (смотри Дополнительные примечания в конце данной главы).

Противодействие возрождению

В Миннеаполисе Эллен Уайт сразу же увидела, что проблема связана с руководством. Она обратилась к делегатам с искренним призывом не оглядываться на старших и более опытных братьев, определяя своё отношение к этому свету. Она заявила, что старшие и более опытные братья могут даже попытаться помешать распространению света среди людей:

> Я прошу вас доверять только Богу и не делать из людей идолов, не зависеть ни от одного человека. Пусть ваша любовь к людям не побуждает вас ставить их на то место, которое они занимать не вправе. ...
>
> Вам нужно больше света, вам нужно более четкое понимание истины, которую вы несёте людям. Если вы сами не увидите света, то при возможности вы закроете дверь и остальным, не позволив лучам света сойти на людей. Да не будут сказаны об этом народе, получившем столько милости, слова: «Они сами не вошли и желающим воспрепятствовали». Все эти уроки даны для пользы тех, кто живёт в последнее время. ...
>
> На этом собрании ... противление, а не исследование, занимает главное место. ...
>
> Никому нельзя позволить закрыть путь, по которому свет истины придёт к людям. Такая попытка сразу же отдаляет Духа Божьего (Рукопись 15. 1888 г. пункты 18, 19, 35, 38; Олсон. стр. 297, 301).
>
> Наше собрание близится к концу, но никто не признал свою вину, и Духу Божьему не дали ни одной возможности прийти к нам. И я спрашиваю: Какая польза от того, что мы собрались здесь, что сюда съехались служители церкви, если они здесь только для того, чтобы помешать Духу Божьему прийти к людям? (Рукопись 9. 1888 г. пункт 1; Олсон. стр. 290, 291).

[38]

Каков же был на самом деле механизм отвержения? Как он действовал? В то время как Джоунсу и Ваггонеру разрешили выступать на лагерных собраниях и публиковать свои статьи, в то время как их весть с радостью принималась рядовыми членами церкви, противостояние руководства постоянно противодействовало их самым старательным усилиям. Перед нами анализ этих событий, сделанный самой Эллен Уайт:

> Люди, которые первыми должны были понять, что необходимо народу Божьему, чтобы приготовить путь Господу, сами преграждают путь свету, который Бог желает послать Своему народу, и отвергают весть Его исцеляющей благодати (Э. Уайт. Письмо братьям Миллерам. 23 июля 1889 г.).
> *Некоторые из наших руководящих братьев* часто занимают неверную позицию, и если бы Бог, желая послать Свою весть, стал бы ожидать, пока эти старшие братья откроют путь для её продвижения, то эта весть никогда не дошла бы до людей. ...
> Упрёк Господа послан к тем, кто должен быть хранителем этого учения и обеспечить путь для более великого света, чтобы этот свет достиг людей, и если ни один из этих лидеров не подаст своего голоса, чтобы возвестить этот свет, то «камни возопиют». ... Холодные сердца и неверие тех, кто должен был иметь веру — вот причина немощи наших церквей (выделено нами — Р.В. и Д.Ш.) («Ревью энд Геральд». 26 июля 1892 г. пункты 8, 9).

В то время Джоунс и Ваггонер были *персонами нон грата*, которых не принимали в Батл-Крике (Олсон. стр. 115). Как будет видно в следующей главе, наиболее влиятельным оппозиционером был редактор *Ревью энд Геральд*. Эллен Уайт также сказала, что, президент Генеральной Конференции «поступал как Аарон по отношению к тем, кто противится работе Божьей, начиная с самого съезда в Миннеаполисе» (Э. Уайт. Письмо А. О. Тэйту. 27 августа 1896 г.). О последующих за этой сессией событиях она писала: «Президент Генеральной Конференции ... поступал прямо противоположно тем предостережениям и советам, которые были ему даны». (Э. Уайт. Письмо Ирвину Генри Эвансу. 21 ноября 1897 г.).

В дальнейшем для братьев-оппозиционеров было вполне естественным ожидать, а скорее надеяться на то, что рядовые члены церкви отнесутся к посланию не лучше, чем отнеслись к нему пасторы и руководители в Батл-Крике. Но они были огорчены, когда услышали сообщения о чудесных результатах проповедей этого вдохновенного трио. Больно говорить о том, что слова Эллен Уайт о поддержке этой работы Духом Святым расстроила оппозиционеров. Она была обеспокоена не просто позицией кучки какого-то незначительного меньшинства никому не известных братьев, а всеобщим влиянием руководящего влиятельного руководства:

> Впоследствии, увидев и почувствовав проявление силы Святого Духа, подтверждающей то, что весть была дана от Бога, они возненавидели её ещё больше, потому что эта весть свидетельствовала против них. Они не пожелали смирить своё сердце в покаянии, не пожелали воздать Богу славу и отстаивать правду (Э. Уайт. Свидетельства для проповедников. стр. 79.2; 1 мая 1895 г.).

Собрания возрождения, проходившие в Южном Ланкастере, Чикаго, Оттаве (штат Канзас) и в самой общине Батл-Крика стали веским доказательством того, что Бог поставил Свою печать на этой вести, которая только начинала свой путь. Церкви оказались своего рода лабораториями, в которых испытывался свет этого послания. И этот эксперимент доказал, что ни одной вести, ни одному движению прежде не сопутствовали такие проявления небесной славы со времён самого «полночного крика» в 1844 году:

[39]

> Несмотря на решительные попытки обесценить весть, посланную Богом, её плоды доказали природу источника происхождения этого света и истины. Тех, кто … встал на пути, отвергая все доказательства, нельзя считать обладателями ясного духовного зрения по той причине, что они слишком долго закрывали свои глаза, чтобы не видеть света, посланного Богом Своему народу. … Сопротивление будет исходить именно от тех, от кого мы ожидали участия в этой работе (Э. Уайт. Письмо 19д (*Letter* 19d). 1892 г. пункты 20, 21, 23).

Эллен Уайт продолжала надеяться на перемену в сердцах руководителей после того, как они распознают неопровержимые доказательства. Следующий абзац мог бы служить доказательством принятия церковными руководителями вести 1888 года:

> Я видела силу Божью, сопровождающую эту весть, где бы она ни проповедовалось. В Южном Ланкастере вы не смогли бы убедить людей в том, что послание, открытое им, не было посланием света … Господь участвовал в этой работе. Мы трудились тогда в Чикаго; до конца данной серии собраний оставалась неделя. Но подобно волнам славы, благословение Божье захлестнуло нас, когда мы указывали людям на Агнца Божьего, Который берёт на Себя грех мира. Господь явил нам Свою

славу, и мы ощутили сильное влияние Его Духа («Ревью энд Геральд». 18 марта 1890 г. пункт 7).

Но та же статья, опубликованная в «*Ревью*» 18 марта 1890 года, показывает, что *руководящие* братья оставались недовольными этой деятельностью:

> Я старалась донести эту весть до вас так, как я её понимала, но до каких пор те, кто стоит во главе работы, будут держаться в стороне от послания Божьего?

К греху неверия в Миннеаполисе добавился ещё более тяжкий грех: неопровержимые доказательства одобрения этого послания Святым Духом, явленные в возрождении церквей, только усилили сопротивление руководящих братьев. «Когда они увидели и ощутили проявления Святого Духа, доказывающие, что весть пришла от Бога, то они возненавидели её ещё больше» (Свидетельства для проповедников. стр. 79.2; 1 мая 1895 г.). За несколько лет до этого Эллен Уайт выступила с призывом к единству с вестниками:

> Почти два года мы настоятельно просили людей принять свет и правду о праведности Христа, но они всё не решаются принять эту драгоценную истину («Ревью энд Геральд». 11 марта 1890 г. пункт 11).
>
> Мы просим тех, кто противится этому свету истины удалиться с пути народа Божьего (там же. 27 марта 1890 г. пункт 6).

[40] Существует множество доказательств того, что они так и не ушли с пути. Следует не забывать исторический фон, который сопровождал эти радостные отчеты «возрождения». Более ранние публикации, выражавшие пророческую надежду (в 1889–1890 годах), должны восприниматься во свете разочарования реальными событиями последующих лет, которые Эллен Уайт была вынуждена зафиксировать (в 1891–1897 годах). Все доказательства указывают именно в этом направлении, включая свидетельства Эллен Уайт, и записи Алонзо Джоунса вместе с данными официальных архивов и очевидными историческими сведениями, собранными почти за столетний период.

«Подобно иудеям!»

С тех пор как древний Израиль отверг своего Царя Славы, небо не видало такого безосновательного и постыдного падения избранного народа Божия под водительством своих руководителей.

Вестница Божья, не колеблясь, применила к руководящим братьям известное выражение: «Горе вам, фарисеи» (От Луки 11:50–52), характеризуя таким образом их духовное состояние (1896 год): «Если Бог когда-либо говорил через меня, то эти слова Писания очень много значат для тех, кто их услышит» (Свидетельства для проповедников. стр. 76.1). «Сами не вошли и входящим воспрепятствовали» (От Луки 11:52).

Такова правдивая картина «великого возрождения», последовавшего за сессией 1888 года. Многие верующие и молодые служители уже начали «входить», но старейшины Иерусалима «воспрепятствовали» им. Таким образом, возрождение прервалось, и Святой Дух был огорчён, «оскорблён», и угашён. Вестница Божья часто сравнивала дух противостояния вести 1888 года с отвержением Христа иудеями. Вот один из примеров такого сравнения:

> Свет воссиял над церковью Божьей, но многие своим равнодушным отношением сказали: «Мы хотим идти не по твоему пути, Господи, а по своему». Царство Божие приблизилось к ним, … но они закрыли дверь своего сердца и не приняли небесных гостей, ибо они ещё не познали любви Божьей. …
>
> Упорство и неверие в наши дни имеет ещё меньше оправданий, чем грех иудеев во дни Христа. … Наш грех и возмездие за него станут более суровыми, если мы откажемся ходить во свете. Многие говорят: «Если бы я жил во времена Христа, я бы не искажал Его слов, не истолковал бы Его учение неверно. Я бы не отверг Его и не распял, как это сделали евреи». Но сегодня правдивость этих слов проверяется вашим отношением к Божьей вести и к Его вестникам. …
>
> Живущие в наши дни не ответственны за поступки тех, кто распял Сына Божия. Но если мы, имея весь свет, который был дан Его древнему народу, повторяем их ошибки, лелеем в себе тот же дух, отказываясь принять упрёки и предостережения, то наша вина будет ещё более великой … («Ревью энд Геральд». 11 апреля 1893 г. пункты 4, 7).

Неделей позже она напишет:

> Те, кто исполнен неверия, видят малейший повод для спора и возражений. Они теряют из виду все доказательства, данные Богом … Который открывает драгоценные жемчужины истины из неисчерпаемого кладезя Своего слова. Они [оппоненты] могут рассматривать атом того, что им не нравится под увеличительным стеклом своего воображения до тех пор, пока он не увеличится до размеров Вселенной и не закроет от них драгоценный небесный свет. … Зачем уделять столько внимания

[41]

тому, что кажется вам недостатком самого вестника [А. Т. Джоунса и Э. Дж. Ваггонера] и отметать все доказательства, данные Богом для того, чтобы разрешить ваши вопросы относительно истины? (там же. 18 апреля 1893 г. пункты 8).

Наше воображение с трудом может охватить реалии тех благословений, которые могли бы сойти на Церковь Адвентистов Седьмого Дня, если бы это драгоценное послание было принято сердцем:

> Если благодатью Христа Его народ станет новыми сосудами, то Он наполнит их новым вином. Бог пошлёт дополнительный свет, и старые доктрины снова засияют в этом обрамлении истины, и куда бы ни пошли эти труженики, их будет ждать победа («Ревью энд Геральд». 23 декабря 1890 г. Статья Б. пункт 19).

Наша история перевернута с ног на голову

На заседании Генеральной Конференции 1901 года Эллен Уайт снова сослалась на события 1888–1891 годов. Она ясно описала то, что должно было случиться, но чего так и не произошло. То, что наши историки называют «возрождением», оказалось всего лишь словесным согласием без всяких реальных изменений:

> Я имею особый интерес к предложениям и решениям, которые должны быть приняты на этой Конференции относительно того, что нужно было сделать много лет назад, а особенно десять лет назад, когда мы собрались на Конференцию, а Дух и сила Божия посетили наши встречи, свидетельствуя о готовности Бога действовать для нашего народа, если этот народ займёт верную позицию. Братья уже соглашались со светом, посланным Богом, но в наших учреждениях, особенно в офисе «Ревью энд Геральд» и данной [Генеральной] Конференции нашлись такие, кто внедрил элементы неверия, и поэтому действий, соответствующих данному свету, так и не последовало. Согласие было дано, но за ним не последовало никаких конкретных изменений с целью установить такой порядок вещей, при котором сила Божья могла бы проявиться среди Его народа (Бюллетень Генеральной Конференции. Т.4. 3 апреля 1901 г. стр. 23.7).

Некоторые из братьев признали в 1893 году, что возрождения не последовало по причине отказа что-то менять. Джоунс говорил:

> Братья, настало время сегодня вернуться к тому, что мы отвергли [четыре года назад в Миннеаполисе]. Ни один из нас

даже представить себе не может чудесные благословения, которые Господь готовил для нас в Миннеаполисе, и которые мы бы уже переживали эти четыре года, если бы сердца наши тогда оказались готовыми принять весть, посланную Богом. Мы не потеряли бы этих четырёх лет, и нас уже сегодня со всех сторон окружали бы чудеса громкого клича (Ежедневный Бюллетень Генеральной Конференции. Т.5. 1893 г. стр. 183.9).

Следующее письмо, написанное Эллен Уайт и прочитанное ею на этой же конференции, объясняет, как именно действовал процесс, превративший весть 1888 года в неудачу:

> Оппозиция в наших же собственных рядах поставила вестников Господних перед трудной задачей и тяжёлыми душевными испытаниями: они должны были преодолевать препятствия и сложности, которых вполне могло бы и не быть. ... Всё это время, внимание и силы, необходимые для противостояния нашим же братьям, противящимся вести, было отнято у мира, нуждающегося в предостережении о грядущих судах Божьих. Дух Божий присутствовал в среде Своего народа, желая наделить их силой, которую они так и не получили, поскольку не открыли свои сердца, чтобы принять Его.
>
> Бояться нам следует не враждебности мира, а тех, кто находится среди нас, препятствуя этой вести. ... Любовь и доверие составляют ту моральную силу, которая могла бы объединить наши общины и обеспечить гармонию наших действий: холодность же и подозрительность принесли разобщение, лишившее нас этой силы. ...
>
> Влияние, которое появилось вследствие сопротивления свету и истине в Миннеаполисе, обесценивало свет Божий, посланный Им Своему народу через Свидетельства ... потому что некоторые из тех, кто занимает ответственные посты, заразились духом, господствовавшим в Миннеаполисе, духом, затуманившим проницательность народа Божьего (там же. Т.5. 1893 г. стр. 419 – пункты 5, 6, 7).

Любая армия, проигравшая сражение, пытается впоследствии разобраться в причинах своего поражения. О победе они будут говорить только в условном, предположительном значении этого глагола, или как о том, «что могло бы быть». Важно отметить, что опубликованный в 1909 году в «*Свидетельствах для церкви*» (Т.9. стр. 29.2) часто цитируемый отрывок начинается с трагического «если», и был написан в связи с событиями 1888 года и их влиянием на историю. Сразу же после вышеприведённого отрывка следует предложение:

Если бы каждый воин Христа выполнил свой долг, если бы каждый страж, находящийся на стенах Сиона, издавал верный трубный звук, мир бы уже услышал весть предостережения. Но эта работа отстала на целые годы. Какой отчёт будет дан Богу относительно такой задержки? (Ежедневный Бюллетень Генеральной Конференции. Т.5. 1893 г. стр. 419.8; Свидетельства для церкви. Т.9. стр. 29.2).

История эпохи 1888 года содержит и добрую весть!

Всё, что было сказано, не означает, что война проиграна. Вовсе нет. Проиграно только *одно сражение*. Однако сложилась очень интересная ситуация. В том же письме, спустя несколько абзацев Эллен Уайт предсказывала, что сатана будет искусно добиваться успеха. «Хорошо продуманные планы сатаны будут действовать везде». Он достаточно умён, чтобы не совершать грубых ошибок и не принимать облик дьявола; он примет вид Христа. «Явление ложного Христа породит обманчивые надежды в умах тех, кто позволит себя обмануть».

Сатана слишком умён, чтобы объявить о своей победе перед окончанием битвы, даже если он одержал частичные победы. Такое хвастовство побудило бы церковь остатка пасть на колени перед Богом в самом глубоком раскаянии всех веков и в сердечной искренности. Говорить ей правду совершенно нецелесообразно. Церковь нужно держать в обмане до самого конца.

Из этого следует, что по замыслу сатаны мы должны пребывать в обмане относительно истории 1888 года. Врагу удобней лживо признать нашу надуманную победу и своё поражение, притворившись лежащим у наших ног. Но этот обман, лелеемый нашими душами, может привести только к развитию отношений с антихристом. Если мы не в состоянии правильно понять события прошлого, то как же мы сможем правильно толковать события будущего, когда они будут разворачиваться у нас на глазах?

Эти очевидные доказательства рисуют мрачную и безрадостную картину? Вовсе нет, если мы любим Того, кто назвал Истиной самого Себя. Признание истины – единственный способ приблизиться к Нему!

Верно то, что вся наша история представляет собой явный призыв к покаянию. Но мы должны помнить, что призывы к покаянию всегда позитивны, всегда дают надежду и ободряют.

Заключение

Те, кто представляет историю эпохи 1888 года как славную победу, весьма искренни. Ими движет желание сохранить единство церкви. Некоторые же критики утверждают, что победа, одержанная дьяволом в 1888 году и в последующие годы, была полной, и теперь церковь находится в безнадежном состоянии. Эта точка зрения не соответствует действительности, однако она укоренилась и развилась как реакция на гордыню и самодовольство, поколение за поколением отвергающее правду о нашей истории. Израиль никогда не станет Вавилоном, хотя и может быть в плену какое-то время. Господь вновь возвратит его из плена очищенным и раскаявшимся.

Пытаясь противостоять жестоким критикам, осуждающим церковь как безнадёжно падшую, мы не должны отрицать правду. Почитать нужно того, кто достоин почтения. Воздадим уважение тому, кому оно принадлежит. А это, в свете нашей истории, потребует от *нас* большого смирения:

> Потребуется большое смирение сердец перед Богом от каждого, кто останется до конца верным и последовательным (Э. Уайт. Рукопись 15. 1888 г. пункт 16; Олсон. стр. 297).

> Если церковь, которая сегодня уже пропитывается своим отступничеством, не покается и не обратится, она продолжит вкушать плоды своих деяний, пока не почувствует отвращение к самой себе (Свидетельства для церкви. Т.8. стр. 250.3).

Такой опыт не является доказательством того, что Бог оставит Свою церковь. Пётр обратился, когда в Гефсиманском саду «пал на землю, желая только одного – смерти» (От Матфея 26:75; Желание веков. стр. 713). Точно так же обратится и церковь остатка, когда исполнится вышесказанное. День Пятидесятницы для неё наступит не позднее, чем для Петра, после того как он увидел себя, и таким образом обрёл прощение Господа.

Истинное понимание событий эпохи 1888 года придёт, когда мы узнаем себя: «Однажды мы увидим всё в истинном свете, вместе со всеми горестными последствиями» (А. Т. Джоунс. Ежедневный Бюллетень Генеральной Конференции. Т.5. 7 февраля 1893 г. стр. 184.9).

А. Т. Джоунс на сессии Генеральной Конференции 1893 года также говорил об этом отсроченном на долгое время «дне» возврата:

> В будущем произойдут ещё более удивительные события, чем те, что случились в Миннеаполисе. ... Но, если мы не удалим из наших сердец все остатки духа, укоренённого в наших сердцах, мы отнесёмся к той вести и её вестникам так же, как по словам Божьим мы отнеслись и к этой вести (там же. стр. 185.5).

Даже если бы мы не располагали ни одним из источников, представленных в данной главе, то логика и здравый смысл подсказали бы нам следующие выводы:

(1) Громкий клич должен оказать такое действие на завершение работы, которое можно сравнить с огнём, испепеляющим солому, оставшуюся после жатвы («Ревью энд Геральд». 15 декабря 1890 г. Статья А. пункт 7). «Заключительные события будут развиваться стремительно» (Свидетельства для церкви. Т.9. стр. 11.2). Но огонь, который должен был так быстро распространиться, медленно тлеет и дымится уже более ста лет, в то время как души человеческие сгорают быстрее, чем мы достигаем их нашей вестью. *Единственно разумный вывод из этого состоит в том, что огонь этот был потушен человеческими, а не божественными факторами.*

(2) Апостол Иоанн в книге Откровение говорит, что громкий клич осветит землю славой, превосходящей все предыдущие проявления небесной силы. «Цари земные» ещё не «встали вдали» вместе с «купцами земными», оплакивая падение великого Вавилона, обращённого в ничто за один краткий «час» могущественной проповедью громкого клича. Однако свет послания четвёртого ангела уже начал сиять в 1888 году своим необычным и удивительным светом. *Единственный разумный вывод состоит в том, что свет был потушен человеческими средствами.*

(3) Когда послание 1888 года о праведности по вере, это истинное «начало» позднего дождя, будет принято, то в церкви остатка произойдёт невиданное ранее возрождение благочестия. «Враг Бога и человека не желает, чтобы эта истина свободно открывалась людям, ибо он знает, что, если люди полностью примут её, его власть рухнет» (Э. Уайт. Служители Евангелия. стр. 161.1; 1915 г.). *Единственно возможный вывод: весть о праведности Христа так и не была принята по-настоящему.*

(4) Поскольку эта весть была особым посланием от Бога, то настойчивое сопротивление ему со стороны авторитетных и ответственных лиц обернулось духовным поражением для адвентистского движения; но *поражение это нужно воспринимать как одну*

проигранную битву в большой войне, но не как поражение во всей этой войне.

Такой взгляд потребует от нынешнего поколения признания чистых фактов и полного исправления этой трагической ошибки. Это может быть сделано, и живой праведный Бог поможет нам.

Вот что должно быть для нас доброй вестью.

ДОПОЛНИТЕЛЬНЫЕ ПРИМЕЧАНИЯ К ЧЕТВЁРТОЙ ГЛАВЕ

Свидетельства из архивов Генеральной Конференции

Официальная переписка, имеющаяся в архивах Батл-Крика, подтверждает свидетельства Эллен Уайт и Алонзо Джоунса относительно негативного отношения к вести 1888 года со стороны самых высокопоставленных руководителей Батл-Крика. По словам А. Т. Джоунса «существовал никогда не прекращавшийся тайный антагонизм» (Письмо Клоду Холмсу. 12 мая 1921 г.).

Письма секретаря Генеральной Конференции Дана Т. Джоунса показывают, как практически проявлялось это отношение. Хотя у него было глубокое враждебное предубеждение по отношению к вести 1888 года и самим вестникам, но через несколько недель после Миннеаполиса Святой Дух озарил его, дав ему ясные доказательства того, что Джоунс был истинным вестником Господним. Он пишет своему другу:

> У нас были здесь хорошие встречи ... Большей частью с проповедями выступал брат А. Т. Джоунс. Я бы желал, чтобы ты услышал некоторые из его выступлений. Он представляется совсем другим, в отличие от Миннеаполиса. Некоторые из его проповедей не уступают самым лучшим из когда-либо слышанных мною. К тому же все они читались впервые. У него оригинальная манера проповедовать, похоже, что он говорит с любовью и глубоко переживает то, о чём говорит. С тех пор, как я узнал этого человека поближе, моё мнение о нём значительно улучшилось (Письмо Дж. У. Ватту. 1 января 1889 г.).[1]

Но Дан Джоунс изменил своё мнение против своей же воли. Просто поразительно, как хорошие руководители могут ожесточать свои сердца вопреки тому, что они совершенно уверенно считали «верительными грамотами» Святого Духа. Нам нуж-

---

[1] Письма Дана Т. Джоунса находятся в Архивах Генеральной Конференции, «Record Group 25». Для работы с ними было получено разрешение.

но понять, как это всё случилось, ведь сегодня нас подстерегает серьёзная опасность повторения того, что произошло с ними. Как сказал Лютер, мы все сделаны из одного теста.

Итак, спустя год, по какой-то странной причине, Дан Джоунс ожесточил своё сердце против вестников 1888 года, в то время как Эллен Уайт в это же время оказывала вестникам ещё большую поддержку. Здесь мы наблюдаем пример загадочной изменчивости человеческого духа. Находясь на высокой административной должности, Дан Джоунс пишет письмо в адрес руководства Конференции в Миссури, где он проживал. Ему нужно было сообщить о своей ошибке в суждениях. Это и есть пример того, как работает то скрытое влияние, тот «тайный антагонизм», о котором упоминал А. Т. Джоунс:

> Я думаю, что организация школы служителей в Миссури — это великолепно; но я полагаю, что ценность её не уменьшится, если вы не будете устраивать большой парад ... с приглашением пасторов А. Т. Джоунса и Э. Дж. Ваггонера. По правде говоря, я не очень доверяю тому, как они преподают. Они стремятся опровергнуть всё, что сказано перед ними, и не терпят ни малейшей критики в адрес занимаемых ими позиций. ... Более того, они вряд ли будут рассматривать какие-либо другие темы, кроме тех, которые вызывают различия во мнениях у *наших руководителей*. Не думаю, что Вы захотите заразить этим духом свою Конференцию в Миссури (выделено нами — Р.В. и Д.Ш.) (Письмо Н. У. Аллее. 23 января 1890 г.).

Вестники 1888 года, вероятно, так и не узнали, почему их служение оказалось нежеланным в Миссури. [46]

Письма информирующего характера, отправленные Даном Джоунсом Дж. И. Батлеру и рассказывающие о событиях в Батл-Крике, выявляют механизм действия этого «антагонизма». Он поддерживает Батлера в его противлении данной вести:

> Я действительно рад, что Вы рассматриваете события именно с вашей точки зрения, не падаете духом и не сгибаетесь под грузом, который, вероятно, давит на Вас. ... Я часто думаю о ваших словах, сказанных мне прошлой зимой, о том, что эти братья из Калифорнии [Джоунс и Ваггонер] окажутся в команде редакторов «Ревью» не позднее, чем через два года. Я не удивлюсь, если узнаю, что в течение этих многих месяцев будут предприняты попытки занять эти должности. Но я убеждён, что эти попытки встретятся с сильным противодействием (Письмо. 28 августа 1889 г.).

«Сильное противодействие», которое он предчувствовал, возникло в нём самом зимой следующего 1890 года. Ваггонер однажды объявил на своих занятиях по изучению Библии, что в следующий понедельник утром будет обсуждение темы о двух заветах. Ранее Ваггонер по официальному приглашению, и даже по настоятельным просьбам оставил свою работу в Калифорнии, чтобы преподавать в Батл-Крике. Естественно, он полагал, что волен излагать евангелие так, как он его понимает.

Но когда Дан Джоунс услышал о том, что будет обсуждаться вопрос о двух заветах, он уже не мог сдержаться, немедленно принимая меры, чтобы остановить Ваггонера. Он обратился с просьбой к Урии Смиту и даже к Эллен Уайт поддержать его в этом. Случившееся так глубоко взволновало его, что он подробно писал об этом Дж. И. Батлеру, О. А. Олсену, Дж. Д. Пеггу, С. Х. Джоунсу, Р. С. Портеру, Дж. Х. Моррисону, Э. У. Фарнсворту и Р. А. Андервуду. В письмах невозможно не увидеть всеобщую антипатию к вести и вестникам, хотя, разумеется, автор заявляет о принятии «доктрины оправдания через веру».

Мы должны быть благодарными за то, что он оказался плодовитым автором писем, так как с помощью его писем мы можем проникнуть в суть скрытой позиции официального руководства. О своих чувствах он пишет со всей искренностью и прямотой. Его продолжающееся противление посланию было, очевидно, нелёгким бременем для его совести, и ему, как и Павлу, было «трудно идти против рожна». О своём противоборстве с Ваггонером он пишет Батлеру:

> Ещё ни одно событие в моей жизни не подавляло меня так, как этот случай. Я настолько расстроен происходящим, что не знаю, как себя вести и что делать. ... Когда я ознакомился с уроками Субботней школы, (о двух заветах, написанными Ваггонером), то сразу же решил, что преподавать их не могу; а изучив некоторые из них, я решил отказаться от должности учителя субботней школы.[2] ...
>
> Волнения и беспокойство по этому поводу навредили мне более, чем полгода работы (Д. Джоунс. Письмо. 13 феваля 1890 г.).

---

[2] Позиция Ваггонера, против которой выступают Дан Джоунс, Урия Смит и другие, представлена в его книге *Радостные вести* (*The Glad Tidings*). Позиция его оппонентов изложена в «Библейском комментарии АСД» (*Seventh-day Adventist Bible Commentary*) и в «*Seventh-day Adventist Bible Dictionary*». Эллен Уайт сказала, что ей было дано видение, подтверждающее

Какое зрелище – Секретарь Генеральной Конференции «волнуется и беспокоится» по поводу того, что является руководством Святого Духа к позднему дождю!

Взгляд за кулисы событий в старом Батл-Крике [47]

Далее в письме Дан Джоунс даёт значимую характеристику администрации в Батл-Крике, откровенно сообщая Батлеру официальные намерения скрыть реальные факты от студентов и «уладить дело по возможности незаметнее, не привлекая внимания студентов к тем переменам, которые были необходимы». Это должно было стать дипломатическим ходом. Ваггонер нарушил его планы, открыто рассказав всю правду, «раскрыв все планы, и всё, что я мог сделать – это сказать, что мы сочли за лучшее просить доктора Ваггонера отложить обсуждение темы о Заветах».

Эллен Уайт, Уильям (Вилли) Уайт, Э. Дж. Ваггонер и А. Т. Джоунс приложили все силы для того, чтобы выяснить все отношения с братьями в Батл-Крике, в результате чего Дан Джоунс, Урия Смит и другие невольно оказались загнанными в угол. И снова Дан Джоунс прямо пишет своим друзьям о затруднительном положении, в котором они оказались:

> Некоторые из нас оказались в довольно затруднительном положении. Наши труды совершались в отсутствие должного понимания, и теперь мы лишились поддержки. Никто не мог оспорить доводы доктора Ваггонера и сестры Уайт (Письмо Дж. И. Батлеру. 27 марта 1890 г.).

Смирение и честность в словах Дана Джоунса свежи и почти наивны в свете той правды, которую он так и не понял, а она со-

---

правильность позиции Ваггонера: «Прошлой ночью мне было открыто, что свидетельства относительно заветов были ясными и убедительными. Вы [Урия Смит], брат Дан Джоунс, брат Портер и другие даром тратите свои силы, чтобы обосновать свою точку зрения, отличную от взгляда, который представил брат Ваггонер» (Письмо 59. 1890 г. пункт 18; см. также *Эллен Г. Уайт 1888 Материалы* (*The Ellen G. White 1888 Materials*). стр. 604.2; Изданные рукописи (*Manuscript Releases*) Т.9. стр. 328.3). Дан Джоунс сообщает, что Ваггонер «обвинил руководителей Генеральной Конференции в безоговорочной поддержке мнения Д. М. Канрайта о Заветах. В число этих руководителей входит и брат Смит». Они это, разумеется, отрицали (Письмо Дж. И. Батлеру. 13 феваля 1890 г.). К сожалению, Ваггонер был прав. Ещё более печально то, что сто лет спустя правильное изложение благой вести в связи с двумя Заветами мы до сих пор ещё не приняли.

стояла в том, что он фактически боролся против милостиво дарованного небесами позднего дождя и начала света громкого клича. Он был решительно настроен бороться против этого посланного небом благословения, и не мог допустить, чтобы о нём узнали другие. Перед нами выдающийся пример человека, убедившего себя против своей же воли, и поэтому не меняющего своих убеждений.

Известная проповедь Эллен Уайт, произнесённая в Батл-Крике 16 марта 1890 года, содержит утверждение о том, что «весть не была принята» (Рукопись 2. 1890 г. пункт 2), а также около десятка упоминаний о продолжающемся неверии и отвержении вести в среде руководства церкви в Батл-Крике со времени Конференции в Миннеаполисе. На следующий день Дан Джоунс горестно сокрушался:

> Мне кажется, что её точка зрения, очевидно, верна, и этот же принцип можно в равной степени применить и к таким вопросам, как вопрос о завете или о законе в Послании к Галатам. ... Ранее я был предельно уверен в том, что доктор Ваггонер и другие исполняли определённые планы и намерения, и что за этими планами и программами стояли некие цели; но теперь я вижу, что я совершенно ошибался в обоих выводах. Странно, как всё это могло произойти. Казалось, каждое новое обстоятельство служило доказательством моих подозрений; но, тем не менее, все эти выводы оказались ошибочными (Письмо Дж. Д. Пеггу. 17 марта 1890 г.).

Судя по его письму, адресованному Батлеру десять дней спустя, его прогресс идёт довольно медленно, и он всё ещё не имеет ясности. В отношении вести его мнение не изменилось. Как и Урия Смит, он обвиняет Джоунса и Ваггонера в создании недоразумений. Он не может увидеть их в том свете, в котором видела их Эллен Уайт, как «Богом избранных вестников»:

[48]
> Возможно, некоторые мнения, которых мы придерживались, были ошибочными. ... Я пока не вижу, что можно сделать, кроме как признать данные толкования и действовать в согласии с ними. ... Сестра Уайт ... полагает, что сообщения, посланные Вам из Миннеаполиса, были значительно преувеличены и что вы не получили правильного представления о том, что там происходило. И хотя я придерживаюсь той же позиции в вопросе о законе в послании Галатам и вопросе о заветах, которой придерживался всегда, я рад, что мой разум не обременён более мыслями о мотивах и намерениях некоторых из наших брать-

ев. ... Будем надеяться, что поведение наших братьев в будущем не даст оснований для несправедливого суждения об их планах и намерениях (Д. Джоунс. Письмо. 27 марта 1890 г.).

Через несколько дней в письме к Р. С. Портеру он признаёт, что он и Урия Смит всё ещё не полностью согласны с вестниками 1888 года, и с Эллен Уайт:

> Пастор Смит ... не может понять, почему ... сестра Уайт в одном случае решительно высказывается против чего-то, как это было однажды несколько лет назад в разговоре с пастором [Дж. Х.] Ваггонером (отцом Эллета Ваггонера – прим. пер.) по вопросу о законе в Послании к Галатам; но затем изменяет своё мнение и практически поддерживает ту же точку зрения, сформулированную немного иначе. ... Я стараюсь думать об этом как можно меньше (Д. Джоунс. Письмо. 1 апреля 1890 г.).[3]

Спустя две недели Дан Джоунс всё ещё испытывает неуверенность, но говорит с некоторой насмешкой о том, что в действительности было руководством Божьим для начала излития позднего дождя. Он желал бы видеть, как Джоунса и Ваггонера поставят на место, и уверял пастора Батлера в том, что и он, и братья ведут с этими людьми благородную борьбу. То, что Эллен Уайт и история признали «самым драгоценным посланием», он всё ещё относит к категории «своеобразного мнения», надеясь, что эти взгляды они больше никогда не будут терпеть:

> Я знаю, что нам не так просто ввиду сухих фактов, накопившихся по этому делу за полтора года, прийти к выводу о том, что происходящее в Миннеаполисе совершалось в невинности чистого агнца. Но если доктор Ваггонер говорит, что по прибытии туда не имел никаких планов, и брат Джоунс говорит то же самое, а сестра Уайт поддерживает их, то что же нам в таком случае остаётся делать, кроме как признать это как факт?

---

[3]Современные критики Эллен Уайт ошибаются вместе с Урией Смитом, приписывая ей существенную перемену во мнении относительно закона в послании к Галатам. Она настоятельно просила Дж. Х. Ваггонера не предавать огласке его мнение о том, что закон в Послании к Галатам – это закон десяти заповедей, но не существует доказательств, что она говорила пастору Ваггонеру именно то, что приписывает ей Смит. Несомненно, Дж. Х. Ваггонер не понимал так ясно, как его сын, глубокие и трогательные истины из Послания к Галатам. Она не считала послание Ваггонера-отца «самой драгоценной вестью». Смит неуместно использовал часть истины, чтобы осудить свет, посланный Господом через Ваггонера-сына в 1888 году.

> ... Вам может показаться, что мы устроили небольшой скандал, потом нас усмирили и мы успокоились. Но это совсем не так. Я считаю, что мы выиграли в Миннеаполисе по каждому пункту, и думаю, что другая сторона желала бы, чтобы к ним отнеслись немного мягче. Я не против этого, при условии, что они усвоят те уроки, которые мы им преподали. Теперь я уверен, что доктор Ваггонер проявит большую осторожность, прежде чем излагать свои личные взгляды до того, как они будут тщательно изучены руководством церкви; я также думаю, что наше руководство будет гораздо более внимательней, чем в прошлом, рассматривать эти своеобразные взгляды (Письмо Дж. И. Батлеру. 14 апреля 1890 г.).

Эти архивные материалы вполне красноречиво подтверждают замечание А. В. Олсона о том, что Джоунс и Ваггонер были *персонами нон грата* у руководства в Батл-Крике (Олсон. стр. 115). Положение было настолько напряженным, что нетрудно понять, почему Ваггонер уже в начале 1892 года был послан в Англию. [49] Его личное письмо президенту Генеральной Конференции от 15 сентября 1891 года, возможно, обострило ситуацию. Ещё ранее он был назначен членом издательского комитета, но по каким-то причинам он не мог участвовать в работе этого комитета на общих правах. Письмо его написано с уважением; он не жалуется ни на кого лично и озабочен лишь успехом дела Божьего:

> Хочу спросить относительно книги пастора Батлера. Из сообщения комитета я узнал о решении напечатать эту книгу в офисе «Ревью энд Геральд». Из этого я делаю вывод, что книга должна быть уже готова к изданию. Если это так, то как член этого комитета я хотел бы видеть рукопись. Больше года тому назад я видел список глав, которые должны были войти в эту книгу. На основании этого, а также и общего положения вещей, я делаю вывод, что этой книге, как и всякой другой, потребуется предварительная проверка. Если же книга будет издана без предварительной проверки, кроме просмотра комитетом из трёх человек, то я уверен, что работа будет неудовлетворительной. ... Несомненно, каждый член комитета имеет право на проверку любой рукописи, поступающей в комитет в установленном порядке (Э. Дж. Ваггонер. Письмо О. А. Олсену. 15 сентября 1891 г.).[4]

---

[4] Архив и статистические данные Генеральной Конференции. Для работы было получено разрешение.

Урия Смит оправдывает своё отвержение вести

Противление Урии Смита вести 1888 года было логически обоснованным, богословским, и внешне выглядело разумным. В своём письме к Эллен Уайт от 17 февраля 1890 года он объясняет, почему не может принять эту весть. При этом он предельно откровенен. Чтение этого письма на шести страницах само по себе представляет собой опыт смирения, ибо он настолько убедителен, что хочется воскликнуть: «Если бы не благодать Божья, я бы думал также!» Сегодня мы с такой же лёгкостью, как и он, можем назвать этот дар Святого Духа катастрофой. Он смотрит на водительство Господа как на «бедствие». Мы приведём его аргументы в кратком виде:

> По моему мнению, величайшим бедствием, постигшем нашу деятельность, не считая смерти брата Уайт для нас стала публикация доктором Ваггонером в «Знамениях»[5] своих статей по Посланию Галатам. …
>
> Если бы меня призвали к клятве в зале правосудия, то я обязан был бы засвидетельствовать, что, насколько мне известно, … вы сказали, что брат Дж. Х. Ваггонер (отец Эллета Ваггонера – прим. пер.) был не прав [относительно закона в Послании к Галатам]. С тех пор я полагал, что такое решение согласуется с Писанием. Брат Уайт был настолько убеждён в этом, что даже изъял книгу брата Ваггонера из обращения, как вы помните. … Позиция, занимаемая теперь Эллетом Дж. Ваггонером должна быть подвергнута такому же опровержению. … Она кажется мне во-первых противоречащей Писанию, и во-вторых, противоречащей Вашим прежним взглядам. …
>
> Братья из Калифорнии [Джоунс и Ваггонер] … почти парализовали Конференцию [1888 года], как я и опасался. Если бы эти спорные вопросы не поднимались, конференция в Миннеаполисе не отличалась бы от тех приятных и благословенных конференций, которые мы всегда с удовольствием проводили. …
>
> Эллет. Дж. Ваггонер занял по вопросу о законе в Послании к Галатам ту же позицию, что и его отец, которую вы однажды осудили. И когда вы одобрили всю его позицию в целом, … то для многих это стало большой неожиданностью. И когда меня спрашивали, что это может означать, и как это объяснить, то скажу вам, сестра Уайт, что я и в самом деле не знал, что ответить, и затрудняюсь ответить до сих пор.

---

[5] Журнал – «Знамения времени» (*Signs of the Times*).

[50] ... Когда возникают такие позиции ... которые ... совершенно обесценят ваши труды и поколеблют веру в нашу весть, я не могу при этом не волноваться. И вы можете себе представить эту странную ситуацию, когда я осмеливаюсь сказать хоть слово предостережения по какому-то из этих пунктов, а на меня уже смотрят как на стреляющего в кромешной темноте, не знающего с чем он борется. Я полагаю, что мне известно в определённой степени то, что я не могу принять. Возможно, эта деятельность нововведений и раздоров мне и неизвестна в полном объёме, но я вижу достаточно, чтобы начать беспокоиться. Я думаю, что готов принять свет в любое время и от кого бы то ни было. Но то, что называют светом, должно открыться мне как нечто основанное на Писаниях и здравом смысле, как нечто убедительное для рассудительного человека, прежде чем я приму это за свет. Если же кто-нибудь представляет нечто такое, в чём я уже давно определился и в чём совершенно уверен, то я не могу назвать это новым светом (Урия Смит. Письмо. 17 февраля 1890 г.).

Возможно ли, что и сегодня в нашей церкви много таких, как Урия Смит, таких же искренних и последовательных в своём сердечном противлении свету, который по Божьему провидению ещё должен осветить землю своей славой?

Нам неудобно заглядывать в прошлый век через плечо наших братьев в Батл-Крике, читая их письма. Но если мы поймём, что когда-нибудь кто-то будет читать и наши письма, это может послужить нам на пользу. Ангелы же совершенно безошибочно определят наше подлинное отношение к действиям Божьим.

Глубокая сердечная вражда против смиряющей вести о праведности Христа побудила добропорядочных братьев довериться необоснованным слухам и искажённым фактам. Эллен Уайт часто сравнивала эту ситуацию с позицией евреев, отвергающих Христа. Их аргументы тоже были обоснованными и логичными. Они полагали, что имеют доказательства из Писаний, согласно которым Христос не мог быть Мессией. «Приходит ли из Галилеи пророк? Уверовал ли в Него кто из начальников из Иерусалима?» (От Иоанна 7:48–52). Да и сама Его личность тоже их раздражала.

Братьям, жившим столетие назад, уже слишком поздно исследовать свои сердца, чтобы раскаяться в отвержении самого значительного излития Святого Духа со дня Пятидесятницы.

Слава Богу, нам ещё не поздно сделать это, потому что в их поведении мы легко можем узнать самих себя.

ГЛАВА ПЯТАЯ

ПРИНЦИПИАЛЬНАЯ ПРОБЛЕМА: КАК ОЦЕНИТЬ ПОСЛАНИЕ 1888 ГОДА

Ошибочность представления о том, что послание 1888 года было «нами» принято, исходит из ещё более глубокого заблуждения о том, что же представляла собой сама эта весть.

Официальная точка зрения, согласно которой весть была принята, подразумевает также, что в самой вести нет никаких уникальных идей, открытых исключительно адвентистам. Послание определяется как «доктрина о праведности через веру», то есть, та же самая доктрина, в которую протестанты верят уже сотни лет. Следующее высказывание, принадлежащее одному из наших уважаемых авторов, вице-президенту Генеральной Конференции, является типичным примером этого широко распространённого мнения об этой вести:

> Некоторые могут спросить, в чём заключалось учение о праведности через веру, ставшее основной движущей силой великого адвентистского возрождения 1888 года, по мнению миссис Уайт и других? Это была та же доктрина, которую проповедовали Лютер, Уэсли и многие другие слуги Божьи (Л. Х. Христиан. Плод духовных даров (*The Fruitage of Spiritual Gifts*). стр. 239).

Было бы крайне унизительным признаться в том, что мы отвергли «ту же доктрину, которую проповедовали Лютер, Уэсли и многие другие слуги Божьи». Поэтому мы говорим, что приняли эту «доктрину» в 1888 году и в последующие годы.

Другой автор, пользующийся авторитетом, признаёт, что послание 1888 года было, по определению Эллен Уайт, «вестью третьего ангела в своей подлинной сути» («Ревью энд Геральд». 1 апреля 1890 г. пункт 8), но при этом он вносит путаницу, настаивая на том, что многие евангелические лидеры, не принадлежащие к адвентистам, также проповедовали «этот же общий подход», получив свою весть «из того же Источника». Все без исключения книги, вышедшие в последние годы и высоко оценённые, логически подразумевают, что «суть» вести третьего ангела является ничем иным, как широко распространённым в протестантизме учением. При этом никто из авторов этих книг не занимает твёрдую позицию в оценке послания 1888 года по примеру Эллен Уайт, и никто не видит в нём никакой уникальной адвентистской истины. Отметим настойчивость Фрума:

> *В этот же период времени возникали мужи, не принадлежавшие движению адвентистов, делавшие акцент на этой же истине.* ... Очевидно, что этот импульс исходил из того же Источника. Пик проповедования праведности по вере приходится на 1888 год.
>
> Например, известные Конференции в Кесвике, в Англии, стали проводиться с целью «поощрения практического благочестия». ... Около пятидесяти человек в конце девятнадцатого и в начале двадцатого века проповедовали эту общую направленность (выделено в оригинальном тексте) (Ле Рой Фрум. Движение судьбы (*Movement of Destiny*). 1971 г. стр. 319, 320).

[53] Следуя этой логике, мы неизбежно придём к выводу: мы должны обратиться к этим сторонним источникам, чтобы понять саму эту «доктрину» и научиться проповедовать праведность по вере. И мы делали это десятки лет, несмотря на то что данное традиционное понимание праведности через веру настойчиво ведёт к антиномианизму, или к отрицанию закона.

Мы можем верить, что эти евангелические лидеры были добрыми и искренними людьми, живущими в согласии с тем светом, который имели. Но провозглашали ли они «весть третьего ангела в своей *подлинной сути*», как назвала Эллен Уайт весть 1888 года? Фрум допускает, что хотя они и «не понимали нашей особой вести», то есть истин о субботе, о состоянии мёртвых и других «особых» доктрин, тем не менее, они проповедовали «то же самое учение о праведности по вере», которое Господь открыл нам в 1888 году. Однако, противореча этим теориям, Эллен Уайт настаивает на том, что весть 1888 года содержит уникальную духовную пищу, ведущую к «послушанию всем заповедям Божьим» (Э. Уайт. Свидетельства для проповедников. стр. 91.2).

Таким образом, официально признанная точка зрения поддерживает взгляды наших оппонентов, согласно которым в вести Адвентистов Седьмого Дня нет ничего уникального. Такой взгляд подтверждает их обвинения в том, что адвентизм в своей сущности, не считая учения о праведности по вере, которое он позаимствовал у евангелических церквей, является законничеством. И, разумеется, по этой причине у нас нет морального права возвещать христианскому миру о суде, призывая их к покаянию.

Какова же подлинная сущность вести 1888 года? Было ли оно «той же самой доктриной», которую, как настаивают наши авторы, проповедовали реформаторы и евангеликалы девятнадцатого века? Или это было иное, уникальное понимание «вечного евангелия», имеющее отношение к истине о небесном святилище? Все наши официально признанные авторы игнорируют связь между вестью 1888 года и истиной о небесном святилище.

Данная же связь крайне важна для нашего понимания своей идентичности как народа.

Если допустить, что весть 1888 года является всего лишь старой протестантской доктриной об оправдании верой, то мы сталкиваемся с некоторыми серьёзными проблемами:

(1) Если мы согласимся с часто повторяемыми утверждениями Эллен Уайт о том, что весть 1888 года встретила противостояние и отвержение, то из этого логически следует, что руководство Церкви Адвентистов Седьмого Дня отвергло «то же самое учение», которое проповедовали Лютер и Уэсли.

Иными словами, признание того, что весть 1888 года – это «та же доктрина, которую проповедовали Лютер, Уэсли и многие другие...», означает, что наши отцы в 1888 году отвергли исконную историческую позицию протестантов. Подобное отвержение имело бы такие масштабы, что и отлучение Лютера от Римской церкви, или отлучение Уэсли от англиканской церкви. Это было бы равнозначно духовному падению, ничем не лучше падения Вавилона.

Но этого не могло быть, поскольку это было бы крахом нашей церкви. И поэтому наши авторы вынуждены признать, что «мы» приняли весть 1888 года и испытали «великое ... возрождение».

(2) Опять же, если весть 1888 года была тем самым учением реформаторов, из этого следует, что «Лютер, Уэсли и многие другие слуги Божьи» с шестнадцатого по девятнадцатый век проповедовали «весть третьего ангела *в своей подлинной сути*». В таком случае теряется сама уникальность и смысл существования Церкви адвентистов седьмого дня, возвещающей трёхангельскую весть из книги Откровение (14-я глава).

Несколько лет тому назад руководитель Адвентистской церкви в Европе Льюис Р. Конради довёл эту официально признанную версию до её логического завершения, заключив, что Лютер проповедовал весть третьего ангела в шестнадцатом столетии. Через некоторое время Конради ушёл из церкви (он также противостоял вести на Конференции 1888 года). И сегодня мы также теряем

[54]

проповедников, рядовых членов церкви и молодёжь по той же основной причине: они не видят ничего уникального и привлекательного в нашей евангельской вести, ведь официально принятые взгляды подразумевают, что ничего уникального в нашей вести действительно нет.

Неужели наши уважаемые историки и в самом деле невольно ограничили судьбоносное движение Адвентистов Седьмого Дня? Если это так, то это принесло огромный ущерб, потому что официально издаваемые идеи оказывают огромное влияние на эту всемирную церковь.

Взгляд на весть 1888 года как на «повторный акцент»

Ещё одно широко распространённое мнение относительно вести 1888 года состоит в том, что оно было просто «напоминанием» о том, во что пионеры адвентизма верили с самого начала, неким восстановлением гомилетического баланса в проповедях и доктринах, временно утерянного в период между 1844 и 1888 годами. Эта точка зрения получила очень широкое распространение. Достаточно привести несколько примеров:

> Эта конференция [1888 года] … положила начало возврата к этой славной истине, что привело к духовному пробуждению в среде нашего народа (М. Э. Керн. «Ревью энд Геральд». 3 августа 1950 г.).
>
> Величайшим событием восьмидесятых годов для Адвентистов Седьмого Дня было восстановление с целью переосмыслить и повторно сформулировать их веру в главную доктрину христианства, «зная то, что человек оправдывается не делами закона, а только верой Иисуса Христа» (А. У. Спелдинг. Капитаны воинства (*Captains of the Host*). 1948 г. стр. 583).
>
> Были те, кто принял акцент 1888 года, сделанный на праведности по вере. Другая же сторона полагала, что такой акцент угрожает «старым дорожным указателям». …
>
> В девяностые годы реакция церкви на новый акцент на оправдании … была смешанной (Н. Ф. Пиз. Вера, которая спасает (*The Faith That Saves*). 1969 г. стр. 40, 45).

Если этот взгляд на «повторном акценте» (или просто «акценте») является верным, то возникают следующие вопросы:

(1) Как могли честные руководители церкви противиться, отвергать и даже презирать то, что они сами проповедовали и во что верили двадцать, тридцать или сорок лет назад? И если даже на Конференции 1888 года присутствовали адвентистские пропове-

ники нового поколения, то как они могли отвергать ту «славную истину», которую проповедовали их непосредственные предшественники?

(2) Опять же, как нам защищаться от обвинений в моральном падении Адвентистской церкви, аналогичном падению Вавилона, если мы согласимся с тем, что наши братья в 1888 году отвергли напоминание об истине, в которую они верили в самом начале адвентистского движения? Когда кто-то поднимается вверх, а затем внезапно спускается вниз, то это и есть «падение».

Мы сожалеем о том, что ответвления от церкви и безжалостные критики утверждают, что церковь пала подобно Вавилону. Мы не согласны с этим. *Но официальная версия событий 1888 года логически подтверждает эту печальную точку зрения.* Многие мыслящие умы развили эту точку зрения до её логического конца, как это сделал Конради. Чем больше мы исследуем истины 1888 года, тем очевиднее становится то, что именно благодаря нашему долгому отказу признавать эти реалии множатся ответвления от церкви, проявления фанатизма, отступничество, состояние теплоты и самодовольства.

[55]

В этой главе будут представлены доказательства того, что весть 1888 года не была всего лишь напоминанием об учении Лютера и Уэсли, или пионеров адвентизма. Она также не была и повторением того, что проповедники в Кесвике и популярные протестантские лидеры того времени называли «доктриной праведности по вере». Она была чем-то гораздо более значимым, чем всё перечисленное! *Эта весть была «началом» более зрелого понимания «вечного евангелия», чем всё то, что воспринималось предыдущими поколениями. Весть 1888 года была «началом» окончательного излития Святого Духа – «позднего дождя».* Она стала первым провозглашением вести четвёртого ангела из 18-й главы книги Откровение, и должна была стать благословением, невиданным со дней Пятидесятницы (см. «Ревью энд Геральд». 20 июля 1886 г. пункт 10; там же. 17 августа 1897 г. пункт 19).

Это не означает, что вестники 1888 года были более великими людьми, чем Павел, Лютер, Уэсли и другие, либо что они были более развитыми и способными учениками. Весть, которую они принесли, была «вестью третьего ангела *в своей подлинной сути*», таким пониманием праведности по вере, которое неразрывно связано с учением «последнего времени» об очищении небесного святилища, где в реальный День Примирения наш Первосвященник совершает служение во Святом Святых (см. Э. Уайт. Ранние произведения. стр. 55, 56, 250–254, 260, 261). Он приступил к последней фазе Своей работы в 1844 году. Из небесного святилища Христос посылает истинное понимание оправдания по вере тем, кто следует за Ним верой. *Существует* нечто уникальное в оправдании верой во свете учения о Дне Примирения, и весть 1888 года это открывает.

Если бы этой вести было позволено прокладывать путь к сердцам для принятия и богословского развития, то она бы приготовила церковь для встречи с Господом «без пятна, или порока, или чего-либо подобного», «непорочную перед престолом Божьим» (Ефесянам 5:27; Откровение 14:5). Согласно Божьему замыслу, это послание должно было послужить созреванию «первых плодов Богу и Агнцу». А если это не так, то мы не можем доверять авторитету Эллен Уайт и сохранить уважение к себе как к деноминации.

Нравственное и духовное падение церкви заключалось не столько в явном и очевидном отвержении вести, включая отказ от протестантского богословия, сколько в остановке надлежащего духовного роста, в жалкой слепоте и неспособности распознать эсхатологические масштабы Божьего призвания и Его любви.

Отвержение этого послания, в сущности, заслонило собой этическую сторону и практический смысл идеи очищения небесного святилища. Осталась только внешняя оболочка этого учения, как, например, доказательства периода 2300 лет, и механическая концепция «следственного суда», которую мы проповедовали и до 1888 года. Отставание в росте понимания этих вопросов вызвало презрительные насмешки со стороны наших оппонентов — евангелических церквей, которые высмеивают эту уникальную адвентистскую истину, называя её «безжизненной, старой и бесполезной». По этой причине многие члены нашей церкви, и особенно молодёжь, расценивают «доктрину» о святилище как скучную и неактуальную.

Что увидела Эллен Уайт в вести 1888 года

Когда Эллен Уайт услышала проповедь доктора Ваггонера в Миннеаполисе (впервые и случайно), она сразу признала этот «драгоценный свет», в согласии с которым она «пыталась проповедовать» предыдущие 45 лет. Без всякого чувства ревности она приветствовала этих вестников и их весть в качестве более ясного откровения, сияющего в полном единстве с предыдущим светом, однако впервые открытого с невиданной ранее ясностью:

> Я вижу красоту истины в изложении доктором Ваггонером вопроса об отношении праведности Христа к закону. Многие из вас называют это светом и правдой. Однако ранее вы не открывали эту истину в таком свете. ... То, что было сказано, полностью согласуется со светом, который Бог благоволил открыть мне за все годы моего служения. Если бы наши братья-проповедники приняли это учение, изложенное так ясно ... то народ получил бы свою порцию духовной пищи вовремя (Рукопись 15. 1 ноября 1888 г. пункты 7, 8; Олсон. стр. 294, 295).

Сами братья в Миннеаполисе понимали, что послание было скорее откровением нового света, чем напоминанием о том, что проповедовалось ранее. Об этом мы можем узнать из следующей цитаты:

> Один из братьев спросил моё мнение о том, будет ли нам послан какой-то новый свет, или новые истины. ... Следует ли нам прекратить исследовать Священное Писание только по той причине, что у нас есть свет о законе Божьем и свидетельство Его Духа? Нет, братья (Рукопись 9. 24 октября 1888 г. пункт 10; Олсон. стр. 292, 293).

Итак, весть 1888 года была чем-то таким, чего братья раньше не понимали. Они не оценили и не осознали суть вести третьего ангела, ознакомившись лишь с внешними её очертаниями:

> Только немногие поняли весть третьего ангела, даже из тех, кто заявляет о своей вере в неё; однако это послание является истиной для настоящего времени. Но как мало тех, кто принял эту весть в её истинном значении и несёт её людям во всей её силе. На многих она оказала лишь незначительное влияние.
> Господь сказал мне: «Ещё очень много света должно открыться о законе Божьем и евангелии праведности. Когда эта весть будет правильно понята и проповедана Духом Божьим, она осветит землю своей славой» (Рукопись 15. 1 ноября 1888 г. пункты 14, 15; Олсон. стр. 296).
> Особая работа третьего ангела ещё не осознана во всей её важности. По замыслу Бога, Его народ должен был быть уже далеко впереди того места, где он находится сегодня. ... Нет воли Божьей на то, чтобы истина для настоящего времени, в которой нуждается наш народ, была от него сокрыта. Не все наши служители, проповедующие весть третьего ангела, на самом деле понимают сущность этой вести (Свидетельства для церкви. Т.5. стр. 714.2).

[57] Эллен Уайт никогда не пользовалась термином «повторный акцент» или даже «акцент» в отношении послания 1888 года. Очевидно, братьям *казалось*, что новый свет противоречит их взглядам, прямо как иудеи полагали, что Христос противоречит Моисею, хотя в действительности Его весть исполняла сказанное Моисеем. Эллен Уайт рассматривает события в контексте самого послания и его принятия:

> Мы видим, как иногда Бог Небесный поручает людям проповедовать то, что считается противоречащим принятому учению. Поскольку прежние хранители истины оказались неверны своему святому долгу, Господь избрал других, которые примут яркие лучи Солнца Праведности и станут защитниками истин, не согласующихся с представлениями религиозных вождей. …
>
> Даже Адвентисты Седьмого Дня находятся в опасности закрыть глаза на истину, какова она есть в Иисусе, по той только причине, что эта истина противоречит чему-то такому, что они уже приняли за истину ранее, но что Дух Святой истиной не называл (Письмо 38. 30 мая 1896 г. пункты 24, 26; Свидетельства для проповедников. стр. 69.2, 70.2).

По определённой причине новое откровение, или «новый свет» 1888 года стал необходимостью. Об этом говорилось в одной из проповедей Эллен Уайт в Миннеаполисе:

> Господу нужны люди … над которыми Святой Дух совершил работу, которые получают свежую манну с небес. Разум таких людей озаряется светом слова Божьего. …
>
> То, что сегодня Господь вкладывает в уста своих слуг, возможно, и не являлось истиной для настоящего времени двадцать лет тому назад, но сейчас это — весть Божья для нашего времени (Рукопись 8a. 21 октября 1888 г. пункт 6; Олсон. стр. 273, 274).

Она чётко представляла себе разницу между вестью о праведности через веру, посланной в 1888 году, и «прошлой вестью», которую Господь послал ранее, до 1888 года. Противоречий между этими вестями быть не могло, но вместе с этим новый свет был необходим: «Нам необходима и старая весть, и свежее послание» (Э. Уайт. «Ревью энд Геральд». 18 марта 1890 г. пункт 9). (Однако её воззвания не являются поводом для фанатизма или новых идей, безответственно пропагандируемых).

В серии новых статей, опубликованных в «*Ревью*» в начале 1890 года, Эллен Уайт обсуждает истину об очищении небесного святилища в контексте ставшей уже предметом полемики вести 1888 года о праведности через веру. Каждая из этих истин дополняла одна другую. Существовала острая необходимость в более глубоком понимании вечного евангелия в связи с Днём Примирения:

> Мы живём в День Примирения, и должны действовать в согласии с работой очищения небесного святилища, которую совершает Христос ... Сейчас мы должны представить нашему народу то, что видим глазами веры – служение нашего великого Первосвященника в небесном святилище («Ревью энд Геральд». 21 января 1890 г. пункт 4).
>
> Посредническое служение Христа, великие и святые таинства искупления не изучаются и не постигаются народом, претендующим на знание света больше всех остальных народов по всему лицу земли. Если бы Иисус был на земле, Он обратился бы ко многим, кто претендует на веру в истину для настоящего времени, со словами, которые Он адресовал фарисеям: «Заблуждаетесь, не зная Писаний, ни силы Божьей» ... (там же. 4 февраля 1890 г. пункт 6).
>
> Существуют старые, и в то же время новые истины, которыми следует дополнить сокровищницу наших знаний. Мы не понимаем и не применяем веру так, как это должно делать. ... Мы не призваны поклоняться Богу и служить Ему теми же средствами, которые мы использовали в прошлые годы. Сегодня необходимо более высокое служение, чем когда-либо. Он требует совершенствования небесных даров. Он довёл нас то такого места, где мы нуждаемся в гораздо большем, чем всё то, в чём мы когда-либо нуждались (там же. 25 февраля 1890 г. пункт 1).
>
> Мы слышим Его голос более отчетливо в вести, которая проповедуется последние два года. ... Мы начали видеть лишь небольшие проблески того, что есть вера (там же. 11 марта 1890 г. пункты 6, 7).

[58]

Итак, очевидно, следующее:

1. Весть 1888 года была «светом», который братья не имели и не проповедовали «прежде».

2. Это была наша «насущная духовная пища» для текущего дня, а не манна, запасённая в прошлом.

3. В Миннеаполисе Эллен Уайт впервые услышала представленным в виде учения то, что она сама «*старалась* донести» до этого времени – бесподобное очарование Христа во свете Его служения в День Примирения. Никто не проповедовал эту истину ранее.

4. Она распознала в Эллете. Дж. Ваггонере слугу Божьего, через которого было послано дополнительное откровение истины для Его народа и для всего мира.

5. «Суть» вести третьего ангела не была понята нашими служителями, потому что они не продвинулись вперёд в своём понимании за сорок четыре года с момента начала очищения святилища. Вместо этого данный дополнительный свет был сокрыт от народа.

6. В то время братья воспринимали поддержку Эллен Уайт, оказанную Джоунсу и Ваггонеру в качестве рекомендации этого *нового* света, который они (Джоунс и Ваггонер) принесли. Этот свет не представлял собой призыва вспомнить первоначальное понимание «установленных доктрин». Наоборот, он не имел никакого отношения к «повторному акценту» на прежних взглядах. Если бы братья Батлер, Смит и другие воспринимали эту весть именно так, то разве они не оказали бы ей сильную поддержку вместо противления, которое они проявляли на самом деле?

7. Итак, отвергнутое братьями было призывом к «самым решительным переменам». Они не отказывались возвращаться назад; они отказались идти вперёд. Таким образом, они пытались стоять на месте, что крайне опасно для любой армии на марше.

Свет 1888 года был началом более великого света

Эллен Уайт часто говорила о том, что Господь, несомненно, пошлёт новый свет, «когда, и если» Его народ будет готов принять его. Эти печальные «когда и если» необходимы только потому, что «молодое вино вливают в новые мехи», а это означает распятие своего «я» (см. От Матфея 9:16, 17):

[59]
> Если благодатью Христа Его народ станет новыми сосудами, то Он наполнит их новым вином. Бог пошлёт новый свет, и старые истины будут вновь поняты и помещены в обрамление истины, и куда бы ни пошли такие Божьи труженики, их ждёт победа. Как посланники Христа, они должны исследовать Писания в поисках истин, которые были сокрыты под хламом заблуждений («Ревью энд Геральд». 23 декабря 1890 г. Статья Б. пункт 19).
>
> Великую работу ещё предстоит совершить, и Бог видит, что нашим руководителям нужен больший свет, чтобы они смогли гармонично действовать в единстве с теми вестниками, которых Он пошлёт для завершения предназначенной им работы (там же. 26 июля 1892 г. пункт 9).

Могут ли быть какие-то сомнения в том, что весть 1888 года была началом вести четвёртого ангела, присоединившейся к голосу третьего ангела? Ни в одной из таких книг, как *«Плод духовных даров»* (*The Fruitage of Spiritual Gifts*) (Л. Х. Христиан), *«Капитаны воинства»* (*Captains of the Host*) (А. У. Спалдинг), *«Через кризис к победе»* (*Through Crisis to Victory*) (А. В. Олсон), *«Одинокие годы»* (*The Lonely Years*) (А. Л. Уайт), ни в недавнем «отчёте» комитета наследия Эллен Уайт, добавленном в *«Избранные вести»* (Т.3. стр. 156–163), нет ни единого намёка на этот счёт. Также об этом не упоминается и в статье о Конференции 1888 года, изданной в весеннем выпуске издания «Адвентистское наследие» в 1985 году. Наша Энциклопедия Адвентистов Седьмого Дня (*Seventh-day Adventist Encyclopedia*) обсуждает весть 1888 года в нескольких статьях, но при этом ни разу не признаёт эту весть такой, какая она есть (стр. 634, 635, 1086, 1201, 1385).

Просто поразительно, как мы обходим своим вниманием жизненно важную истину. Это подобно готовности евреев признать Иисуса из Назарета как великого Учителя, но не признавать Его как Мессию. Но логика и последовательность требует этого особого манёвра со стороны тех, кто настаивает на том, что весть 1888 года была принята. Они ведь должны буквально игнорировать тот факт, что эта весть стала началом позднего дождя и громкого клича. Иначе им придётся объяснить, почему работа, которая должна была совершиться «со скоростью огня, испепеляющего стерню», тянется уже более ста лет, когда этот свет мог осветить весь мир уже давно, если бы «наши братья» по-настоящему приняли его. (Письмо 2а. 1892 г. пункт 15; Ежедневный Бюллетень Генеральной Конференции. Т.5. 1893 г. стр. 419).

Заметьте, как ясно видела Эллен Уайт весть 1888 года во свете 18-й главы книги Откровение:

> Некоторые писали мне, спрашивая, является ли весть [1888 года] об оправдании через веру вестью третьего ангела. На это я отвечала: «Это и есть весть третьего ангела в своей подлинной сути». Пророк провозгласил: «После сего я увидел иного Ангела, сходящего с неба и имеющего власть великую; земля осветилась от славы его» [Откровение 18:1] («Ревью энд Геральд». 1 апреля 1890 г. пункт 8).
>
> Громкий клич третьего ангела уже начался в откровении о праведности Христа. ... Это начало излития света того ангела, слава которого наполнит всю землю (там же. 22 ноября 1892 г. пункт 7).

Если эта славная весть провозглашается популярными протестантскими поборниками возрождения, то мы как народ не имеем причин для существования.

Свет громкого клича устранён

[60] Господь долготерпелив и многомилостив, всегда готов прощать. Он вернёт потерянное на условии покаяния. Но мы не должны допустить, чтобы какое-либо неверное понимание нейтрализовало весть 1888 года.

Если те, кто противился свету в Миннеаполисе, впоследствии искренне покаялись и получили прощение, тогда почему не была достигнута первоначальная цель вести 1888 года? Очевидно, что не было такого возрождения и реформации, которая бы по своим масштабам и силе соответствовала бы должному принятию этого света. Господь не посылал другого света, кроме посланного в этом роковом «начале». Мы можем спросить: «Почему?»[1]

В период между 1888 и 1901 годами ответственные руководители церкви ни разу не продемонстрировали своего твёрдого намерения исправить трагическую ошибку 1888 года. Сомнения, подозрения, недоверие вести и самим вестникам сохранялись десятилетиями.

Несмотря на случившуюся трагедию, не следует делать вывод о том, что Господь лишил Свой народ благословений. Да, поздний дождь был отвергнут и умалён, но *ранний* дождь продолжает изливаться. За прошедшее столетие бесчисленное количество душ было приведено к Господу, включая читателей этой книги. Сегодня в числе живых не осталось ни одного, кто принимал личное участие в событиях 1888 года.

---

[1] Не существует доказательств того, что Эллен Уайт приняла на себя миссию Джоунса и Ваггонера и тем самым упразднила миссию этих вестников. Однако в наше время широко распространено мнение о том, что их весть и миссия упразднены, поскольку в трудах Эллен Уайт, вышедших после 1888 года, содержится якобы тот же свет, который они должны были нести церкви и миру. Однако она *поддержала* их весть потому, что именно это она «пыталась донести», то есть открыть «несравненное очарование Христа». Но она никогда не утверждала, что Господь возложил на неё бремя проповеди вести громкого клича. Большая часть материалов книги «*Путь ко Христу*» была написана до 1888 года, а позже была всего лишь собрана воедино. Говорить, что весть 1888 года нам не нужна, потому что у нас есть труды Эллен Уайт, означает противоречить её же словам.

Бог не оставил Свой народ. Но наше отношение к Нему связало Ему руки и не позволило Ему продолжить изливать *поздний дождь*. Он не мог и не желал бросать Свои драгоценные жемчужины перед теми, кто не относится с благоговением к Его преизобилующей благодати. Поэтому дальнейшие потоки позднего дождя иссякли после настойчивого отказа принять это начальное излитие. И да, Богу тоже свойственно огорчаться.

В одной из своих почти таинственных и заставляющих задуматься проповедей в Миннеаполисе Эллен Уайт говорила об Илье, которого накормила вдова *за пределами* Израиля, потому что израильтяне жили не в согласии с полученным светом. Она говорила: «Это были самые жестокосердные люди в мире, самые невосприимчивые к истине». Нееман из Сирии исцелился от своей проказы, а израильские прокажённые оставались нечистыми. Когда жители Назарета восстали против Сына Марии, «некоторые» из них были готовы признать Его Мессией, но влияние других «давило» на них, чтобы противодействовать их убеждению. Эллен Уайт использовала эти примеры в качестве иллюстрации к событиям эпохи 1888 года:

> Но тут возникает состояние неверия. «Не Иосифа ли это сын?» ... Что же они сделали в своём безумии? «И вставши выгнали Его вон из города». Я хочу сказать вам, как это страшно и ответственно, когда Бог посылает свет, и этот свет запечатлён в вашем сердце и духе. ... Бог отнимет Своего Духа, если его истина не будет принята. Но некоторые всё же приняли Бога в Назарете; свидетельство Его Божественности было дано; *но противоположное влияние продолжало давить* ... и поэтому сердца предались неверию (выделено нами – Р.В. и Д.Ш.) (Рукопись 8. 1 ноября 1888 г. пункт 14; Олсон. стр. 263, 264).

Это «*противоположное влияние*» было значительным фактором в событиях 1888 года. Двумя днями ранее она предупреждала, что неверие окажет влияние на то поколение и определит его отношение к дополнительному свету о позднем дожде:

> Мы уже теряем множество благословений, которые могли бы получить на этом съезде [в Миннеаполисе], потому что не движемся вперёд в нашей христианской жизни, как нам предписывает наш долг; и эта потеря может стать вечной (Э. Уайт. «Ревью энд Геральд». 8 октября 1889 г. пункт 1; Олсон. стр. 257).

Свет, который должен осветить всю землю своей славой, отвергнут некоторыми из тех, кто утверждает, что верит в истину для настоящего времени. ... Я точно знаю, что некоторые уже

[61]

зашли слишком далеко, чтобы обратиться и покаяться (Свидетельства для проповедников. стр. 89.2; 1896 г.).

Если вы ожидаете, что свет будет послан удобным для всех образом, то вы будете ждать напрасно. Если вы ожидаете более громких призывов или более благоприятных возможностей, свет покинет вас, и вы останетесь во тьме (Свидетельства для церкви. Т.5. стр. 720.2).

Говоря об одной из встреч руководителей церкви в 1890 году, Эллен Уайт обрисовала трогательную сцену непринятия Христа, подобную той, когда невеста из книги Песни Песней (5:2) была отвергнута своим возлюбленным: «Христос постучал, чтобы войти, но дверь Ему не открылась и никто не дал Ему места, и свет Его славы, который был так близко, удалился» (Письмо 73. 1890 г. пункт 8).

Источник заблуждений реформистов

Старательные усилия отвергать весть 1888 года как «новый свет» приводят к тенденции отвлекать внимание от самой вести к популярным протестантским идеям, далёким от адвентизма. Так и происходило почти шестьдесят лет, начиная примерно с 1920 года. А. Г. Даниэльс в своей работе *«Христос – наша Праведность»* (*Christ Our Righteousness*), написанной в 1926 году, не видит ничего уникального в вести 1888 года и ошибочно толкует его, как «превосходно согласующееся с лучшими образцами евангелического [то есть далёкого от адвентизма] учения» (Н. Ф. Пиз. «По вере только» (*By Faith Alone*). 1962 г. стр. 189).

Такая давняя традиция, безусловно, стала основанием для успеха современных концепций праведности по вере, аналогичных тем, которых придерживались кальвинистские богословы-«реформисты». Если адвентистские церкви не имеют истины о праведности через веру, то нам, безусловно надо заимствовать эту истину у них. *Но в этом процессе мы пренебрегли истинами вести 1888 года и даже противостояли им.*

Приведённая ниже цитата типична для широко распространённой точки зрения, согласно которой взгляд реформистов принимается за весть 1888 года. Это пример основного популярного заблуждения, на котором стоит обман последних десятилетий.

Весть о праведности по вере [1888 года] не была новым светом. Некоторые приняли ошибочную идею о том, что весть о праведности Христа была неизвестной истиной для адвентистского движения вплоть до съезда в Миннеаполисе, но факт заключается в том, что наши пионеры учили этому с самого зарождения адвентистской церкви. Будучи молодым проповедником, я часто слышал от наших ветеранов, таких как Дж. Г. Маттесон и Э. У. Фарнсворт, утверждения о том, что оправдание через веру не является новым учением для нашей церкви (Л. Х. Христиан. Плод духовных даров (*The Fruitage of Spiritual Gifts*). стр. 225, 226).

Печально говорить об этом, но некоторые наши «ветераны» оказались невосприимчивыми к дополнительному свету 1888 года. Подобное настойчивое отрицание того, что весть 1888 года была новым светом, являлось отличительным знаком *оппозиции* того времени. Вскоре после съезда в Миннеаполисе Р. Ф. Коттрелл написал для «*Ревью*» статью, в которой критиковал весть 1888 года, спрашивая: «Где же новое направление?» («Ревью энд Геральд». 22 апреля 1890 г.). Аналогичным нападкам подвергал весть и В. Х. Литлджон в своей статье от 16 января 1894 года, озаглавленной «Оправдание верой – не новое учение». Оба автора не сумели распознать того, что произошло в их время, а именно – начала позднего дождя.

Некоторые авторы приводят отдельные цитаты Эллен Уайт, искажённые и вырванные из контекста, в подтверждение тезиса оппозиции о том, что весть не была новым светом. Но в этом важном вопросе она никогда не противоречила себе. Рассмотрим же её заявления, которые якобы подтверждают точку зрения о «повторном акценте». Попытаемся сделать это без предвзятого отношения:

[62]

> Пастор Э. Дж. Ваггонер использовал данное ему преимущество [в Миннеаполисе] ясно выразиться и представить свои взгляды по вопросу оправдания верой и праведности Христа во взаимосвязи с законом. Это был не новый, а старый свет, помещённый на то место в вести третьего ангела, которое он и должен занимать. ... Для меня этот свет не был новым, ибо он уже посылался мне свыше в течение последних сорока четырёх лет (Избранные вести. Т.3. стр. 168 – пункты 1, 3; Рукопись 24. 1888 г. пункт 25; Олсон. стр. 48).

> Те, кто трудятся во имя истины, должны представлять праведность Христа не как новый свет, а как тот драгоценный свет, который какое-то время был в забвении у народа («Ревью энд Геральд». 20 марта 1894 г. пункт 2; Олсон. стр. 49).

В приведённых заявлениях не говорится, что послание 1888 года не являлось новым светом позднего дождя и громкого клича.

Если посмотреть контекст, то утверждение, взятое из *Рукописи 24* (1888 года), было написано для опровержения предубеждений противящихся братьев, которые обесценивали эту весть, называя её человеческими выдумками. Любой свет вечен и поэтому не может быть «новым» в абсолютном смысле. Но свет 1888 года был, безусловно, новым для наших братьев и для наших общин. И он стал бы новым светом для всего мира, если бы мы возвестили его!

Каким бы ни был свет 1888 года, старым или новым, вне всяких сомнений за «предыдущие сорок четыре года» его больше никто не проповедовал (Рукопись 5. 1889 г. пункты 14, 38; Рукопись 4. 1888 г.; Олсон. стр. 295). В *Рукописи 5* (1889 года) Эллен Уайт утверждала, что вся весть 1888 года показала бы себя в качестве «нового света», если бы евангельское поручение было выполнено в том поколении:

> В это время мне задавали вопросы: «Сестра Уайт, есть ли у Господа по вашему мнению новый свет для нас как для Его народа?» Я ответила: «Безусловно. Я не только считаю, что это так, но и могу это разумно объяснить. Я знаю, что нам должна быть открыта драгоценная истина, если мы как народ устоим в этот день Божьего приготовления» (Избранные вести. Т.3. стр. 174.1).

Адвентисты Седьмого Дня должны создавать себе репутацию не «изобретателей» новых доктрин, а тех, кто заделывает бреши, кто восстанавливает старые тропы и открывает старые пути. Такой подход разрушит предубеждения. Представление же истин как вновь изобретённых будет порождать оппозицию.

[63] Это, однако, не отрицает того, что послание 1888 года было откровением большего света для церкви. По мере постепенного возрастания убеждённости Эллен Уайт в том, что данная весть является исполнением пророчества 18-й главы книги Откровение, она всё ясней видела гармонию этой вести с уникальным учением об очищении небесного святилища. Именно в этом и заключалась гениальность данной вести.

Именно эту истину наши братья-протестанты при всей своей искренности никогда не понимали. Не в этом ли одна из причин того, что мы так до сих пор и не объяснили им эту истину?

Ортодоксальных евреев, всегда молящихся о пришествии Мессии, шокирует осознание того, что Он давно уже пришёл, но был отвергнут их прародителями. Не менее шокирующим должно быть для Адвентистов Седьмого Дня, постоянно молящихся об излитии позднего дождя, осознание того, что это благословение уже было послано сто лет тому назад, но было отвергнуто их предшественниками.

ГЛАВА ШЕСТАЯ

[64]
КАК ОТВЕРГЛИ ЭЛЛЕН УАЙТ В 1888 ГОДУ

Противодействие вести 1888 года, о котором говорит Эллен Уайт, кажется почти невероятным. Неужели мы были ослеплены неверием, свойственным нам по нашей природе? Нам, людям, по-видимому, трудно поверить в «свидетельство Иисуса». То, что в действительности было поражением, мы желаем назвать «славной победой». Заблудившись, мы считаем, что нашли правильную дорогу.

Нашим неясным и туманным впечатлениям мы должны придать максимально возможную объективность. Негативная реакция на весть 1888 года заблокировала пути излития небесных благословений. Небожители понимают всё то, что «мы» сделали в тот период:

(1) Святой Дух был оскорблён

Это утверждение может показаться неправдоподобным по нескольким причинам. Нам тяжело представить себе Святого Духа как Личность, которую *можно* оскорбить, либо которая чувствует себя оскорбленной. И, возможно, ещё более трудно представить, как могли поступить подобным образом Адвентисты Седьмого Дня, особенно служители и руководители Генеральной Конференции. Но мы должны признать сказанное вестницей Божьей. Свидетельство Иисуса не умалчивает и не смягчает суровую правду:

> Наше собрание уже подходит к концу и … Духу Божьему до сих пор ещё не было дано ни единой возможности приблизиться.
>
> Я говорила: Какая польза от нашего собрания на этом месте, от приезда наших служителей сюда, если они здесь только для того, чтобы отдалить Духа Божьего от народа? (Рукопись 9. 24 октября 1888 г. пункты 1, 2; Олсон. стр. 290, 291).
>
> Я знала, что там [в Миннеаполисе] многие были настолько слепы, что не распознали присутствие Духа Божьего и суть подлинно христианского опыта. Мысль о том, что *этим людям доверена роль пасти стадо Божье, причиняла боль.* …

> Наши братья, занимающие руководящие посты в деле Божьем, должны были иметь достаточно близкую связь с Источником всякого света, чтобы не называть свет тьмой, а тьму светом (выделено нами – Р.В. и Д.Ш.) (Избранные вести. Т.3. стр. 171.2, 176.1; Рукопись 24. 1888 г. пункты 39, 69).

Вся эта история описана в ясных и точных деталях. Нет нужды в том, чтобы теряться в догадках и ссылаться на недостаток фактов. Принятие Святого Духа определялось принятием самой вести. Невозможно было принять дар позднего дождя Святого Духа, не принимая саму весть, через которую этот дар был послан. Благая же весть, которую мы сегодня должны понять, вытекает из этого же факта: Принимая эту весть сегодня, мы также непременно примем вместе с ней и дар Святого Духа. Если мы ещё не приняли Святого Духа в масштабах позднего дождя и громкого клича, это свидетельствует о том, что мы ещё не приняли весть, посланную нам Господом.

Для осознания событий эпохи 1888 года важно не изучение негативного отношения нескольких консервативно настроенных личностей, или так называемого «упрямого меньшинства», а понимание того духа, который «управлял» или «господствовал» на Конференции 1888 года и в последующие годы. Именно он оказал определяющее влияние на то поколение, как и на все последующие. Эллен Уайт высказывается относительно этого «управляющего» влияния совершенно определённо:

> Я встречалась с братьями в храме и ощутила свой долг рассказать вкратце о том, что я пережила в Миннеаполисе, о позиции, которую я заняла, о причинах, вызвавших это, а также ясно заявить о духе, который *господствовал* на этом собрании. ...
>
> Я рассказала им о трудном положении, в котором я оказалась, оставшись без поддержки, и о том, что была вынуждена порицать злой дух, который был *управляющей* силой на этой Конференции. Подозрение и ревность, злобные намёки, противление Духу Божьему, который обращался к ним – всё это очень походило на то, как в своё время относились к реформаторам. Точно таким же образом (методистская) церковь обошлась с моим отцом и нашей семьей, состоявшей из восьми человек. ...
>
> Я заявила, что образ действий, принятый на съезде в Миннеаполисе, был *оскорблением* по отношению к Духу Божьему (выделено нами – Р.В. и Д.Ш.) (Рукопись 30. 1889 г. пункты 3, 4, 23).
>
> Они [противящиеся братья] были движимы на этом съезде [в Миннеаполисе] другим духом, и они так и не поняли, что Бог

[65]

послал этих двух молодых людей с особой вестью для них, к которой они отнеслись с насмешкой и презрением, не сознавая, что в это время небесные существа наблюдали за ними. ... Я знаю, что тогда Дух Божий был оскорблён (Письмо 24. 1892 г. пункт 10).

Грехи ... лежат у дверей многих. ... Святой Дух был оскорблён, а свет – отвержен (Свидетельства для проповедников. стр. 393.1; 1896 г.).

Некоторые[1] отнеслись к Святому Духу как к нежеланному Гостю, отказываясь принять этот драгоценный дар, отказываясь признать его, отворачиваясь от него и осуждая его как фанатизм (Свидетельства для проповедников. стр. 64.1; 1896 г.).

Оскорбление Святого Духа не проходит без последствий. Эта трагедия и сегодня влияет на нас точно так же как и ошибка иудеев, допущенная много лет назад, влияет сегодня на них.

Любой грех оскорбления одним человеком другого, совершённый в далеком прошлом, остаётся бременем на совести первого и влияет на его характер и личность. И так может продолжаться десятилетиями, пока оба они живы, и пока не наступит покаяние и восстановление справедливости.

Подобным же образом совесть нашего корпоративного церковного тела, наш характер и личность как единого народа, наше положение перед небом, и дух, пронизывающий наши общины претерпевают негативные последствия от событий этого негативного эпизода нашей истории. Наше нравственное наследие неотделимо от нас. Иеремия говорит, что «грех Иуды ... алмазным острием начертан на скрижали сердца их» (Иеремия 17:1). И он распространяет своё влияние от одного поколения к другому (Иеремия 2:5, 9; 3:24, 25; 14:20). Пока не наступит покаяние, мы обречены повторять грехи своих отцов. Отвержение Святого Духа пускает глубокие корни.

Святой Дух является Личностью, а не просто неким влиянием или эфирной «субстанцией». Его можно огорчить. Четко выраженная концепция о Святом Духе как о личности Божества проходит через все Писания Ветхого Завета. Пророки постоянно

---

[1] Эллен Уайт никогда не говорила о том, что «некоторые», находившиеся в оппозиции, были «немногочисленны». Не говорила она также, что приняли весть «многие». Если не считать известного исключения, отвергли послание «многие», а приняли его «немногие».

представляли Бога как разочарованного и опечаленного Возлюбленного Израиля.² Эта идея в иудейской религии уникальна, так как ни в одной языческой религии не встретишь понятие о «ревнующей» божественной личности.

Эта же самая истина пронизывает и Новый Завет, а также ярко подчёркивается в свидетельствах Эллен Уайт. Однако в современных учениях католической и протестантских церквей эта идея, как правило, отсутствует. Полное понимание этой истины будет уникальным для тех, кто будет с радостью встречать Господа при Его втором пришествии, ибо они будут представлять собой Невесту, которая, наконец, приготовила себя к тесным брачным отношениям. (Откровение 19:7–9. Ересь пантеизма 1900-х годов, или так называемая ересь «альфа» отвергла истину о личности Святого Духа, а ересь «омега», несомненно, повторит это же заблуждение).

Огорчённый и оскорблённый, Он имеет право на возмездие. Как же Он может искать возмездия, продолжая иметь тот же самый любящий характер? Его воздаяние ещё более мучительно и горько оттого, что оно будет представлять собой тот же самый голос любви:

> Будут посланы вести; и те, кто отверг весть, посланную Богом, услышат самые поразительные заявления. ... Оскорблённое и отвергнутое Божество объявит о грехах, которые были сокрыты. Как священники и правители, исполненные негодования и страха, спасались бегством в последние часы очищения храма, так будет и в эти последние дни (Письмо 56. 1896 г. пункт 9; «*Special Testimonies.* Series A» №7. стр. 54.2).

Контекстом этой цитаты является разговор о Церкви Адвентистов Седьмого Дня.

(2) Иисус Христос был с презрением отвергнут и оскорблён

Это нам тоже непросто увидеть. Опять же, главный вопрос – личность Сына Божьего. Испытывает ли Он чувства, подобно нам, людям? Можно ли Его огорчить? События 1888 года кажутся настолько изумительными, что всю эту историю сочли бы бес-

---

²Смотри к примеру: 1-я Царств 8:7; 12:6–12; Исаия 50:1; 54:5–17; 61:10; 63:9–14; Иеремия 31:1–9; Иезекиль 16; Осия (по всей книге).

смыслицей, если об этом не было ясно сказано в трудах Эллен Уайт. А её проницательность была даром свыше.

Кроткий, смиренный Иисус до сих пор избирает вестников, которые, подобно «корню, выходящему из сухой земли», являются «всего лишь людьми». Он снизошёл до того, что отождествил самого Себя с вестниками 1888 года, и был опечален и оскорблён, когда «небесные верительные грамоты», данные этим людям, были с презрением отвергнуты:

> Было послано свидетельство, чтобы все увидели, кого Господь признал Своими слугами. ... Эти люди, против которых вы выступали, служили знамением в мире и свидетелями Божьими. ...
>
> Если вы отвергаете посланных вестников Христа, значит, вы отвергаете Самого Христа (Свидетельства для проповедников. стр. 96.1, 97.1; 1896 г.).
>
> Обвинять и хулить тех, кого использует Бог, значит обвинять и хулить самого Господа, пославшего их. ...
>
> Многие от всей души говорят: «Мы не хотим, чтобы этот Человек (Христос) царствовал над нами». ... Истинную религию, единственную библейскую религию, которая учит прощению лишь через заслуги распятого и воскресшего Спасителя, которая проповедует праведность по вере Сына Божьего, именно эту религию унижают, подвергают нападкам, насмешкам и отвержению (Свидетельства для проповедников. стр. 466.2, 467.2, 468.1).
>
> Нынешнее послание ... это послание от Бога; оно имеет божественные верительные грамоты, ибо плод его — святость («Ревью энд Геральд». 3 сентября 1889 г. пункт 10).
>
> Эта весть, как она была представлена (Джоунсом и Ваггонером), должна прийти в каждую общину, которая заявляет о своей вере в истину, и привести наш народ к более высокому положению. ... Мы должны увидеть тех, кто явил миру небесные верительные грамоты (там же. 18 марта 1890 г. пункт 9).

Но даже сегодня уважаемые историки нашей церкви бросают тень неуважения к вестникам, если не к самой вести:

> Оглядываясь в прошлое на это противостояние, мы понимаем, что оно была вызвано в большей степени враждой между личностями, чем разногласиями в верованиях; именно в этом причина возникших трудностей. Группа Батлера, Смита и Моррисона верила в теорию оправдания через веру ... Сторона Ваггонера и Джоунса верила в исполнение добрых дел; но ... почти полностью полагалась на веру как фактор спасения. Умы,

способные рассуждать спокойно, могли вполне совместить эти две точки зрения, но ни одна из сторон не была расположена спокойно рассмотреть взгляды другой стороны (А. У. Спалдинг. Капитаны воинства (*Captains of the Host*). 1948 г. стр. 599).

Более точная оценка состоит в том, что вестники 1888 года «почти полностью полагались» на «веру, *действующую любовью*», как об этом в точности проповедовал апостол Павел (Галатам 5:6). Весть, имевшая «божественные верительные грамоты», не была компромиссной смесью законничества и евангелия. Вестники и в самом деле настойчиво проповедовали праведность исключительно через веру, но имели в виду новозаветную веру, которая проявляет свою внутреннюю побуждающую силу в истинном послушании всем заповедям Божьим (Свидетельства для проповедников. стр. 91.2).

Могли ли эти вестники, объявленные представителями нашего Господа, «вызывать вражду», заставившую Небеса со стыдом отвернуться от происходящего? Разве мог Господь даровать Свои «небесные верительные грамоты» людям, которые «не были расположены рассуждать спокойно»? Эллен Уайт, конечно же, никогда не признала бы «драгоценный свет» в неосвящённых «возгласах» и в безрассудной «экстремистской манере проповеди», которую приписывает им современный автор (А. У. Спалдинг. Капитаны воинства (*Captains of the Host*). 1948 г. стр. 593, 601).

За этой постыдной историей Миннеаполиса, за нашими запутанными версиями, порождёнными нашим же неверием, стоит образ Того, Кто стал Камнем преткновения и Камнем соблазна на этом роковом съезде. Мы сталкиваемся лицом к лицу с реальностью:

> Люди, исповедующие благочестие, презрели Христа в лице Его посланников. Подобно евреям, они отвергли Божью весть. ... Христос оказался не тем, кого ожидали иудеи. Так и сегодня посланники, которых Бог посылает, отличаются от тех, кого люди ожидают («Ревью энд Геральд». 17 августа 1897 г. пункт 15).
>
> Христос отметил грубые, высокомерные и насмешливые слова, сказанные в адрес Его слуг как сказанные против Него самого («Ревью энд Геральд». 27 мая 1890 г. пункт 5).

[68]

Истинного Христа всегда понимали превратно. Его отвергали также часто, как и ожидали. Но современный Израиль должен, наконец, преодолеть все падения древнего Израиля. И это случится, потому что мы живём во время очищения небесного святилища. В это последнее время должна быть достигнута такая победа, которая в прошлом ещё никогда не достигалась.

Плоть и кровь никогда не смогут открыть нам небесные верительные грамоты того «ростка, вышедшего из сухой земли», который может появиться перед нами. События эпохи 1888 года учат нас тому, что древним евреям придётся потесниться и дать место нам, чтобы и мы преклонили колени рядом с ними, признавая свою печальную историю.

> Многие говорят: «Если бы я жил во времена Христа, я бы не искажал Его слов, не истолковывал неправильно Его наставлений. Я бы не отверг и не распял Его, как это сделали иудеи». Но истинность этих слов проверяется сегодня вашим отношением к Его вести и к самим вестникам («Ревью энд Геральд». 11 апреля 1893 г. пункт 7).

Главный вопрос в 1888 году заключался не в том, насколько сильный акцент надо сделать на этой «доктрине» по сравнению с другими нашими «специфическими» доктринами. Главным был вопрос: «Что вы думаете о Христе?» Сегодня бесполезно говорить об установлении верных «взаимоотношений со Христом», пока мы не столкнёмся с реалиями 1888 года.

Для укрепления нашей уверенности в том, что покаяние нам не нужно, мы составили академические диссертации, «чтобы узнать, какое место отводится учению об оправдании и праведности по вере наряду с другими отличительными доктринами» церкви. Составляются целые таблицы и графики частоты употребления слов «праведность», «оправдание», «вера», «спасение», «Спаситель», и «закон» в наших квартальных уроках субботней школы «для доказательства того, что Адвентисты Седьмого Дня не пренебрегают акцентом на спасении через Христа». Но могут ли компьютеры измерить нашу преданность и доказать, что Верный Свидетель не прав? Если количество слов является критерием, то наиболее христоцентричным учением во всём мире следует признать учение римско-католической церкви. В то время, когда Сын Божий продолжает страдать, должны ли мы полагаться на различные исследования, определяя, как разделить Его одежды, то есть эту «доктрину или принцип праведности через веру в наряду с другими отличительными доктринами церкви»? Праведность Христа – это нечто гораздо большее, чем многократное повторение этих слов.

Величайшая эсхатологическая возможность всех времён была отвергнута в эпоху 1888 года. Мы презрели глубокое исходящее из сердца примирение со Христом, подобное чувству, которое испытывает невеста к своему жениху. Но заполнить эту пустоту мы пытаемся количеством слов и холодной доктриной.

Скучные нравоучения о тончайших отличиях между вменяемой и наделяемой праведностью, оправданием и освящением, искуплением и примирением уже сделали термин «праведность через веру» отвратительным для многих. Эллен Уайт так отзывалась об усилиях тех, чьи сердца противились вести: [69]

> Многие совершают ошибку, пытаясь определить мельчайшие различия между оправданием и освящением. В определение этих двух терминов они часто вносят свои собственные идеи и умозаключения. Зачем пытаться быть более скрупулёзным, чем само Вдохновение по такому жизненно важному вопросу как праведность по вере? Зачем пытаться выяснять мельчайшие детали, как будто спасение души зависит от веры всех окружающих в ваше собственное понимание этого вопроса? (Вера и дела. стр. 14.2; Библейский комментарий АСД. Т.6. стр. 1072; Рукопись 21. 1891 г. пункт 31).

О, если бы мы поняли, как в Миннеаполисе оскорбили живого любящего Христа, а не просто неверно поняли холодную доктрину! Мы презрели те сердечные побуждения, которые были Его влечением, и выразили неуважение к Тому, Кто привлекал нас, называя Его нежные призывы «фанатизмом». Слёзы, вызванные таинственной привлекательностью вознесённого креста, вызвали в нас ревнивые выступления «против восторженности и фанатизма» (Свидетельства для проповедников. стр. 80.1).

Иисус знает нашу человеческую природу, потому что Он до сих пор к ней причастен. Он Личность. Ему тоже знакомо достоинство. В 1888 году Он весьма приблизился к нам. «Никто из нас не может себе представить, что могло бы быть», какие прекрасные времена могли бы наступить, если бы мы пошли вместе с Ним в свет небесной славы. Мы часто вспоминаем 1844 год как наше «Великое разочарование». Но 1888 год стал Его разочарованием, ибо мы можем прочесть о том, какую любовь Он к нам проявил. Но эту любовь мы отвергли. Следует ли изумляться тому, что Он не навязывал её нам?

О Миннеаполисе мы читаем:

> Никому нельзя позволять закрывать путь, по которому свет истины должен прийти к людям. Как только это попытаются сделать, Дух Божий будет изгнан. ... Пусть любовь Христа правит в наших сердцах. ... Когда Дух Божий сходит, разногласия уступают место любви, потому что Иисус есть любовь. Если бы Его Духом здесь дорожили, наше собрание уподобилось бы источнику в пустыне (Рукопись 15. 1888 г. пункт 38; Олсон. стр. 300, 301).
>
> Не будет более нежных призывов, лучших возможностей, чтобы они сделали то, что должны были сделать в Миннеаполисе. ... Никто не может предвидеть масштабы последствий пренебрежительного отношения к призыву Духа Божьего.
>
> Придёт время, когда они пожелают сделать всё возможное, чтобы иметь хоть один шанс снова услышать призыв, отвергнутый ими в Миннеаполисе. ... Лучших возможностей никогда не будет, более глубоких побуждений они больше не испытают (Письмо 19д (*Letter* 19d). 1892 г. пункты 41, 42).

И вновь свидетельство Эллен Уайт испытывает нашу веру. Но мы должны считаться с реальностью. Человеческие сердца небрежно отнеслись к нежной любви Того, Кто пролил за нас Свою кровь. В конечном итоге, у «многих» из руководителей это пренебрежение переросло в то, что Эллен Уайт с печалью вынуждена была назвать «ненавистью». Спустя семь лет после Миннеаполиса она говорит этим «многим»:

> Вы повернулись к Господу спиной, а не лицом. ... Дух Божий покидает многих из Его народа. Многие уже идут тёмными тайными тропами, и некоторые уже никогда не вернутся. ... они не только отказались принять весть, но и возненавидели свет. ... Они презирают Его Святого Духа (Свидетельства для проповедников. стр. 89.2, 90.3; 1895 г.).

Небо было «разгневано» (Свидетельства для проповедников. стр. 76.3). Мы встречаемся с сокровенным чувством божественной печали, что уникально в современной истории религии и, вероятно, уникально для всех времён. Это напоминает мольбу и плач древних пророков Иеремии и Осии. Эллен Уайт сказала в Миннеаполисе:

«Если бы вы только знали, как расценил Христос ваше отношение на этом собрании» (Рукопись 8а. 1888 г. пункт 37; Олсон. стр. 281). Через четыре года она заявила: «Небеса опечалены духовной слепотой многих из наших братьев» («Ревью энд Геральд». 26 июля 1892 г. пункт 8). Упоминая «тех, кто противился Духу Божьему в Миннеаполисе», она сказала:

> Всё небо стало свидетелем постыдного отношения к Иисусу Христу, представленного Святым Духом. Если бы сам Иисус был тогда с ними, они отнеслись бы к Нему так же, как евреи отнеслись ко Христу (Письмо 6. 1896 г. пункт 7).
>
> Происходившее на этом собрании (в Миннеаполисе) заставило Бога небес устыдиться называть участников этого съезда Своими братьями. Всё это видел Небесный Наблюдатель, и всё было записано в Его памятную книгу (Э. Уайт. Специальная инструкция, касающаяся «Ревью энд Геральд офис» и «Работа в Батл-Крике» (*Special Instruction Relating to The Review and Herald Office, and The Work in Battle Creek*). 1896 г. стр. 16.3; Коллекция Спалдинга и Магана (*Spalding and Magan Collection*). стр. 34.1).

Горько писать эти слова, но мы не можем, оставаясь честными, отказаться признать всю их значимость. То, что «видел Небесный Наблюдатель», должно также быть «записано и в (нашей) памятной книге». Мы можем увидеть самих себя в наших братьях прошлого века, ибо «если бы не благодать Божья, я сделал бы то же самое».

(3) К служению Эллен Уайт отнеслись с пренебрежением

Отношение руководства к тому, что Эллен Уайт поддерживала весть 1888 года, было подобным отношению древнего Израиля и Иуды к таким пророкам, как Илия и Иеремия. Обратите внимание на её откровенное замечание вскоре после сессии в Миннеаполисе:

> С тех пор как я покинула Тихоокеанское побережье, для меня настали нелегкие времена. Наше первое собрание не было похоже ни на одну из сессий Генеральной Конференции, которые я когда-либо посещала. ... Моё свидетельство было проигнорировано, и никогда ещё в жизни со мной не обращались так, как на этой сессии [1888 года] (Письмо 7. 9 декабря 1888 г. пункты 1, 5).
>
> Братья, вы настаиваете на том, чтобы я приехала на ваши лагерные собрания. Я должна сказать вам прямо, что ваши действия по отношению ко мне и моему труду с самой сессии Генеральной Конференции в Миннеаполисе, ваше противление свету и предостережениям, которые Господь посылает через меня, сделали мою работу в пятьдесят раз труднее по сравне-

[71] нию с тем, какой она могла бы быть. ... Мне кажется, что вы отвергли слово Господа, как недостойное вашего внимания. ...

Всё, что я испытала после сессии в Миннеаполисе, не вселяет надежду. Ежедневно я прошу Господа дать мне мудрость, чтобы не прийти в полное уныние и не сойти в могилу с разбитым сердцем, как это случилось с моим мужем (Письмо 1. 14 мая 1890 г. пункты 28, 38).

Это не были слова эмоционально перевозбуждённой женщины. Для таких чувств была основательная причина:

Я напомнила на собрании в четверг утром [в Оттаве, штат Канзас] некоторые вещи относительно конференции в Миннеаполисе. ...

Бог давал мне «свежую пищу в своё время» для народа, но они отказались от неё, потому что эта духовная пища была преподана не таким образом и не в такой манере, как они этого желали. Пасторы Джоунс и Ваггонер принесли драгоценный свет людям, но предубеждение и неверие, ревность и злые подозрения заперли дверь их сердец, чтобы ничто, исходящее из этого источника, не смогло в них войти. ...

Так же происходило во время предательства, суда и распятия Иисуса, и всё это совершалось на моих глазах одно за другим, и сатанинский дух *получил власть* и верховенство над человеческими сердцами, которые открылись для сомнений и обид, гнева и ненависти. Всё это *преобладало* на том собрании [в Миннеаполисе]. ...

Меня проводили в здание, где поселились наши братья. Они много и возбуждённо говорили, отпуская утончённые, колкие, и, по их мнению остроумные замечания. Они пародировали, высмеивали и представляли в нелепом свете слуг Господних, которых Он послал. Обо мне же и о труде, который доверил мне Бог, они говорили не более чем лестно. Они высмеивали и осуждали имена Вилли Уайта, а также имена пасторов Джоунса и Ваггонера (выделено нами – Р.В. и Д.Ш.) (Письмо 14. 12 мая 1889 г. пункт 38).

С удивлением я услышала голоса присоединяющихся к этому бунту, ... грубые, смелые и осуждающие [сестру Уайт]. И ни один из тех, кто так свободно и открыто произносил эти бессердечные слова, не подошёл ко мне и не спросил, были ли правдивыми эти слухи и предположения. ...

После всего, что я услышала, у меня сердце будто разорвалось. Ранее я никогда не задумывалась о том, насколько можно полагаться на тех, кто называет себя друзьями, когда дух сатаны входит в их сердца. Я подумала о кризисе, который ожидает нас в будущем, и на какое-то время меня охватили чувства, которые невозможно выразить словами. ... «Предаст же брат брата на смерть» (там же. пункты 13, 14).

Было бы несправедливо характеризовать эту искреннюю реакцию Эллен Уайт на происходящее как «слишком эмоциональную». То же самое касается реакции Джоунса и Ваггонера. Но все трое были людьми и имели сердца, способные огорчаться. Подобно древним пророкам, все трое чувствовали боль и печаль. Эллен Уайт в частности остро предчувствовала гонения святых в последнее время. Описывая сердечное отношение руководящих братьев к вестникам 1888 года, она употребила именно это слово – «преследования» (Ежедневный Бюллетень Генеральной Конференции. Т.5. 1893 г. стр. 184.9).

С другой стороны, для искренних братьев того времени оставалась загадкой её поддержка двух *якобы* ошибающихся молодых людей, вопреки спокойному здравому суждению почти всех уважаемых руководителей и служителей. Если в то время был необходим именно «баланс», то почему она поддерживала таких *якобы* «разбалансированных» братьев? Почему она уподобила реакцию братьев на весть Джоунса и Ваггонера реакции евреев, гнавших Христа?

[72]

Оппозиция 1888 года состояла из добрых, искренних служителей, жертвующих собой в своём тяжёлом труде. Их озабоченность будущим церкви была неподдельной. Они действительно опасались, что это прекрасное откровение о праведности Христа может привести к фанатизму. Но этот страх превращал человеческие сердца в камень. Пожалуй, есть только один способ понять ту загадочную реакцию. Внимательное изучение многочисленных высказываний Эллен Уайт показывает, что наши дорогие братья инстинктивно противились откровению о широте и долготе, глубине и высоте любви Христовой (любви *агапэ*). Любовь, явленная на кресте, «объемлет нас», так что верующие уже считают невозможным жить для себя (2-е Коринфянам 5:14, 15). Похоже, что полная правда состоит в том, что такая преданность Христу, такая близость с Ним была нежеланной:

> Было представлено свидетельство, чтобы все увидели, кого Господь признал Своими слугами. Но кое-кто пренебрёг людьми и вестью, которую они несли. Они обзывали вестников фанатиками, экстремистами и выскочками (Свидетельства для проповедников. стр. 96.1; 1896 г.).

> … эти люди (оппозиция) занимают ответственное положение, и при этом насколько это возможно управляют работой сообразно своим собственным помыслам …
>
> Они резко выступают против энтузиазма и фанатизма. Веру … которую Бог даёт Своему народу, чтобы тот применял её, называют фанатизмом. Но если на земле и есть что-либо способное вдохновить людей святым рвением, так это истина, какова она есть в Иисусе, … Христос сделался для нас премудростью, праведностью, освящением и искуплением.
>
> … Если в нашем мире есть что-либо, способное вызвать энтузиазм, так это крест Голгофский (там же. стр. 79.2, 80.1, 81.1).

Таким образом, нас направляют к подножию креста Христова. Здесь мы и встречаем то загадочное разделение в адвентизме, где вера и неверие идут уже каждый своим путём. Из всех человеческих существ служитель евангелия, или администратор церкви испытывают наиболее тонкое искушение потворствовать замаскированному себялюбию. И если он не взирает на чудный крест Христов, понимая полную тщетность всей своей профессиональной и личной гордости, он будет неосознанно сопротивляться любви «агапэ», явленной на кресте. Джон Буньян в своей книге *«Путешествие Пилигрима»* пишет, что возле самых небесных врат есть тропинка, ведущая в ад.

Эллен Уайт не считала манеру проповеди Джоунса или Ваггонера экстремистской или радикальной, и пыталась рассуждать с теми, кто придерживался этого мнения. Однако известные цитаты, одну из которых мы приводим ниже, увековечивают этот выдуманный миф:

> Миссис Уайт не одобряла идеи, проповедуемые пастором Ваггонером относительно Послания к Галатам. … Казалось даже, что она предчувствовала, что эти два человека, получившие в то время большую известность, позже собьются с пути из-за крайних взглядов по некоторым вопросам (Л. Х. Христиан. Плод духовных даров (*The Fruitage of Spiritual Gifts*). стр. 232).

[73] Замечания Эллен Уайт не были направлены против каких-либо «крайних взглядов» Ваггонера. Наоборот, вместо обвинений в радикализме или экстремизме она лишь даёт понять, что некоторые из его взглядов были ещё не вполне зрелыми, им не хватало «совершенства». По плану Божьему незрелость эта должна была преодолеваться верным и искренним «поиском в шахтах Господа Его драгоценной руды». Свет, засиявший в 1888 году, был только «началом» того света, который должен был осветить всю землю

своей славой.³ Этот славный свет начал сиять через несовершенные, но избранные Небом сосуды.

Пренебрежение к поискам чудесного сокровища

Планы Господа не возлагали на этих двух молодых людей всю работу по поиску истины. В них должны были принять участие и зрелые умы, готовые принять «каждый луч света, который будет послан Богом ... несмотря на то, что он может прийти через самых смиренных Его слуг» (Рукопись 15. 1888 г. пункт 3). В течение их жизни вечное евангелие должно было достигнуть полноты и зрелости, чтобы осветить всю землю славой истины.

Если такова была цель Господа, то понятно, что взгляды Джоунса и Ваггонера и не должны были быть абсолютно совершенными и зрелыми в самом начале. Они были рассчитаны на то, чтобы пригласить братьев к величайшему поиску сокровища всех веков. Именно несовершенство и незрелость их взглядов способствовали бы единению всех братьев в общем сердечном сотрудничестве. Если бы эти двое молодых людей видели бы свет небесный во всём его совершенстве, разве осталось бы тогда место для того, чтобы их братья испытали наслаждение от новых открытий? Господь в Своей бесконечной милости желал разделить эту радость между всеми.

Именно эту благословенную возможность братья и отвергли, насмехаясь над теми, кто первыми вскрыли сокрытые пласты истины, называя их «фанатиками» и «экстремистами». Предположение о том, что вестники даже в Миннеаполисе были неуравновешенными, склонными «сбиваться с пути» из-за своих «крайних взглядов», *бросает грубое подозрение на саму Эллен Уайт*. Разве она не была бы наивной, поддерживая таких неблагонадёжных молодых вестников?⁴

Она почти безрассудно рисковала своей репутацией, оказывая такую энергичную и настойчивую поддержку их вести. Мог

---

³Несмотря на то, что в 1888 году Эллен Уайт не объявляла о своей чёткой позиции по «закону в Послании к Галатам», в 1896 году она сделала это. Ваггонер был прав все эти годы! «Закон в Послании к Галатам ... является ... главным образом нравственным законом» (Избранные вести. Т.1. стр. 234, 235; 1896 г.).

⁴См. Приложение А, где обсуждается обвинение Джоунса в проповеди ереси о «святости плоти» и перфекционизме уже через несколько месяцев после конференции 1888 года.

ли Господь избрать таких «несбалансированных» посланников? Мог ли Он наделить их вестью с таким разрушительным потенциалом? Разве это опасно – согласиться быть вестником Господа? Божья милость, несомненно, гораздо более велика, чем просто решение наделить Своих слуг небезопасной вестью.

Мы должны отметить, что на нескольких съездах Генеральной Конференции выступающие открыто признавали тот факт, что дух противостояния эпохи 1888 года включал в себя фактическое пренебрежение служением Эллен Уайт:

> Что же братья, занимая эту ужасную позицию, настаивая на своём, отвергли в Миннеаполисе? Они отвергли поздний дождь – громкий клич вести третьего ангела.
>
> Братья, разве это не печально? Конечно, братья не знали, что делали, но ведь там присутствовал Дух Божий, чтобы сказать им об этом, не так ли? Но когда они отвергли громкий клич, это «учение о праведности», и когда Дух Господень через Своего пророка встал и сказал нам о том, что они сделали – что же было дальше? *О, они просто отстранили этого пророка (Э. Уайт), как и других* (выделено нами – Р.В. и Д.Ш.) (А. Т. Джоунс. Ежедневный Бюллетень Генеральной Конференции. Т.5. 1893 г. стр. 183 – пункты 5, 6).

Никто из собравшихся не возразил Джоунсу на эти слова, ведь все знали, что сказанное им было правдой. На Ежегодном Совете 1986 года в Рио-де-Жанейро Роберт У. Олсон из совета попечителей наследия Эллен Уайт также заявил, что на сессии 1888 года Эллен Уайт «публично игнорировали» («Адвентист Ревью». 30 октября 1986 г.). В 1889 году Эллен Уайт сказала:

> Пастор Батлер в письме, адресованном мне, заявил, что моё поведение на той Конференции [1888 года] чуть ли не сокрушило сердца некоторых из присутствовавших служителей церкви. ...
>
> Поскольку некоторые из братьев относятся ко мне так, словно моё мнение для них не имеет большей ценности, чем любое другое, и что я подвластна влиянию моего сына Вилли, или некоторых других, зачем же вы приглашаете сестру Уайт посетить наши лагерные или особые собрания? Я не могу прийти. Я не смогу быть вам полезной, и мой приход означал бы легкомысленное отношение к тем священным обязанностям, которые Господь на меня возложил. ...
>
> То, что эти слова будут искажены и превратно поняты неверующими, вполне ожидаемо и для меня это не сюрприз. Но то, что мои братья, знакомые с моей миссией и моими трудами,

так легкомысленно относятся к вести, доверенной мне Богом, огорчает Его Духа и разочаровывает меня. ... Мой путь преграждён моими же братьями (Письмо 3. 1889 г. пункты 3, 4, 9, 10, 11).

Разумеется, не все братья противостояли ей таким образом. Но открытой поддержки тоже не замечалось. Смиренная вестница Божья в Миннеаполисе поняла происходящее. Благословения позднего дождя заставили её бывших друзей изменить своё отношение к ней с позитивного на негативное.

> Бог привёл меня сюда через долины говорить с вами не для того, чтобы вы сидели здесь и сомневались в том, что Эллен Уайт продолжает оставаться такой же, какой была в прошедшие годы. ... Вы тогда признавали, что сестра Уайт была права. Но теперь что-то изменилось, и сестра Уайт уже другая. Прямо как у иудейского народа (Рукопись 9. 1888 г. пункт 13; Олсон. стр. 292).

В 1893 году она сказала: «Служение вестницы, избранной Богом передавать порицания и предостережения в настоящее время, по непонятным причинам, понимается превратно» («Ревью энд Геральд». 18 июля 1893 г.).

(4) Эллен Уайт сослана в Австралию

Вражда против Эллен Уайт после 1888 года была настолько решительной, что Генеральная Конференция фактически сослала её Австралию. Правда, что Господь использовал её пребывание на этом континенте во благо для Своего дела, но Он не планировал отправлять её туда в это время. Она свидетельствовала о желании Господа оставить это вдохновенное трио в Америке, и довести эту битву до своего конца. Её записи свидетельствуют о том, что руководящие братья хотели убрать с пути и Эллен Уайт, и Эллета Ваггонера.

Хорошо известно, что миссис Уайт отправилась в Австралию только потому, что подчинилась указаниям Генеральной Конференции (похвальный пример сотрудничества с руководством церкви!). В 1896 году она искренне писала президенту Генеральной Конференции:

> Господь не желал, чтобы мы уезжали из Америки. Не было Его воли также и на то, чтобы я уехала из Батл-Крика. Господь этого не планировал, но Он позволил вам всем действовать в

соответствии с Вашими выдумками. Господь желал, чтобы Уильям (Вилли) Уайт, его мать и её помощники остались в Америке. Мы были необходимы прямо здесь, в самом сердце работы, и если бы ваше духовное восприятие распознало эту ситуацию, вы бы никогда не согласились на этот переезд. Но Господь читает сердца всех. Желание, чтобы мы уехали, оказалось настолько сильным, что Господь не стал этому препятствовать. Те, кто устал от свидетельств, теперь избавлены от тех, кто нёс их. Нас удалили из Батл-Крика для того, чтобы люди поступали, как им захочется, считая свои пути более важными, чем пути Господни.

Результат вы видите сами. Если бы тогда Вы заняли правильную позицию, то этот шаг не был бы предпринят. Господь позаботился бы об Австралии другими способами, а в Батл-Крике, в этом главном центре нашей работы, сохранилось бы сильное влияние.

Мы должны были там стоять плечом к плечу, создавая здоровую атмосферу, которая бы ощущалась во всех наших конференциях. То же, что происходит сейчас, совершается не по Божьему предначертанию. Я не получила ни одного откровения, говорящего о том, чтобы я покинула Америку. Но когда Господь показал мне все, так как оно есть на самом деле, я никому не сказала ни слова, потому что знала, что никто не способен понять ситуацию во всей её значимости. После нашего отъезда многие вздохнули с облегчением. Вы, правда, в меньшей степени. Но Господь был этим опечален, ибо Он уже поставил нас руководить работой в Батл-Крике.

По этой причине я и написала вам. У пастора Олсена не оказалось достаточно понимания, мужества и силы, чтобы исполнить свои обязанности; не оказалось поблизости и другого, кто был бы готов выполнить ту работу, которую Господь ожидал от нас. Я пишу Вам, пастор Олсен, чтобы сказать, что именно по желанию Господа мы должны были быть рядом с Вами, чтобы помогать вам советом и двигаться вместе с Вами. ... Вы не обладали необходимой проницательностью; Вы отказались от духовного опыта и знания, которые не может Вам предоставить ни один человек, и таким образом вы показали, что пути Господни были неверно оценены и упущены. ... Этот совет Вы не сочли важным.

Замысел внушить людям в Батл-Крике мысль о необходимости нашего отъезда именно в это время был замыслом человеческим, но не Божьим. ... Господь предназначил нам быть рядом с издательствами, чтобы мы могли иметь доступ к этим организациям и сотрудничать с ними. ... О, как это ужасно, когда к Господу относятся с легкомысленностью и пренебрежением, когда Его советы отклоняют из-за гордости, считающей человеческий разум ценнее Божьего (Э Уайт. Письмо 127 О. А. Олсену. 1 декабря 1896 г. пункты 4–8, 13).

Те, кто утверждает, что весть 1888 года была принята руководством церкви, могут воспринимать все годы пребывания Эллен Уайт в Австралии в качестве результата сотрудничества Генеральной Конференции со Святым Духом. Действительно, она имела возможность писать домой хорошие письма. Но то, что Северная Америка в то критическое время лишилась её служения, определило «в значительной мере» окончательное поражение в восприятии начала вести громкого клича.

Весной 1892 года Эллет Ваггонер был подобным же образом сослан в Англию. Существуют доказательства, что его послали туда не только из-за горячего стремления проводить миссионерскую работу. Эллен Уайт к тому времени уже уехала, и теперь настала очередь второго члена этой особой тройки. Отметим следующие строки из докторской диссертации Гильберта М. Валентайна, посвящённой У. У. Прескотту:

> Согласно свидетельствам Уильяма (Вилли) Уайт, миссис Уайт, которая, очевидно, на то время ещё помнила несправедливо принятые после 1888 года решения, утверждала, что ей было открыто следующее: «Несмотря на то, что некоторые из членов нашей церкви были очень довольны устранением [Э. Дж. Ваггонера] из Батл-Крика и его назначением в Англию», его нужно было вернуть, чтобы «использовать в качестве учителя в самом центре нашей деятельности» (Уильям К. Уайт. Письмо А. Г. Даниэльсу. 30 мая 1902 г.; Гильберт М. Валентайн. Уильям Уоррен Прескотт – Педагог Адвентистов Седьмого Дня (*William Warren Prescott: Seventh day Adventist Educator*). Т.1. 1982 г. стр. 289).

За год до отъезда в Австралию она излила свои чувства в письме Дж. С. Уошборну, молодому служителю церкви. Подобно Иеремии, она пишет почти в отчаянии. В письме она ярко описывает господствующее настроение у руководства церкви в Батл-Крике:

> Я посещаю собрания в маленьких общинах, но чувствую, что не могу работать с этой церковью, которая столько раз слышала моё свидетельство. И, несмотря на это, те, кто настроен против моей вести, продолжают сохранять позицию противления, невзирая на данные мне самим Господом доказательства Его Духа и силы. Я уже не надеюсь, что мои дальнейшие слова им помогут. Они продолжают сопротивляться призывам Духа

[76]

Божьего. Я уже не надеюсь, что у Господа остались дополнительные силы, чтобы сломить их сопротивление. Я оставляю их в руках Божьих, и если Господь не пошлёт мне конкретное поручение говорить в храме [Батл-Крика], то я не буду даже пытаться что-либо говорить, пока те, кто своими делами преградил мне путь, не уйдут с моего пути. ... У меня уже нет сил, чтобы противостоять этому духу, этому сопротивлению, этим сомнениями и неверию, которые омрачили их души до такой степени, что они не видят добро, когда оно приходит. Я имею больше свободы, обращаясь к неверующим. Они питают интерес ...

О, это самое тяжёлое дело в мире — говорить там, где воссиял великий свет, обращаться к мужам, занимающим ответственные должности. Они были озарены светом, но избрали тьму, а не свет. ...

На сердце у меня великая печаль ... Какими будут последствия этого упрямого неверия, нам ещё предстоит узнать (Письмо 36а. 18 сентября 1890 г. пункты 4, 5).

Какие уроки 1890-е годы несут 1990-м годам и далее?

Служение Эллен Уайт в Церкви Адвентистов Седьмого Дня часто напоминает служение Иеремии. Послание древнего пророка является истиной для настоящего времени. Эпизод 1888 года является своего рода притчей, и Бог будет испытывать нас снова.

Из-за такого обширного искажения фактов эпохи 1888 года мы до сих пор продолжаем недооценивать миссию Джоунса и Ваггонера. Мы по сей день опасаемся, что их весть приведёт к фанатизму. Мы по-прежнему предполагаем, что эта весть завела этих двух вестников в отступничество. И пока мы будем так думать, Господь больше не будет метать жемчужины истины перед нами, иначе наша реакция на такую весть будет такой же, как и противление в эпоху 1888 года.

Нет, мы не наследуем генетически вину наших предшественников, отвергших величайшую возможность всех веков, начало позднего дождя и громкого клича. Но мы являемся их духовными потомками. Священное Писание не говорит нам о генетическом наследовании греха, ни «первородного», ни какого-либо другого, от поколения к поколению. Но грех всё-таки может передаваться, хоть и не генетическим путём. «Одним человеком грех вошёл в мир». «Грех умножился» и «царствовал к смерти». «Весь мир стал виновным пред Богом» (Римлянам 5:12, 20, 21; 3:19). Механизм этой таинственной передачи греха проясняется для нас в следующих высказываниях:

> В самом начале человеческая природа стала греховной. И с тех пор грех не прекращал свою отвратительную работу, передаваясь от одного ума к другому. Каждый вновь совершаемый грех является эхом первого согрешения ...
>
> Взаимозависимость – это удивительная вещь. Взаимное влияние следует тщательно изучать ...
>
> Каждое новое поколение развивает какую-то новую фазу греха, опережая предшествующее и продвигаясь вперёд маршем нераскаянности и мятежа. Бог наблюдает за этим, измеряя храм и поклоняющихся в нём.
>
> Ни один человек не живёт только для себя. Осознанно или бессознательно, он влияет на других, во благо или во зло. ... Не настало ли время, чтобы народ Божий стал морально независим, развивая в то же время зависимость от Бога? ...
>
> Господь послал в наш мир весть предостережения, весть третьего ангела. Всё небо ждёт, чтобы мы оправдали закон Божий («Ревью энд Геральд». 16 апреля 1901 г. пункты 5, 6, 11, 14, 15, 16).

Нам дано больше света, чем нашим предшественникам, а это значит, что ответственность наша ещё больше. Сердечное отчуждение от Христа, послужившее причиной отвержения вести 1888 года, сегодня носит более утончённый, сложный, глубокий и даже подсознательный характер. Но от этого оно не стало менее реальным. Только просвещение Святым Духом сделает его явным. Должно, наконец, наступить время для каждого из нас, когда «крест будет явлен, и его подлинное значение откроется каждому, кто был ослеплён беззаконием. Перед откровением Голгофы с её таинственной Жертвой грешники предстанут осуждёнными» (Желание веков. стр. 58). Разве не будет благословением, если мы увидим этот крест сегодня, пока ещё не слишком поздно?

Святой Дух позволяет каждому искренне верующему увидеть себя отражённым в персонажах Библии, живших давным-давно. Он также может помочь нам увидеть себя и в наших предшественниках, живших столетие назад. По своей природе мы не лучше их. Святой Дух может излечить нашу слепоту, при которой мы видим только вопиющее зло, которое совершалось когда-то в древности, и при этом не способны увидеть его прямо перед своим носом. Слово Божье было верным с самого начала:

[78] Без просвещения Духом Божьим мы не сможем отличить истину от заблуждения и не устоим против искусных искушений и соблазнов, которые сатана принесёт в этот мир.

Мы близки к завершению борьбы между Князем Света и князем тьмы, и вскоре наваждения врага испытают нашу веру, обнаруживая её суть («Ревью энд Геральд». 29 ноября 1892 г. пункт 1).

Заключение

Осознание правды о том, что наши предшественники оскорбили истинного Христа и подлинного Святого Духа, само по себе не является плохой вестью. А раскрытие правды о глубоко укоренившемся противлении «свидетельству Иисуса» – это благословение. Готовиться к будущим испытаниям можно только признавая правду, и никак иначе. Правда – позитивна, она несёт надежду и ободрение.

Благая весть состоит в том, что Небеса всё это время желали излить последние потоки Божьего Духа больше, чем мы думаем. И только наше постоянное сопротивление, часто неосознанное, уже более ста лет препятствовало этому Дару излиться, несмотря на наши молитвы о нём.

Признание правды должно стать источником радости. Стабильность и прогресс организованной церкви получат от этого только благословение.

ГЛАВА СЕДЬМАЯ

БОЛЕЕ ПРИСТАЛЬНЫЙ ВЗГЛЯД НА «ИСПОВЕДИ» [79]

Так называемые «исповеди», сделанные после 1888 года теми, кто отвергал весть, окутаны тайной. Мы подошли в нашей истории к моменту, когда должен был начаться поздний дождь и громкий клич, и тут же отступили назад, подобно израильскому народу, который тоже подошёл к границам обетованной земли, а затем отступил.

Глубокое и истинное покаяние – редкий дар. Но это ни в коем случае не означает, что этот дар недоступен во свете жертвы Христовой. Однако часто исповедание носит поверхностный характер, как в случае Исава и царя Саула. Оба признались, что совершили зло, и оба проливали слёзы, но ни один из них не обрёл то покаяние, которое возвращает утерянное.

История Израиля при Кадес-Варни и в последующее время является иллюстрацией событий в Миннеаполисе и в последующие годы. Израиль согрешил, а затем «раскаялся», но это поколение уже не смогло вернуть утерянное.

Такое покаяние и такая исповедь имеют одну отличительную черту: ей не знакомо осознание тяжести совершённого греха:

> Казалось, они [израильтяне в Кадес-Варни] чистосердечно раскаиваются в своём греховном поведении, но на самом деле они больше скорбели о последствиях своего нечестия, нежели о собственной неблагодарности и непослушании. ... Бог испытал их мнимую покорность и доказал, что она была не настоящей. ... В действительности они ужасались оттого, что совершили огромную ошибку, последствия которой будут для них губительными. Но их сердца не изменились, ...
>
> Хотя их исповедание и не было следствием истинного раскаяния, оно всё-таки подтвердило Божественную справедливость в обращении с ними. ...
>
> Подобным образом Господь действует и сейчас, прославляя Своё имя тем, что подводит людей к признанию Своей справедливости. ... И хотя тот дух, который подстрекал согрешивших ко злу, не изменился коренным образом, всё же произнесённые исповедания оказывают Богу честь и защищают Его верных об-

личителей, которых отвергали и представляли в ложном свете (Патриархи и пророки. стр. 391.4, 392.4, 393.1).

Свидетельство вдохновенного пера показывает именно такую природу исповедей, сделанных после 1888 года самыми влиятельными из руководителей церкви, которые ранее отвергали весть.

Однако современная часто публикуемая точка зрения утверждает, что большинство из братьев-оппозиционеров в Миннеаполисе исправили свою ошибку, глубоко раскаялись, а затем «усиленно» проповедовали весть 1888 года.

О чём же говорят нам свидетельства Эллен Уайт?

(1) Эти признания были фактически выдавлены из них подавляющим количеством доказательств. «Свидетельство Его работы в настоящем открыто для вас, и вы теперь просто обязаны поверить», – заявила Эллен Уайт в 1890 году (Свидетельства для проповедников. стр. 465.3). Вера почти полностью уступила место видению.

(2) Существуют доказательства того, что наиболее известные и влиятельные из тех, кто признал свою вину, впоследствии поступали вопреки своим исповедям.

(3) Мы имеем очень скудные сведения о честном, открытом примирении, которое бы привело к братскому единству с А. Т. Джоунсом и Э. Дж. Ваггонером или к принятию их вести (именно *после* этих «исповеданий» Эллен Уайт была сослана в Австралию, а Эллет Ваггонер – в Англию). Даже в 1903 году пасторы Дж. И. Батлер и Дж. Н. Лафбороу на сессии Генеральной Конференции неправильно истолковали свою подлинную позицию противников, объясняя свои устные протесты (см. 10-ю главу).

(4) На карту был поставлен вопрос о спасении самих служителей-оппозиционеров. Но до сих пор нет никаких сведений о том, что они покаялись в противлении Святому Духу, изливающему поздний дождь, или в сокрытии света громкого клича, удерживая его «в большой степени» от церкви и от всего мира. В результате их противостояния в Миннеаполисе распространение по всему миру вести громкого клича было отложено на неопределённый срок.

(5) За исключением У. У. Прескотта не существует доказательств того, что исповедовавшиеся осознали суть вести 1888 года настолько, чтобы проповедовать её должным образом (Савл из Тарса раскаялся настолько глубоко, что впоследствии эффективно проповедовал евангелие). Пиз обнаружил, что с наступлением двадцатого века никто из тех, кто отверг весть 1888 года, не провозглашал её как должно:

В девяностых годах возрождение, основанное на этой великой доктрине, было результатом усилий всё тех же троих людей: миссис Уайт, Э. Дж. Ваггонера и А. Т. Джоунса. Действительно, многие голоса вторили им, но к 1900 году не было никаких признаков того, что найдётся Елисей, готовый принять эту мантию, если что-нибудь случится с этими тремя главными защитниками этого учения (Н. Ф. Пиз. По вере только (*By Faith Alone*). 1962 г. стр. 164).

Внимательное прочтение трудов тех, кто якобы признал свою вину, подтверждает вышеприведённое заявление. Истинное покаяние привело бы к появлению множества сильных, хорошо знакомых с евангелием вестников, которые так проповедовали бы эту «самую драгоценную весть», что наступило бы полное возрождение церкви, и мир осветился бы светом этой славы. Но Эллен Уайт вынуждена была заявить 5 ноября 1892 года, что «ни один» из тех, кто отвергал весть в самом начале, не вернул того, что потерял в результате своего неверия (Письмо 2а. 1892 г. пункт 10). Это заявление было сделано уже после так называемой «исповеди» самых влиятельных руководителей.

Современные взгляды на исповеди, сделанные после 1888 года

Неоднократно цитируемое заявление одного из старых служителей церкви является основой многих нынешних превратных толкований того, что произошло после Миннеаполиса:

> Ранней весной 1889 года стали говорить, что те, кто находился в оппозиции на сессии, начали видеть свет, и вслед за этим последовали серьёзные исповеди. В течение двух-трёх лет большинство из руководителей, ранее отвергавших этот свет, признали свою неправоту (Честер МакРейнолдс. Опыт на Генеральной Конференции в Миннеаполисе, в 1888 году (*Experiences While at the General Conference in Minneapolis, Minn. in 1888*); Рукописи и воспоминания о Миннеаполисе (*Manuscripts and Memories of Minneapolis* – МММ). стр. 341.2; Н. Ф. Пиз. По вере только (*By Faith Alone*). 1962 г. стр. 142, 143).
>
> Упомянутые исповеди были, несомненно, в некоторых случаях сделаны после того, как личности, о которых идёт речь, отдалились от места противостояния и задумались над тем, что произошло (Н. Ф. Пиз. там же. стр. 144).

Другая цитата, взятая из книги «*Капитаны воинства*», поддерживает мнение, что эти признания действительно привели к исчезновению оппозиции 1888 года.

[81]

> Постепенно наступил поворот и возврат к единству в вере. Обличения [Эллен Уайт] укоряли, и в то же время содержали целительную силу, несли евангелие праведности и доброй воли во Христе, что и соединило некогда чужих друг другу братьев (А. У. Спалдинг. Капитаны воинства (*Captains of the Host*). 1948 г. стр. 598, 599).

Наша *Энциклопедия Церкви Адвентистов Седьмого Дня* придерживается этой же точки зрения:

> Отчёты о съезде 1888 года полны сообщениями о непонимании, противодействии и разделении. Впрочем, те, кто не желал принять этот новый акцент в 1888 году, позже изменили свою точку зрения. Некоторые же ещё какое-то время продолжали противиться (стр. 1086).

В книге «*Плод духовных даров*» (*The Fruitage of Spiritual Gifts*) совсем не упоминается об исповедях, поскольку автор полагал, что весть 1888 года была *сразу* принята в Миннеаполисе.

Согласно популярной точке зрения, весть 1888 года несомненно является «нашей» уже давно, ибо наши предшественники приняли её либо сразу, либо вследствие своего последующего покаяния. И поэтому «мы» уже много десятилетий с большой силой проповедуем это послание. Но необходимо выяснить, не является ли эта позиция тем образом мыслей, который характеризуется словами: «богат, разбогател и ни в чём не имею нужды».

Эта точка зрения сопряжена с проблемами

Если исповеди оппозиционеров Миннеаполиса действительно изменили их позицию настолько, что они смогли эффективно проповедовать эту весть церкви и всему миру, тогда следующие вопросы требуют ответа:

(1) Где доказательства того, что послание и свет 1888 года были поняты верно, и раскаявшиеся братья проповедовали именно этот свет нашему народу в ясной и убедительной форме? Где свидетельства того, что оппозиция прекратила своё существование, а не приняла скрытную форму?

(2) Почему «работа» не была закончена вскоре после исповеди и покаяния? Оппозиция в Миннеаполисе заглушила громкий клич, и покаяние должно было возобновить его.

(3) Как можно объяснить настойчивые и многочисленные заявления Эллен Уайт, повторяющиеся вплоть до 1901 года, о том, что весть постоянно искажалась и отвергалась руководством?

Далее следует одно из этих свидетельств, объясняющее, что подлинная реформация, следующая за истинным покаянием, так и не наступила:

> Я особенно заинтересована предложениями и решениями, которые предстоит принять на этой Конференции [1901 года] относительно того, что нужно было сделать давно, и особенно десять лет тому назад, когда мы собрались на Конференцию … Братья *согласились со светом*, посланным Господом, но … не действовали согласно этому свету. Согласие было дано, но *не было конкретных перемен* с целью создать условия для того, чтобы сила Божья открылась среди Его народа. Год за годом были слышны одни и те же признания. … Для меня кажется чудом то, что церковь сегодня преуспевает. Всё это по великой милости Божией, а не из-за нашей праведности: имя Его не должно быть обесславлено в мире (выделено нами – Р.В. и Д.Ш.) (Бюллетень Генеральной Конференции. Т.4. 3 апреля 1901 г. стр. 23.7).

Её подлинные убеждения раскрываются в заявлении, сделанном неделей позже, в поддержку реорганизации и желанной реформации: «Многие из тех, кто был в той или иной степени не согласен с самого собрания в Миннеаполисе, теперь будут вынуждены согласиться» (там же. стр. 205.1).

Одно из наиболее трогательных пророческих свидетельств Эллен Уайт называется «Что могло бы быть?» (Свидетельства для церкви. Т.8. стр. 104–106; 5 января 1903 г.). То прекрасное покаяние, которое якобы свершилось по свидетельству наших историков, осталось всего лишь мечтой, так и не ставшей «реальностью».

Свидетельство нашей истории

Хорошо известно, что Урия Смит был одним из наиболее стойких оппозиционеров. В качестве редактора «*Ревью энд Геральд*», при своей репутации выдающегося автора он мог бы оказать самое сильное влияние в пользу вести. Его яркий, логический стиль обращён к думающим людям. Этот способный и любящий брат владел самым могучим пером в Батл-Крике, и мог бы помочь осветить всю землю светом этой зрелой истины. Святой Дух содействовал бы автору «*Размышлений о пророчествах Даниила и Откровении*» (*Thoughts on Daniel and the Revelation*), если бы его сердце и острый восприимчивый ум присоединились к этому радостному делу.

Но он выбрал другой путь. Он назвал эту весть «слишком преувеличенным учением», и считал, что мы проповедовали об этом всегда. Сразу же после окончания Конференции в Миннеаполисе он вместе с пастором У. У. Прескотт пытался заставить замолчать А. Т. Джоунса в Батл-Крике. Эллен Уайт описывает это так:

> Пастор Урия Смит был против того, чтобы [А. Т. Джоунс] был приглашён для выступлений, потому что тот занимал слишком твёрдые позиции. Были предприняты шаги, чтобы устранить последнего из школы [в Батл-Крике] ... (Рукопись 16. 1889 г. пункт 10).[1]

Все попытки повлиять на Смита только усилили его упрямство. В течение длительного времени ни одно из «здравых размышлений» не изменило его точку зрения.

В марте 1890 года в «*Ревью*» Эллен Уайт писала:

> Я пыталась представить вам эту весть такой, какой я её понимала, но до каких пор те, кто возглавляет работу, будут оставаться в стороне? ... («Ревью энд Геральд». 18 марта 1890 г. пункт 8).
>
> Почти два года мы настоятельно просили людей принять свет и правду о праведности Христа, но они не решались принять эту драгоценную истину. ... Мои слова доходят до ушей, но не доходят до сердца. Неужели мы так и не выйдем из состояния неверия? (там же. 11 марта 1890 г. пункт 11).

Наконец, игнорируя свою «обязанность поверить» (Свидетельства для проповедников. стр. 465.3), пастор Смит стал беспомощно дрейфовать, подвергая себя смертельной опасности:

> Брат Смит попал в ловушку, устроенную ему врагом, и в нынешнем своём состоянии не может придавать своей трубе определённый звук ... однако ... он занимает должность учителя, чтобы формировать мышление студентов, при всём том, что сам он свет не принимает. Он трудится не в Божьем русле. Он сеет семена неверия, которые прорастают и приносят плод в некоторых душах. ... Пастор Смит не примет света Божьего, посланного для его исправления, и он не имеет духа, способного признать и исправить всё то зло, которое он совершил в прошлом. ... Мне было показано, что при его текущем состоянии

---

[1] Только влияние Эллен Уайт обеспечило ему возможность проповедовать и преподавать. У. У. Прескотт действовал вместе со Смитом, стремясь лишить Джоунса возможности проповедовать в Батл-Крике.

сатана приготовил для него искушения, которые увлекут его душу (Э. Уайт. Письмо О. А. Олсену. 7 октября 1890 г.).

Я глубоко опечалена. Я знаю, что сатана постоянно стремится завладеть душами людей. ... Такие люди, как пастор Смит ожесточат свои сердца, чтобы не увидеть опасности и не обратиться. Есть и такие, кто смотрит на пастора Смита и думает, что человек, которому был открыт такой великий свет, способен распознать добро, когда оно придёт, и различит истину. Но мне было показано, что в характере пастора Смита есть такие гордость и упрямство, которые никогда полностью не подчинялись Духу Божьему. Снова и снова его духовный опыт омрачался его решимостью не признавать своих проступков, а проходить мимо, забывая о них. Люди могут лелеять этот грех до тех пор, пока им уже не будет прощения (Э. Уайт. Дневник. 10 января 1890 г. Батл-Крик).

Эти торжественные слова исполнены любви Христовой, которую Эллен Уайт испытывала к Урии Смиту. Во свете вечности правда ценнее самообмана. Из других сообщений мы видим, насколько серьёзной была сложившаяся к тому времени ситуация:

Люди, занимающие ответственные посты, разочаровали Иисуса. Они отвергли драгоценные благословения, отказались стать проводниками света. ... Те знания, которые они должны были получить от Господа ... они отказались принять и поэтому стали орудиями тьмы. Дух Божий огорчён (Рукопись 13. 1889 г. пункт 12).

Молодые члены церкви смотрят на старших, которые застыли в полной неподвижности, и с места не сдвинутся, чтобы принять посланный новый свет. Они будут высмеивать слова и поступки этих людей как ничего не стоящие. Кто же чувствует бремя [вины] за эти насмешки и за это презрение? ... Они заслонили свет, посланный Богом, чтобы он не дошёл до народа, для которого он был предназначен (Рукопись 9. 1890 г. пункт 14).

Дьявол уже год работает над тем, чтобы устранить все эти идеи (то есть весть 1888 года о праведности Христа). ... До каких пор люди, стоящие в самом центре работы Божьей, будут противиться самому Богу? До каких пор те, кто здесь находится, будут поддерживать их в этом? Уйдите с пути, братья. Не касайтесь ковчега Божия и дайте возможность Божьему Духу войти и совершать Свою работу с великой силой (там же. пункты 20, 22).

Негативное влияние редактора *Ревью* распространилось очень широко. Главную ответственность Эллен Уайт возлагала на него: [84]

Вы поддержали настрой и действия Ларсона, Портера, Дана Джоунса, Элдриджа, Моррисона и Никола, а через них множества других. Все цитируют Вас, и враг праведности радуется этому. ... Даже если вы сами снова уверуете, как вы сможете устранить следы неверия, оставленные вами в умах других людей? Не трудитесь так старательно, выполняя работу сатаны. Эта работа уже сделана в Миннеаполисе, где сатана праздновал победу (Письмо 59. 1890 г. пункты 3, 16, 17).

Когда Эллен Уайт попыталась помочь ему, то в ответ он прислал ей «письмо, обвиняющее пастора Джоунса в подрыве основ нашей веры» (Письмо 73. 1890 г. пункт 8; см. дополнительные примечания к четвёртой главе). Наконец, с наступлением нового 1891 года он признал свою вину перед братьями и попросил извинения у миссис Уайт за своё ошибочное поведение. Это было правильно. Он был искренним человеком. Наша *Энциклопедия Церкви Адвентистов Седьмого Дня* признаёт его первоначальное противление «новому акценту на праведности по вере», но называет его исповедание восстановлением «полной гармонии» (стр. 1201). Но дело обстояло не так.

У пастора Смита были подобные случаи и ранее. Его доверие в деятельность Эллен Уайт иногда колебалось. К тому же он распространял своё неверие. Его письма имели такое влияние, что могли побудить Д. М. Канрайта поставить под сомнение пророческий дар Эллен Уайт.[2] Для утопающего достаточно малейшего толчка, чтобы ослабить его окончательно.

Было ли покаяние пастора Смита в начале 1891 года искренним, полным и долговременным? Оно могло быть таким. Бог желал этого. Выступая перед редакцией «Ревью энд Геральд», Эллен Уайт сказала: «Господь загладит беззакония тех, кто с тех пор каялся искренним покаянием».

Причина неудачи

Радость от этих исповедей необходимо рассматривать во свете дальнейших событий. Как уже было показано, Эллен Уайт позже заявила, что в редакции *«Ревью энд Геральд»* существовало настроение, которое можно выразить словами известной притчи:

---

[2] См. например, письма Урия Смита к Канрайту от 22 марта 6 апреля, 31 июля, 7 августа и 2 октября 1883 года.

«Иду, государь; и не пошёл» (От Матфея 21:30). Никто не может сомневаться в искренности и порядочности этих братьев; мы же обнаруживаем глубоко лежащее неверие, которого они сами не видели. «Братья согласились со светом, посланным Богом, но были и такие из издательства «*Ревью энд Геральд*» и Генеральной Конференции, которые вносили элементы неверия, в результате чего посланный свет *не вызвал никаких действий* (выделено нами – Р.В. и Д.Ш.)» (Бюллетень Генеральной Конференции. Т.4. 3 апреля 1901 г. стр. 23.7).

После того, как Смит признал свою вину, Эллен Уайт призвала его посмотреть на вещи в истинном свете. Она знала, что в «*Ревью*» он не придавал «определённого звука своей трубе». Более года спустя после сделанного им признания она написала ему письмо с предупреждением и советами, в которых ясно утверждала, что он вернулся к прежней позиции противостояния:

> Некоторые из наших братьев ... полны ревности и злых подозрений, и всегда готовы продемонстрировать то, в чём они расходятся с пасторами Джоунсом или Ваггонером. *Дух, царивший в прошлом, теперь проявляет себя при каждом удобном случае:* и делается это вовсе не по велению Духа Божьего. ...
> Если они [пасторы Джоунс или Ваггонер] не устоят перед искушениями врага, ... многие ... впадут в роковое заблуждение, потому что не руководимы Духом Божьим (выделено нами – Р.В. и Д.Ш.) (Письмо 24. 1892 г. пункты 8, 14).

[85]

Пастор Смит, похоже, неверно оценивал духовное состояние церкви. Как и ранее (в 1882 году), он продолжал «слишком благоприятно относиться к настоящему времени» (см. Свидетельства для церкви. Т.5. стр. 79.4). Мы не вправе обвинять его в этом, потому что он не имел проницательности пророческого дара. Тем не менее, его беспечный и далёкий от реальности оптимизм даёт основание назвать его «мистером Лаодикия». Его простодушные читатели не знали истинного положения дел; мы же, столетие спустя, знаем ситуацию гораздо лучше, так как Дух Пророчества, расходившийся с ним во мнениях, подтверждается историей. В редакционной статье от 14 марта 1892 года пастор Смит писал с необоснованных оптимизмом:

> Работа Божья прогрессирует с нарастающей скоростью, особенно в последние годы. Мы хотим привлечь внимание к той удивительной движущей силе, которую получила сегодня проповедь истины для настоящего времени. Она продвигается везде. Её скорость растёт день за днём, а её мощь невозмож-

но уменьшить. Если текущие темпы движения сохранятся, то вскоре цель должна быть достигнута. Чем быстрее её шаги, тем ближе к конечному триумфу (У. Смит. «Ревью энд Геральд». 14 марта 1892 г.).

Вестница Божья была настроена не столь оптимистично, потому что видела серьёзные препятствия этой работе в наших собственных рядах, и предчувствовала длительную остановку. История доказала, что статья пастора Смита носила поверхностный характер. Эллен Уайт говорила по этому поводу так:

> Оппозиция в наших собственных рядах вынудила вестников Господних выполнять труднейшие и изнурительные задачи, ибо они должны сталкиваться с трудностями и препятствиями, которых могло и не быть. ... Путь вести преграждали именно те, кто трудится среди нас. ...
>
> Влияние, распространившееся от противления свету и истине в Миннеаполисе привело к обесцениванию посланного Богом света. ...
>
> Работа отстала на долгие годы. Какой отчёт будет дан Богу за такую задержку в Его деле? (Ежедневный Бюллетень Генеральной Конференции. Т.5. 1893 г. стр. 419.5).

Неоднократно этот заблуждающийся редактор следовал такому образу мыслей, который был диаметрально противоположен истине для настоящего времени – праведности Христа, проповедуемой в начале громкого клича. Выглядело достаточно драматичным, когда его оппозиционные высказывания изящно парировались статьями Эллен Уайт или других авторов, что было на первый взгляд совпадением. Он публиковал и эти статьи, что делает ему честь. Редакторская цензура в те времена была не такой сильной, как сегодня. Но свою личную точку зрения он не оставлял.

Уже в 1892 году, много позже исповеди этого редактора, Эллен Уайт говорила: «Ваша первоначальная позиция по отношению к вести и вестнику обернулась для Вас постоянной сетью и камнем преткновения. ... Вы остаётесь в том же положении» (Письмо 24. 1892 г. пункты 37, 38).

[86] В одной из редакционных статей он утверждал, что нынешнее послание не является началом громкого клича; что это дело будущего. Он был сторонником «божественного детерминизма», или того учения, которого фактически придерживаются современные реформаторы кальвинизма. Согласно этому взгляду, мы не в состоянии ни ускорить, ни замедлить пришествие Господа:

> Разве неправильно будет для Божьего народа направить свои умы на эти будущие благословения, на эту будущую силу, и оставить всё остальное, сделав эти цели объектом своих ревностных изысканий? Концентрироваться на том, что должно быть, а затем думать, как церковь должна делать эти великие дела, пренебрегая непосредственными обязанностями в поисках средств достижения этой силы и этих достижений *сейчас*, — разве так достигаются эти благословения? ...
>
> Все эти и другие достижения придут в Богом назначенное время. Господь в угодное Ему время дарует Своему народу необходимую силу. ... Он пошлёт весть громкого клича. ... Оставьте будущие благословения в руках Того, кто совершает работу, и Он пошлёт их тогда и так, как это будет Ему угодно (У. Смит. «Ревью энд Геральд». 14 марта 1892 г.).

Очевидно, что пастор Смит не имел представления о том, что «время, угодное Господу», стало *днём сегодняшним* с тех пор, как седьмой ангел сказал в 1844 году, «...что времени уже не будет» (Откровение 10:6). Всего лишь через неделю появилась статья Эллен Уайт, противостоявшая духу этой смущающей редакционной статьи. Вскоре и С. Н. Хаскелл прислал для публикации «горячую» статью, протестующую против настроения «мира и безопасности» редактора (26 июля 1892 года). Президент Олсен также воспользовался возможностью и упрекнул редактора на страницах его газеты:

> Мы уже долгое время говорим о громком кличе вести третьего ангела. ... Пришло ли время, чтобы услышать этот громкий глас? ... Несомненно, пришло, братья. ... В таком случае не нужно больше ожидать его. Не ищите его где-то в далёком месте. Поймите, что он уже здесь, и это не просто слова (О. А. Олсен. «Ревью энд Геральд». 8 ноября 1892 г.).

В течение этого ответственного времени, преисполненного великих эсхатологических возможностей, редактор *«Ревью»* продолжал работу над своими прежними нравоучениями, опровергающими аргументы в пользу празднования воскресенья. Жалкое зрелище. Во время громкого клича он увлекается старой полемикой, в прежнем стиле споров и дискуссий, придираясь к неразумным противникам истины о субботе, занимаясь тем, что было уместным тридцать лет тому назад. Так и слышится голос ангела, просящего: «Мистер Лаодикия, проснитесь!»

Относительно такой неспособности увидеть работу Божию Эллен Уайт писала:

[87] Слишком часто руководитель колеблется, как бы говоря: «Давайте не будем слишком спешить. Это может быть ошибка. Нам следует быть осторожными, дабы не поднять ложную тревогу». Его колебания и нерешительность красноречиво вопиют: «Мир и безопасность!» «Не надо волноваться. Не тревожьтесь. Вопрос о поправке к религиозному закону раздули больше, чем он того заслуживает. Все тревоги вскоре сами собой пройдут». Таким образом, руководитель в действительности отвергает весть, посланную Богом, а предостережение, которое должно было пробудить общины, не достигает цели. Труба стража не издаёт определённого звука и народ не готовится к битве (Свидетельства для церкви. Т.5. стр. 715.2).

Такая политика и настроение редактора, к сожалению, приводит к определённому результату. Урия Смит вернулся в своё прежнее состояние оппозиции и слепоты после того, как прошли эмоции, вызванные его исповедью.

В декабре 1892 года Эллен Уайт весьма прямо заявила:

> Накануне кризиса мы не должны быть найдены со злым сердцем, полным неверия, удаляющимся от живого Бога. ...
>
> Среди равнодушных и нерешительных существует определённый класс людей, гордящихся своей осторожностью в принятии «нового света», как они его называют. Но их нежелание принять этот свет объясняется их духовной слепотой. ...
>
> Среди тех, кто участвует в нашем деле, есть люди, которые могли бы стать чрезвычайно полезными, если бы научились от Христа и шли от света к большему свету; но из-за своего отказа они становятся препятствием («Ревью энд Геральд». 6 декабря 1892 г. пункты 1, 5, 6).

В том же номере появляется и сдержанное признание редактора о том, что мы, должно быть, задержали эту работу, но вовсе ненадолго. Мы цитируем здесь его высказывания потому, что его кальвинистский подход *невмешательства* приобрёл огромную популярность среди многих адвентистов в последние годы XX века. Они утверждают, что народ Божий не может ни ускорить, ни замедлить возвращение Христа:

> Мы не можем сказать, как изменилась бы ситуация, если бы каждый делал своё дело более старательно и быстро. ...
>
> Но какими бы возможностями мы не располагали, чтобы замедлить работу, мы не имеем власти остановить её продвижение вперёд или помешать её окончательному завершению. Работа Божья будет закончена в те сроки, которые для неё установлены (У. Смит. «Ревью энд Геральд». 6 декабря 1892 г.).

В номере «*Ревью*» от 10 мая 1892 года, в редакционной статье Смит публично оспорил взгляды Э. Дж. Ваггонера. В том же году он совершает грубую ошибку, участвуя в открытом диспуте с А. Т. Джоунсом по поводу «образа зверя». Члены церкви заметили этот конфликт. Брат Фостер из австралийской церкви «Прахран» был смущён и обратился за помощью к Эллен Уайт, которая сказала об этом инциденте следующее:

> [Фостер] увидел в «*Ревью*» статью брата А. Т. Джоунса относительно образа зверя, а затем прочитал статью пастора Смита, излагающую противоположную точку зрения. Он был смущён и обеспокоен. Чтение статей братьев Джоунса и Ваггонера принесло ему много света и утешения. Но была и другая статья одного из наших старых работников, который написал многие из наших классических книг, и которого мы считали учеником Божьим. И теперь этот автор, по всей видимости, обнаруживает свой конфликт с братом Джоунсом. Что всё это значит? Неужели брат Джоунс неправ? Допустил ли ошибку брат Смит? Где же правда? Это смутило Фостера. …
>
> Если бы до публикации статьи пастора Джоунса … пастор Смит посоветовался с Джоунсом и просто сказал ему, что придерживается несколько отличных взглядов, и что в случае публикации этой статьи в «*Ревью*» ему придётся представить противоположную точку зрения, тогда всё выглядело бы в совершенно ином свете. *Но в этой ситуации проявился такой же образ действий, что и в Миннеаполисе.* Те, кто противился братьям Джоунсу и Ваггонеру, не проявили никакого желания относиться к ним как к братьям. … *Это слепое противостояние продолжается.* … Мы знаем, что брат Джоунс проповедует весть для настоящего времени, несёт своевременную духовную пищу алчущему народу Божьему. …
>
> Конференция в Миннеаполисе была золотой возможностью для всех присутствующих смирить свои сердца перед Богом и принять Иисуса как великого Наставника; но позиция, занятая некоторыми на том собрании, послужила их погибели. *С тех пор они не имели чёткого понимания, и никогда уже не будут его иметь*, ибо они упорно лелеют в себе дух, преобладавший на той конференции, дух злобы, критики и обвинений. … Их спросят в день суда: «Кто требовал, чтобы вы восстали против вести и вестников, которых Я послал к Моему народу? … Почему вы загородили путь своим порочным духом? Впоследствии, видя многочисленные доказательства, почему вы не смирили свои сердца перед Богом и не покаялись в своём отвержении этой вести, милостиво посланной Им? (выделено нами — Р.В. и Д.Ш.)» (Э. Уайт. Письмо 77. 9 января 1893 г.).

[88]

В том же письме Эллен Уайт цитирует бывшего президента Генеральной Конференции, который разделил со Смитом его печальную участь. Речь идёт не о спасении душ этих людей, которое мы оставляем в Божьих руках. Вопрос заключается в провозглашении вести громкого клича:

> Если такие люди, как пастор Смит, пастор Ван-Хорн и пастор Батлер будут стоять в стороне, отказываясь сотрудничать с теми, кого Бог считает ключевым элементом продвижения работы в эти трудные времена, то они останутся позади. … Эти братья имеют все возможности встать в ряды тех, кто стремится к победе; но если они откажутся, то работа будет продвигаться и без них. … Если они отвергнут весть …, то *эти братья … понесут вечную утрату*, ибо даже если они покаются и, наконец, будут спасены, *они уже не смогут восстановить того, что потеряли* из-за своего неверного образа действий (выделено нами — Р.В. и Д.Ш.) (там же.).

Заключение

Вышесказанное ни в коем случае не означает, что весь труд этих дорогих братьев был сплошной неудачей. Всё дело в том, что они использовали своё влияние, чтобы отвергнуть начало позднего дождя, и способствовали этим отсрочке окончания работы Божьей на длительное время.

Их ситуация непроста. Они были искренни, добры и любящи. Но каждая волна поверхностного возрождения, пронёсшаяся через Батл-Крик, вселяла в них ложные надежды.

Даже в начале XX века, когда пастор Смит приближался к своей смерти, он преднамеренно показывал, что он не изменил своего мнения по спорным вопросам 1888 года. Он стал выдающимся прототипом ультраконсервативных и в то же время неверующих адвентистов наших дней.

Его понимание пророчеств Даниила и Откровения и других доктрин полностью совпадало со взглядами пионеров данного движения. Обстановка, сложившаяся в мире в его время, стала ясным исполнением этих пророчеств. В то время работа Божья могла бы быстро завершиться. Его книги привели в церковь тысячи новых последователей во всём мире и помогли глобальному распространению адвентизма. Если бы он был среди тех, кто принял «начало» позднего дождя, он испытал бы радость от провозглашения громкого клича всему миру.

Уверенный в своём верном понимании оправдания и праведности по вере, а также в том, что он всегда понимал этот вопрос верно, он внёс свой вклад в последующее за 1888 годом время в своей главной книге на эту тему – «Взирая на Иисуса» (*Looking Unto Jesus*). Многие оппозиционеры вести 1888 года приветствовали эту работу как шедевр, но очевидно то, что в ней отсутствуют «самые драгоценные» истины вести 1888 года.

Перед своей смертью А. Т. Джоунс вспоминает только об одной исповеди:

> Ради справедливости следует сказать, что Дж. Г. Моррисон порвал все связи с оппозицией и отдал свой дух, душу и тело благословенной истине о праведности по вере, совершив одну из самых прекрасных и благородных исповедей, которые я когда-либо слышал (Письмо Клоду Холмсу. 12 мая 1921 г.).

Далее Джоунс в этом же письме говорит о том, что перемены в душе других «были только поверхностными, никогда не были настоящими, ибо всё это время в Комитете Генеральной Конференции и среди других существовал никогда не прекращавшийся тайный антагонизм».

Труднее всего бороться с той оппозицией, которая действует скрытно. Признания, сделанные после Миннеаполиса, спрятали дух неверия под внешним покровом видимого.

Отсюда происходит и наше искреннее убеждение как народа в том, что мы «богаты» тем «вкладом», который был сделан в адвентизм в 1888 году, и что мы разбогатели верным пониманием праведности по вере, так что нам всего лишь необходимо больше денег и технологических ресурсов для проповеди нашего текущего понимания нашего учения.

Симптомы невроза церкви налицо, причины же лежат в глубокой антипатии к свету, посланному нам в 1888 году, к этому отражению Света истинного, «который просвещает всякого человека, приходящего в мир». Единственный выход из этой ситуации – это окончательное примирение со Христом, или окончательное искупление.

Главной целью этой главы было показать, как признания, сделанные после Миннеаполиса, срезали «верхушки», но оставили нетронутыми «корни» неверия (см. Свидетельства для проповедников. стр. 467.1). В ходе исследования выявилась вторичная цель. Она логически вытекает из первой, но гораздо важнее.

(1) По некоторым важным пунктам наше текущее официальное представление о праведности по вере идентично с мнением *оппозиции* вести 1888 года, что несложно понять, слушая наши сегодняшние проповеди.

(2) Наряду с неверным толкованием вести Миннеаполиса идёт и крайне оптимистическая точка зрения о «скорости» и «стремительности», с которой, по общему мнению, сегодня продвигается наша работа, тогда как в действительности она только задерживается глубоко укоренившимся в душе неверием. Статистические отчёты вводят нас в заблуждение.

[90]

(3) Путаница в отношении праведности по вере порождает некий вид «непрерывного» нарушения принципов Божьих, доверенных церкви остатка, которыми она должна руководствоваться при управлении деятельностью в области медицины, образования, проповеди евангелия и издательской деятельностью. «Во многом мы отошли от плана Божьего ... всё больше поступаем по методам язычников, а не по примеру Иисуса Христа» (см. Бюллетень Генеральной Конференции. Т.5. 3 марта 1893 г. стр. 459.15–21; Принципы христианского воспитания (*Fundamentals of Christian Education* – FE) стр. 221–230). Наши надежды основаны на любви и милости Божьей, а Его надежды – на честности верующих в Него.

(4) Подлинное очищение небесного святилища должно происходить вместе с очищением наших сердец. Мы должны очиститься от скрытых, тайных, «подземных» корней отчуждения от Христа. Свет, раскрывающий эту реальность, и средства духовной терапии для излечения пороков этой реальности – вот что нам нужно больше, чем технологические средства для распространения нашей «веры».

Другими словами: сила, необходимая нам сегодня, – это *свет*. Завершение евангельской миссии будет естественным результатом принятия этого света. Правильное понимание истории эпохи 1888 года ставит верный диагноз; правильное понимание евангелия креста Христова – это наша духовная терапия.

ГЛАВА ВОСЬМАЯ

КРИЗИС АДВЕНТИСТСКОГО ДВИЖЕНИЯ: СЕССИЯ ГЕНЕРАЛЬНОЙ КОНФЕРЕНЦИИ 1893 ГОДА

Сессия Генеральной Конференции 1893 года является самым важным показателем после сессии 1888 года в вопросе степени принятия либо отвержения вести. Теория принятия вести требует следующего взгляда на сессию 1893 года: «Именно на сессии Генеральной Конференции 1893 года свет оправдания через веру одержал величайшую победу» (Л. Х. Христиан. Плод духовных даров (*The Fruitage of Spiritual Gifts*). стр. 241).

Для того, чтобы понять природу этой «победы», мы рассмотрим изданные отчёты об этой сессии. Согласно последующему свидетельству Эллен Уайт, так называемая «победа», достигнутая на этом съезде, была победой сатаны (см. Избранные вести. стр. 234.6). Эта сессия явно показала, что Небесный дар позднего дождя был отнят. События, происходившие на той сессии, имеют огромное значение для нас сегодня.

С самого начала подготовительных собраний и самой сессии весть 1888 года была главнейшим вопросом. За несколько месяцев до этого, 22 ноября 1892 года в «*Ревью*» было напечатано хорошо известное сегодня заявление о том, что весть 1888 года была фактически «началом» громкого клича. Это заявление произвело эффект бомбы. Некоторые из выступающих почти не говорили о чём-то другом, кроме этого рокового вопроса. Даже в далекой Австралии были в курсе этих событий. А. Т. Джоунс сообщил следующее:

> Совсем недавно я получил письмо от брата Старра из Австралии. Я зачитаю из него два-три предложения, потому что они касаются темы наших занятий:
> «Сестра Уайт говорит, что мы, начиная с собрания в Миннеаполисе, живём во время позднего дождя» (Ежедневный Бюллетень Генеральной Конференции. Т.5. 1893 г. стр. 377 – пункты 9, 10).

Можно ли представить себе волнение, которое охватило присутствующих? Вполне естественно, что за вопросом принятия вести 1888 года стояла блаженная надежда на скорое пришествие Христа. Никогда ещё со времён полночного крика 1844 года сердца верующих не были так исполнены торжественной радостью:

> Возблагодарим Господа за то, что Он всё ещё имеет дело нами, чтобы спасти нас от наших заблуждений и опасностей, вернуть с неверных путей, и излить на нас поздний дождь, приготовив к вознесению. Вот что означает эта весть для нас – переселение (там же. стр. 185.13).

Они знали, что Господь в Своей милости не лишит их позднего дождя, не дав им достаточно возможностей отозваться на Его призыв. А для этого потребовалось бы по крайней мере несколько лет после 1888 года. Следующие слова, процитированные на данной сессии, свидетельствуют о Божьем терпении и справедливости:

[92]
> Бог испытает Свой народ. Иисус относится к ним с терпением, и «не извергнет нас из уст своих» в один момент. Ангел сказал: «Бог взвешивает Свой народ». Если бы весть была послана только на короткое время, как многие из нас предполагали, то не осталось бы времени для формирования характера. Многие были движимы своими чувствами, а не принципом и верой, и эта торжественная волнующая весть взволновала только их чувства. ... Бог даёт им время, чтобы прошли эмоции. Затем Он испытает их, чтобы увидеть их послушание совету Верного Свидетеля (Э. Уайт. Избранные вести. Т.1. 1896 г. стр. 186.2; Ежедневный Бюллетень Генеральной Конференции. Т.5. 1893 г. стр. 185.7).

Предчувствие великой опасности

Некоторые из выступающих предчувствовали, что свет может быть отнят, если не вызовет соответствующих действий. А это значит, что несерьёзное отношение к небесному дару означало его потерю. За несколько месяцев до открытия сессии 1893 года Эллен Уайт писала:

> Грех, совершённый во время случившегося в Миннеаполисе, остаётся в небесных книгах, записанный напротив имён тех, кто противился свету. И он будет изглажен из этих книг только в случае полного исповедания виновных, когда они предстанут пред Богом в полном смирении. ... Когда эти люди вновь будут испытаны, проявится этот же дух. Когда же Господь испытает их в полной мере, а они так и не покорятся Ему, Он отнимет

Своего Святого Духа (Письмо 19д (*Letter* 19d). 1892 г. пункты 20, 21, 23).

В Миннеаполисе она предупреждала, что пренебрежение этим светом, сиявшим уже тогда, обернётся трагедией. Проблема заключалась не только в личном спасении отвергавших весть. Перед церковью в целом встала проблема эсхатологического характера, касающаяся позднего дождя и громкого клича:

> Теперь я хочу сказать вам, насколько это ужасно, когда отвергается свет, данный Богом, после того, как он открылся вашему сердцу и духу … Бог отнимет Своего Духа, если истина Его не будет принята (Рукопись 8. 1888 г. пункт 14; Олсон. стр. 264).

Братья, собравшиеся на сессии 1893 года, находились в атмосфере ожидания. Собрание было заряжено торжественным настроем, пониманием того, что им предстоит принять решение огромной важности. От их выбора зависело либо наступление радостного утра, либо же возврат в ночь. Чтобы сатане «склонить их принять неверную позицию, он запланировал повести их длинным путём», – заявила Эллен Уайт президенту Олсену (Письмо 19д (*Letter* 19d). 1892 г. пункт 16). Представьте себе напряжение, охватившее тогда всё это собрание:

> Я торжественно думаю о том, что Бог, возможно, уже теряет терпение, и не будет долго ждать вас или меня. … Я не могу избавиться от мысли, что мы сегодня лично переживаем самое ответственное время. … Мне кажется, что именно сейчас мы делаем выбор, который определит, пойдём ли мы дальше в распространении громкого клича, чтобы подготовиться к вознесению, или же мы будем обмануты уловками сатаны и останемся во тьме, … Я думал об этом на протяжении всей этой конференции (У. У. Прескотт. Ежедневный Бюллетень Генеральной Конференции. Т.5. 1893 г. стр. 386.1).

А. Т. Джоунс понимал беспрецедентную важность этого вопроса на данной конференции. Обратите внимание на то, как его понимание выходит за пределы идеи кальвинистского детерминизма о независимой воле Бога: [93]

> На протяжении этих четырёх лет Он побуждал нас принять поздний дождь. Сколько ещё Ему предстоит ждать, пока мы его примем? …
> Факт заключается в том, что *нечто особенное обязательно случится*. … В этом-то и заключается вся ответственность си-

туации, сложившейся на этом съезде, что придаёт этому собранию такой роковой характер. Опасность здесь в том, что среди присутствующих будут такие, кто сопротивлялся этому уже четыре года, или, возможно, противились не так долго, но сейчас ... не могут принять то, что даёт Господь, и они останутся в стороне. *Решение будет принято Господом, а фактически нами, на этом собрании* (выделено нами – Р.В. и Д.Ш.) (Ежедневный Бюллетень Генеральной Конференции. Т.5. 1893 г. стр. 377 – пункты 11, 12).

Президент Генеральной Конференции О. Л. Олсен также чувствовал, что перед делегатами Конференции будет поставлен судьбоносный вопрос:

Это место становится всё более торжественным из-за того, что здесь присутствует Бог. Осмелюсь предположить, что никто из нас никогда ещё не присутствовал на таком собрании, как это. Господь, вне сомнения, подошёл очень близко и открывает нам всё больше и больше из того, что ранее мы не могли полностью оценить и понять. ...

В последний вечер я был настроен очень торжественно. Свидетельство, посланное нам прямо здесь, внушало страх от близости Бога к этому месту. ... Некоторые могут раздражаться оттого, что здесь упоминается Миннеаполис. Я знаю, что некоторых огорчает и раздражает один только намёк на тот съезд и сложившуюся там ситуацию. Но будем помнить о том, что причиной такой реакции является непокорный дух. ... Само огорчение свидетельствует о том, что в сердце находятся семена бунта и непокорности (там же. стр. 188 – пункты 4, 5, 6).

Между 1888 и 1893 годами были сделаны и другие заявления с предупреждениями о том, что, если этот свет не будет принят, в результате настанет отступничество и принятие ложного света. Делегаты Конференции услышали следующую весть от Эллен Уайт:

Если вы не будете бдительными и не сохраните ваши одежды незапятнанными от влияния мира, сатана станет вашим руководителем. ... Многие отвергнут слова Божьи, а слова человеческие будут приняты за свет и истину. Человеческая мудрость уведёт в сторону от самоотречения, от посвящения, и придумает многое, что будет склонять к обесцениванию вестей Божьих. Мы находимся в опасности, если полагаемся на людей, не имеющих тесной связи с Богом. Они принимают мнения человеческие, и не способны различить голос Истинного Пастыря (там же. стр. 236.8, 237.2).

Менее чем через год после Конференции в Миннеаполисе были сказаны следующие слова:

> До тех пор, пока народ Божий в своём опыте не будет руководствоваться Божественной силой, ложные теории и идеи будут пленять умы, многие в своей жизни и далее будут пренебрегать Христом и Его праведностью, и их вера будет лишена жизненной силы («Ревью энд Геральд». 3 сентября 1889 г. пункт 17; Служители Евангелия. 1915 г. стр. 161.3).

Отвержение света, принесённого посланниками Господа в Миннеаполисе, приведёт к принятию ложного света от ложных посланников. Она заявила:

> Ложные идеи, получившие широкое развитие в Миннеаполисе, ещё не полностью искоренены из разума некоторых. Те, кто не прошёл через полное покаяние под воздействием света, посланного Богом Своему народу, начиная с тех дней, не будет иметь ясного видения, и будет готов называть посланные Богом вести заблуждением (Ежедневный Бюллетень Генеральной Конференции. Т.5. 1893 г. стр. 184.6).
>
> Что же будет дальше? Эти самые люди примут вести, не посланные Богом, и таким образом станут опасными для дела Божьего, устанавливая ложные стандарты (там же. «К братьям, занимающим ответственные должности». стр. 182.15).

Уроки из истории Израиля, «записанные в наставление нам»

Без сомнений весть 1888 года была небесной манной. Древний символизм может нас многому научить. Если Бог даёт нам пищу, то следует съесть её как можно скорее, потому что питательная пища портится быстрее, чем та, которая лишена ценности. Манну 1888 года опасно было «оставлять до утра», потому что она могла испортиться:

> И сказал Господь … Я одожду вам хлеб с неба; и пусть народ выходит и собирает ежедневно, сколько нужно на день, чтобы Мне испытать его, будет ли он поступать по закону Моему или нет. …
>
> И сказал им Моисей: никто не оставляй сего до утра. Но не послушали они Моисея, и оставили от сего некоторые до утра; и завелись черви, и оно воссмердело … (Исход 16:4, 19, 20).

Мы живём в очень важное для каждого человека время. Свет озаряет нас ясными сильными лучами. Если этот свет будет верно принят и оценён, он станет благословением для нас и для других. Но если мы доверимся своей собственной мудрости и силе, или мудрости и силе наших товарищей, *то мы превратим этот свет в отравленную пищу* (выделено нами – Р.В. и Д.Ш.) (Э. Уайт. Свидетельства для проповедников. стр. 385.1).

Уже в Миннеаполисе пророк увидел эту ужасную опасность, и поделился опасениями о возможности трагической неудачи для вести и самих вестников:

Те, кто не углубляется больше и больше в этих залежах истины, не увидят никакой красоты в драгоценных вестях, открытых на этой конференции. Когда воля человека предана упрямому противлению посланному свету, уже непросто уступить, даже под воздействием убедительных доказательств, данных на этой конференции (1888 года). ...

Если мы не идём по пути света, данного нам, то *он становится для нас тьмой*, и глубина этой тьмы пропорциональна величию того света и тех преимуществ, которыми мы не воспользовались (выделено нами – Р.В. и Д.Ш.) (Письмо 18а. 1888 г. пункты 31, 50; Олсон. стр. 279, 280).

Говоря о вести 1888 года и «Божьих вестниках», она заявила, что враг дела Божьего будет использовать неосвящённых проповедников и руководителей. Она предчувствовала реальность отчаянной духовной борьбы:

[95]

Неосвящённые служители ополчаются против Бога. ... Принимая Христа только на словах, они избирают Варавву, и своими действиями говорят: «Не Его, но Варавву» (От Иоанна 18:40). ... Сатана хвалится тем, на что он способен. ... Он говорит: «Я пойду и буду духом лжи, чтобы ввести в заблуждение всех, кого только смогу...» ... Как только церковь, получившая великий свет и великое свидетельство, примет сына обмана и ложного свидетеля, она отвергнет весть, посланную Господом, и примет самые нелепые утверждения, ложные предположения и сомнительные теории. ...

Многие встанут за наши кафедры, держа в руках факел ложного пророчества, зажжённый от адского сатанинского огня. Лелеять сомнения и неверие означает отдалить верных служителей от народа, считающего себя знающим многое (Э. Уайт. Свидетельства для проповедников. стр. 409 – пункты 2, 3).

Всего за несколько месяцев до сессии 1893 года было сделано следующее безошибочное заявление:

> Ранняя церковь была обманута врагом Бога и человека, и отступничество внедрилось в ряды тех, кто исповедовал любовь к Богу; и сегодня, если народ Божий не проснётся, то будет застигнут врасплох уловками сатаны. ... Дни, в которые мы живём, богаты событиями и полны опасности («Ревью энд Геральд». 22 ноября 1892 г. пункты 4, 5).
>
> Без просвещения Духом Божьим мы не сможем отличить истину от лжи и не устоим под воздействием тонких соблазнов и обмана, которые сатана внедрит в этом мире (там же. 29 ноября 1892 г. пункт 1).

Враг будет использовать всё своё мастерство, чтобы «всеми возможными средствами» внедрить заблуждение под видом истины для настоящего времени, чтобы мы «не смогли отличить правду от лжи». Делегатам сессии предстояло пересечь роковую невидимую линию в 1893 году. За несколько месяцев до начала этого съезда вестница Божья написала президенту Генеральной Конференции из Австралии, куда была сослана:

> Я хочу умолять наших братьев, которые соберутся на сессию Генеральной Конференции, внять вести, посланной лаодикийцам. Какое состояние слепоты постигло этих людей! Эта тема [весть 1888 года] вновь и вновь предлагается вашему вниманию, но ваша неудовлетворённость своим духовным состоянием недостаточно глубока и недостаточно болезненна для вас, чтобы вызвать изменение. ... Вина самообмана покоится на наших общинах. Религия многих – это просто ложь. ...
>
> Сердце моё глубоко опечалено, потому что я вижу, с какой готовностью критикуется слово или действие пастора Джоунса или пастора Ваггонера. ... Перестаньте смотреть на ваших братьев с подозрением. ... Среди многих служителей нет любви к Богу и к собратьям. Они спят, и пока они спят, сатана сеет свои плевелы (Письмо 19д (*Letter* 19d). 1892 г. пункты 27, 28, 30, 34).

Многие авторы сравнивали опыт древнего Израиля в Кадес-Варни с событиями эпохи 1888 года. Но никто ещё не признал, что сессия 1893 года является современной копией попытки израильтян после Кадес-Варни выступить и захватить «обетованную землю». Израиль тогда был охвачен ложным возбуждением и энтузиазмом поверхностного покаяния. В «*Бюллетене*» 1893 года ясно описано то, как в наше время повторилось то же самое.

[96] Халев и Иисус Навин принесли в Израиль следующее известие:

> Если Господь милостив к нам, то введёт нас в землю сию и даст нам её – эту землю, в которой течёт молоко и мёд. Только против Господа не восставайте, и не бойтесь народа земли сей. ... С нами Господь. ... И сказало всё общество: побить их камнями! (Числа 14:8–10; см. Свидетельства для церкви. Т.5. стр. 383).

Позже, когда стало очевидным, что люди действительно восстали, Господь был вынужден приказать им вернуться в пустыню: «Дабы вы познали, что значит отмена Моих планов» (Числа 14:34, альтернативный перевод). Но израильтяне решили, что их поверхностное исповедание («мы согрешили») и такое же поверхностное покаяние («народ сильно опечалился») обеспечили отмену Божьего решения, и что теперь они легко смогут победить своих врагов.

В своём энтузиазме они истолковали в отрыве от контекста прежнюю весть двух верных Богу соглядатаев: *Господь с нами, не бойтесь их*. Они полагали, что эти слова ещё сохраняли свою силу несмотря на то, что их поверхностное покаяние оставило их мятежные сердца в прежнем состоянии. Думая, что Господь всё ещё «с ними», они самонадеянно и без должного раскаяния пошли завоёвывать Ханаан, что по их представлениям и должно было стать их опытом «громкого клича» того времени.

Моисей постарался отговорить их, говоря, что данная весть Халева и Иисуса Навина уже не является истиной для настоящего времени. «Не ходите, ибо *нет среди вас Господа*», – воскликнул он (Числа 14:42).

Попытка евреев окончилась катастрофой. Господа и в самом деле не было с ними в их военной кампании по завоеванию Ханаана. Но Он не собирался их оставлять. Он решил проходить вместе с ними все их длительные и утомительные странствия по пустыне, пока всё это неверующее поколение не умерло. Таким образом, они вернулись назад.

Энтузиазм, царивший в конце сессии Генеральной Конференции 1893 года, вовсе не был «величайшей победой» вести о праведности Христа, как мы предполагали. Скорее это было искусственное воодушевление без подлинного раскаяния и сокрушения. Наша история свидетельствует о том, что это был провал, потому что громкий клич так и не начал распространяться после этого съезда.

Церковь Адвентистов Седьмого Дня и в самом деле является современным Израилем, и Господь был с нами. Он не оставляет нас, как не оставил Свой народ в Кадес-Варни. Но Он шёл с нами как столп облачный днём и столп огненный ночью все эти десятилетия нашего утомительного блуждания по пустыне, а вовсе не в походе по завоеванию «Ханаана», в силе «громкого клича». Этот опыт всё ещё остаётся опытом будущего из-за нашего неверия в прошлом. Бог был вынужден изменить Свои планы.

Рассмотрим записанные доказательства сказанного.

Проповеди А. Т. Джоунса

Двадцать четыре проповеди А. Т. Джоунса на тему «Вести третьего ангела» не содержат ни одного намёка на то, что этот проповедник был резким, любящим поспорить, склонным к осуждению, и обладал нехристианскими чертами характера. Стиль этих проповедей предельно прост, а сам его подход к обучению является воплощением братской любви. Он никогда не ставил себя выше других, не отделял себя от людей. Всегда он говорил о «наших» неудачах, «нашем» неверии, о «нашей» нужде в Господе, часто называя себя самым нуждающимся и беспомощным.

[97]

Читая его проповеди, мы не найдём никаких свидетельств в пользу обвинений наших историков в том, что он был «шумным», «давал основание для возмущения», «любил поспорить, ... любил всюду главенствовать», был «критиканом», вызывал «вражду» к своей личности, был самонадеянным и надменным, или же допускал «крайние заявления», либо «мистические высказывания». Авторы этих идей либо изобрели их сами, либо, в лучшем случае, исказили правду. Эти ложные обвинения свободно и официально публиковались, очерняя смиренного слугу, которого сам Господь назвал «Своим вестником».

Его проповеди 1893 года были опубликованы в *Бюллетене* по стенографическому отчёту, без заметного редактирования или вычеркиваний. Точная перепечатка, изданная Генеральной Конференцией, включающая избранные проповеди из упомянутых двадцати четырёх, в состоянии убедить сегодня многих из нас в том, что перед нами самое ясное, самое простое и самое сердечное изложение «вести третьего ангела в своей подлинной сути» из всех, что мы слышали за последние сто лет. Сила Святого Духа в них очевидна.

Говоря о Миннеаполисе, он проявлял смиренный дух. Он понимал необходимость говорить об этом прямо, но трудно себе представить, чтобы кто-то мог сделать это более тактично, с большей добротой и любовью, чем А. Т. Джоунс.

Секретарь Генеральной Конференции Дан Т. Джоунс писал о нём своему другу: «Его практические проповеди сказаны с любовью. Он глубоко понимает всё то, о чём говорит» (Письмо Дж. У. Ватту. 1 января 1889 г.). В 1890 году Эллен Уайт, комментируя события 1888 года, сказала, что ей нравится его смиренный дух: «Брат Джоунс говорил очень прямо, и всё же с любовью» (Письмо 19д (*Letter* 19d). 1892 г. пункты 27, 28, 30, 34).

Когда Эллен Уайт была сослана в Австралию, а Ваггонер – в Англию, Джоунс должен был устоять практически в одиночку:

> А теперь мы подошли ... к изучению той части, которая относится к вам и ко мне, как к отдельным личностям. ... Этот и следующий уроки для меня – самые ответственные из всех, которые мне приходилось проходить. Я не выбирал их специально и очень этого боюсь, но ... нам не принесёт никакой пользы ... поверхностное рассмотрение этих вещей ... закрывая на них глаза, не вникая в нашу ситуацию. ...
>
> Для начала я попрошу вас не относиться ко мне так, будто я нахожусь отдельно от вас, поставлен над вами и смотрю на вас сверху вниз, как будто я отделяю себя от того, что вы услышите. Я во всём этом един с вами и неотделим от вас, и я также нуждаюсь в подготовке к тому, чтобы принять посланное Богом, как любой другой человек в мире. Итак, я умоляю вас не отделять меня от себя в этом вопросе. И если вы увидите совершённые вами ошибки, то и мне предстоит также заметить свои ошибки. И, пожалуйста, не обвиняйте меня в том, что я осуждаю вас или выискиваю ваши недостатки. ... Всё, что я хочу, братья – просто взыскать Господа вместе с вами всем сердцем (Собрание отвечает: «Аминь») и убрать с пути всё, что мешает, чтобы Бог дал нам всё, что у Него есть для нас (А. Т. Джоунс. Ежедневный Бюллетень Генеральной Конференции. Т.5. 1893 г. стр. 164.2, 165.1).

[98] Проповеди его были ясными, без всякой примеси мистики и крайностей. Если они и могут показаться необычными в наши дни, то лишь потому, что мы так привыкли использовать свои тупые мечи, что обнажённый меч чистого Слова и Духа может показаться нам особенно острым.

Его заявления относительно дел были сбалансированными. Только после окончания этой сессии (9 апреля) Эллен Уайт посчитала необходимым предостеречь его от потенциальной опасности применять крайние выражения в вопросе веры и дел. (*После* же этого письма мы сразу же находим её самые восторженные одобрения его проповедей о вере и делах). Заметьте ясность и сбалансированность его высказываний в 1893 году:

> Я снова скажу, что во всех случаях тот, кто верит в Иисуса Христа наиболее полно, будет наиболее полно трудиться для Него.
> А теперь мы прочтём несколько слов, и это будет лучшим завершением нашего вечернего занятия. «Путь ко Христу», страница 79 [цитируется по оригинальному изданию 1892 года]: «Сердце, которое *наиболее полно* покоится во Христе будет *самым ревностным и активным в труде* для Него». Аминь. [Собрание: «Аминь».] ... Не стоит считать человека, говорящего о своём полном доверии Иисусу Христу бездельником, не желающим трудиться физически или духовно. Если он бездельничает в своей ежедневной жизни, значит он полагается вовсе не на Христа, а на своё «я». ... Это и есть вера, которая принесёт вам излитие позднего дождя (выделено в подлинном тексте) (А. Т. Джоунс. Ежедневный Бюллетень Генеральной Конференции. Т.5. 1893 г. стр. 302 – пункты 5, 6).

Он также ясно представлял и взаимосвязь закона с евангелием. А это означает, что он понимал, что такое истинное покаяние, в отличие от современных общепринятых фатальных взглядов. Трагическая ошибка кроется в предположении о том, что поверхностное исповедание автоматически изглаживает все наши грехи, а обличения Святого Духа в более глубоком грехе – от дьявола, и поэтому должны отвергаться. Заметьте, как ясно звучит истина:

> Когда вам указывают на грех, скажите: «Я выбираю Христа, а не этот грех». И пусть этот грех исчезнет. [Собрание: «Аминь».] ... В таком случае ... откуда же возьмётся возможность для кого-то из нас разочаровываться от своих грехов? Но некоторые из находящихся здесь братьев так и поступили. Они пришли сюда, не чувствуя угрызений совести. Но Дух Божий показал им то, что они до сих пор никогда не видели. Дух Божий проник глубже, чем когда-либо до этого, и открыл им то, чего они раньше не знали. Но затем, вместо того, чтобы избавиться от всего греховного и благодарить Господа за то, что они узнали Его лучше, чем когда-либо ранее, они стали разочаровываться. ... И наши встречи не принесли им никакой пользы.
> Если Господь показал нам грехи, о которых мы ранее и представления не имели, то это доказывает лишь то, что Он собирается проникнуть в самые глубины, и добраться, наконец, до самого дна, и только тогда, когда Он обнаружит последнее, что есть нечистого в нас, что не гармонирует с Его волей, и выведет это на свет, покажет это нам, а мы скажем: «Я выбираю Госпо-

да, а не этот грех» – тогда работа будет завершена, и на данном характере можно будет поставить печать живого Бога. ...

Что же вы предпочтёте: полноту и совершенство Иисуса Христа, или нечто меньшее, с сокрытыми от вас грехами, о которых вы никогда не знали? ... Итак, Он должен проникнуть в такие глубины, о которых мы даже не думали, потому что мы не в состоянии понять свои сердца. ... Пусть Он делает это, братья; разрешим Ему продолжить начатое (там же. стр. 404).

[99] Заметьте ясное понимание проповедующего о том, что сатана управляет плотским умом до тех пор, пока наше «я» не будет ежедневно распинаться со Христом. «Соблазн креста» тоже присутствовал на этих собраниях (см. Римлянам 9:33; Галатам 5:11). Одной краткой иллюстрации из его кратких примеров будет достаточно, чтобы убедиться в проповеди истинной вести на этой конференции, призыва к единству со Христом через распятие нашего «я» вместе с Ним на кресте:

> Здесь говорится, что все эти вещи есть в нашей среде: стремление продвинуться по службе, ревность к должности и зависть к статусу – эти вещи среди нас. Теперь настало время избавиться от них, ... время для каждого решить, насколько низко мы можем опуститься к ногам Христа, а не насколько высоко подняться на этой конференции, или в глазах людей, или на комитете этой конференции, или комитете Генеральной конференции. ... Чего бы это вам ни стоило, эти вещи нельзя совместить, ибо они не совместимы (А. Т. Джоунс. Ежедневный Бюллетень Генеральной Конференции. Т.5. 1893 г. стр. 166 – пункты 2, 4).

Вместе с этим торжественным призывом к покаянию были неоднократные заверения о глубокой и постоянной радости в Господе. Наряду с отсутствием всяких крайностей в эмоциональном плане, слёзы покаяния всё-таки имели место. Глубокая и подлинная работа Святого Духа на сессии 1893 года проявилась в проповедях А. Т. Джоунса.

Пожалуй, за прошедшие сто лет не было более прекрасной вести, представленной на сессии Генеральной Конференции, столь глубоко пропитанной Святым Духом, под покровом огненного и облачного столпов, которая бы так манила к эсхатологическому завершению Божьего дела.

Однако ближе к концу этой сессии фанатизм всё же проник в это собрание, но этому посодействовал не А. Т. Джоунс, а другой человек.

ГЛАВА ДЕВЯТАЯ

ЛОЖНАЯ ПРАВЕДНОСТЬ ПО ВЕРЕ: СЕМЕНА ОТСТУПНИЧЕСТВА ПОСЕЯНЫ

(Сессия Генеральной Конференции 1893 года, часть II)

Отвержение света 1888 года открыло путь ложным идеям, которые пришли под видом праведности по вере. Когда мы отворачиваемся от истины, ничто не может защитить нас от принятия лжи.

Прежде чем представить доказательства этих неверных взглядов, Джоунс напомнил собравшимся на сессии 1893 года об отвержении света в Миннеаполисе и в последующие четыре года. Далее он показал, как разум, полагающийся на своё «я», становится разумом сатаны. Он проследил развитие этого явления, начиная от язычества и заканчивая искусными заблуждениями католицизма. Существует два типа оправдания через веру: истинное и поддельное:

> Мы обнаружили ... что, когда в мир пришло христианство, этот же плотский ум придумал ему подделку, и облёкся в неё. Этот же плотский ум облёкся в некую форму христианства, и назвал это оправданием через веру, хотя это было оправданием делами. Это и есть папство, или тайна беззакония (А. Т. Джоунс. Ежедневный Бюллетень Генеральной Конференции. Т.5. 1893 г. стр. 342.1).

Затем он проследил развитие этого же эгоистичного ума в современном спиритизме, показывая, как это заблуждение превозносит своё же себялюбие. Кажется, Джоунс понимал даже зачатки понятия спиритизма как ложного Святого Духа, когда эта идея только развивалась, достигнув зрелости лишь в наше «харизматическое» время:

> Чем ближе мы подходим ко второму пришествию Спасителя, тем более полно спиритизм будет прикрываться Христом. ... Сатана сам ... приходит как Христос; его принимают, как Христа. Поэтому народ Божий должен настолько хорошо знать Спасителя, чтобы ни одно ложное исповедание имени Христа не было принято в отсутствие подлинной, истинной сути (там же. стр. 342.5).

Только если наш плотский разум будет распят со Христом, давая возможность пребыванию в нас уму Христову, церковь остатка сможет распознать этот чудовищный, но тонкий обман:

> И хотя эти люди цитируют слова Христа, всё это подделка. Вы знаете, что, [как написано в «*Великой борьбе*»], сам сатана придёт со словами милости, которые произносил Спаситель, и повторит даже интонацию голоса Иисуса, обращаясь к тем, кто не имеет «ума Христова». Братья, нет нам спасения, нет безопасности, нет исцеления ни для кого из нас, если мы не имеем ума Христова (там же. стр. 343.18).

[101] Распятие своего «я» «со Христом» ни в коей мере не умаляет подлинное самоуважение, а наоборот, развивает его в единении со Христом. В 1893 году некое заблуждение о праведности по вере уже стало явным вследствие отвержения «в *значительной* мере» истинного учения (см. Э. Уайт. Избранные вести. Т.1. стр. 234.6). Проявился принцип: «Те, кто в какой-либо мере были ослеплены врагом … будут склонны принять заблуждение» (Письмо 1ф (*Letter* 1f). 1890 г. пункт 20). Джоунс разоблачил эту ложь:

> Некоторые из братьев после съезда в Миннеаполисе, как я сам слышал, соглашаются с чисто языческими проповедями и заявлениями, и искренне считают эти идеи праведностью Христовой. Некоторые же из тех, кто тогда ещё открыто выступал и голосовал против этого поднятием руки,[1] … впоследствии, как я лично слышал, говорили «аминь», соглашаясь с идеями настолько католическими, что о них может смело говорить сама папская церковь. Об этом я ещё буду говорить на одном из этих занятий, и мы обратим внимание на утверждения католической церкви и её учение об оправдании через веру. … Кто-то скажет: «Я полагал, что они верят в оправдание делами». Да, это правда, именно в это они и верят; но представляют это под маской оправдания через веру. И они не единственные во всём мире, кто так поступает (А. Т. Джоунс. Ежедневный Бюллетень Генеральной Конференции. Т.5. 1893 г. стр. 244.1).
>
> У меня с собой книга «Католическая вера». …
>
> Я взял её для того, чтобы вы могли сравнить и сопоставить истину об оправдании через веру с её подделкой. Я сначала прочту, что написано здесь, а затем … отрывок из книги «*Путь*

---

[1]Смотри в 14-й главе этой книги свидетельства, приведённые Джоунсом и Ваггонером, о голосовании, проведённом на Генеральной Конференции 1888 года против вести.

ко Христу». ... Я хочу чтобы вы увидели, в чём заключается учение римско-католической церкви об оправдании через веру, потому что мне приходилось сталкиваться с ним в среде Адвентистов Седьмого Дня за эти последние четыре года. ... Эти ... самые выражения, приведённые в данной католической книге, дают определение оправданию верой, и объясняют, как его получить. И именно эти формулировки те, кто называет себя Адвентистами Седьмого Дня, применяли для объяснения своего понимания оправдания верой. ...

Таково оправдание через веру. А то, другое есть оправдание делами. Первое от Христа, второе – от дьявола. Первое – учение Христа об оправдании через веру, второе – учение дьявола об оправдании через веру (там же. стр. 261.10, 262.5).

Джоунс видел, что сутью католицизма является поклонение самому себе, какую бы форму это ни принимало. Любое обманчивое учение об оправдании через веру, даже проповедуемое теми, кто называет себя Адвентистами Седьмого Дня, которое превозносит греховный ум нашего «я», является в действительности ветвью, растущей от корня католицизма и спиритизма:

Это есть праведность по вере; это есть вера, которая действует (хвала Господу), а не вера, которая верит во что-то далекое, удерживает истину Божью во внешнем дворе, а затем старается своими усилиями компенсировать эту нужду. Нет. Но, та вера..., которая сама действует; именно эта вера имеет в себе божественную силу. ...[2]

Этого достаточно, чтобы показать, что папское учение об оправдании через веру является доктриной сатаны: и суть её состоит в том, что плотский ум полагается на себя, действует своими силами, превозносит себя самого, а затем покрывает всё это исповеданием веры ... не имея силы Божьей (там же. стр. 265 – пункты 12, 15).

Была также раскрыта ещё одна, более утончённая подделка. Книга «*Секрет счастливой христианской жизни*» автора Ханны Уайтолл Смит была в то время очень популярным изданием. Она была издана в 1888 году. В книге представлена концепция о праведности по вере, фактически не упоминающая о кресте и потому

---

[2] Это является доказательством того, что его теология взаимоотношения веры и дел была правильной. Он никогда не высказывал ни единой мысли против дел. По крайней мере, об этом свидетельствуют напечатанные записи его проповедей.

не имеющая силы, не упоминающая даже о раскаянии и исповедании, не открывающая никакого чёткого понимания ни об искуплении, совершённом на кресте, ни о личном и «близком» Спасителе, каким его и представляет весть 1888 года. Праведность по вере, о которой говорит автор – это философия, состоящая из «идей, пронизывающих все богословские системы, ... [и] подходит для всякого вероучения. ... Именно о такой абсолютной религии и говорится в моей книге» (предисловие к изданию 1888 года).

Автор данной книги, будучи квакером, утверждает, что она зажгла свой светильник от пламени учения Фенелона, римского католического мистика, служившего при дворе Людовика XIV во Франции, посвятившего всю свою жизнь обращению протестантов в католичество.³ То безжизненное понятие, которое Анна Смит считает верой, она называет «доверием Христу». Сразу же после так называемого «подчинения» душа якобы должна считать себя «спасённой», а всякое убеждение, посланное истинным Святым Духом, указывающее на обратное, должно немедленно отвергаться путём многократного повторения психологической формулы: «всё хорошо».

Некоторые из членов нашей церкви читали книгу Ханны Смит и сделали ошибочный вывод о том, что в ней содержится суть вести 1888 года. Они утверждали, что Джоунс и Ваггонер были вдохновлены этой книгой. Но Джоунс понимал эту роковую опасность и заявил об этом прямо:

> Я уже увидел, как это действует в обратном направлении. Вот книга, которой столько людей придаёт такое огромное значение, «*Секрет счастливой христианской жизни*». ... Я бы хотел, чтобы каждый из вас понял, что христианин может найти гораздо больше секретов счастливой жизни в Библии, чем в десяти тысячах таких книг...
>
> Однажды я слышал, как говорят, что ... я был просвещён этой книгой. Вот Книга, в которой я обнаружил секрет счастливой жизни для христианина [держит в руке Библию], и других не существует. И она со мной ещё с тех пор, как я не просто не

---

³Смотри в Британской энциклопедии, 1968 г. Т.9, стр. 169, 170; «*Секрет счастливой христианской жизни*», стр. 80, 81, 87. Многие из наших современных популярных взглядов на праведность по вере в своей основе имеют концепцию Смит, а её книга часто рекомендуется нашей молодёжи как полезная и убедительная. Книга публикуется по сегодняшний день и по сути является подделкой книги «Путь ко Христу» и вести 1888 года.

видел другой книги, но даже не знал о её существовании (там же. стр. 358.7, 359.1).

Проповеди У. У. Прескотта

Прескотт прочитал серию проповедей по теме «Обетования о Святом Духе». Он признал, что в Миннеаполисе была совершена серьёзная ошибка четырьмя годами ранее. Он присутствовал на этом съезде, разделяя предубеждения в пользу Смита и Батлера, и был против А. Т. Джоунса и его вести. После сессии в Миннеаполисе он даже пытался запретить выступления Джоунса в церкви Батл-Крика. Позже в присутствии многих братьев он признал свою неверную позицию.[4] Однако в своих длинных проповедях на сессии 1893 года он ни разу не упомянул, что в своё время находился в оппозиции, и не говорил о необходимости признания этого факта.

В то время, как Джоунс говорил о том, что *«мы* отвергли» (см. там же. стр. 165.1, 183.9), выражая тем самым идею коллективной вины, хотя он сам был одним из отвергнутых вестников, Прескотт, тем не менее, вёл себя так, будто он всегда занимал верную сторону. Честное и смиренное признание с его стороны совершило бы чудеса, открывая путь Духу Божьему для влияния на делегатов сессии 1893 года, но он этого так не сделал.

Вместо этого он представил себя человеком, разделившим с Джоунсом его особую божественную миссию. Возможно, Джоунс и сам, по наивности, пригласил его для оказания помощи, поскольку он, несомненно, испытывал одиночество, отстаивая весть 1888 года без Эллен Уайт и Эллета Ваггонера, которые на то время уже были сосланы за океан.

[103]

---

[4] Смотри «Уильям Уоррен Прескотт – Педагог Адвентистов Седьмого Дня» (*William Warren Prescott: Seventh day Adventist Educator*) – Докторская диссертация Джильберта Меррей Валентайна. Университет Эндрюс. 1982 г. стр. 81, 82, 143: «По-видимому, его естественной реакцией было оставаться нейтральным к теологической дискуссии 1888 года, хотя он чувствовал сильное стремление присоединиться к стороне, представляемой Урией Смитом и Дж. И. Батлером, к которым он испытывал чувство преданности и долга. Оставаясь предубеждённым по отношению к Джоунсу, он с недоверием относился к задорному и несколько неуклюжему стилю Джоунса ... он принимал участие в том, чтобы полностью лишить А. Т. Джоунса возможности проповедовать в храме Батл-Крика и ограничить тематику его лекций в колледже, чтобы она не выходила за рамки того, что прежде проповедовалось официально в пределах деноминации».

Проповеди Прескотта предшествовали выступлениям Джоунса каждый вечер. Во время выступления Джоунса Прескотт был достаточно дерзок, чтобы прерывать Джоунса, вставлять свои идеи и цитаты, или даже целые наставления для аудитории. В гораздо менее мягкой и убедительной манере, чем Джоунс, он строго требовал от братьев, чтобы они встали на правильный путь.

К сожалению, мы вынуждены признать некоторую властность в его манере выступлений и нетерпимость в его словах. С таким коварным отличием в характере вряд ли можно было помочь там, где нужно было перевязывать и залечивать раны. Дух его выступлений резко контрастировал с духом Джоунса, чьё сознание коллективного покаяния[5] позволило ему разделить вину отвергающих весть. В проповедях Прескотта нет и намёка на подобное смирение. Обратите внимание, как в них проявляется дух иерархии, чуждый духу послания 1888 года:

> Сейчас у меня появилась торжественная мысль о том, что [Бог] не будет терпеть слишком долго ни вас, ни меня. Я хочу, чтобы вы это ясно увидели. ... Повторяю, я крайне обеспокоен этой ситуацией. ... Я ничего никому не навязываю, но что-то должно совершиться, что-то другое должно здесь произойти, отличное от того, что до сих пор происходило, и это бесспорно. ...
> Вот почему мы [!] настоятельно советуем вам принять эту праведность, чтобы Дух посетил нас. Разве вы не видите это? (У. У. Прескотт. Ежедневный Бюллетень Генеральной Конференции. Т.5. 1893 г. стр. 386.1–2, 387.6).

Сам факт, что Прескотт представил себя в качестве особого соратника Джоунса, естественно, должен был смутить умы делегатов и всех собравшихся. Это могло натолкнуть их на мысль, что дух возрождающего движения 1888 года *был подобен этому духу*, в котором проповедовал Прескотт. Но это было не так:

> Более всего моя душа стремится сейчас к тому, чтобы все дела, которые мы совершаем, были крещены Духом. ... Мы должны иметь такой духовный опыт, о котором сказано: «Если же правый глаз твой соблазняет тебя, вырви его и брось от себя...».

---

[5] Отметим, что Ваггонер с самого начала, с момента, когда его стал интересовать вопрос о праведности через веру, ясно понимал корпоративную вину и покаяние. Смотри письмо к М. К. Уилкоксу (16 мая 1916 г.) где он ссылается на свой духовный опыт 1882 года.

Всякий, кто хочет пережить это, должен быть готов отдать Богу всё, даже свою жизнь. [Тихое бормотание голосов: «Аминь».] И не следует забывать, что легче произнести «аминь», чем *сделать* то, что говорит Бог.

... В чём же в таком случае наш долг сегодня? В том, чтобы *идти в мир, неся ГРОМКИЙ клич этой вести людям*. ...

Господь долго ждал, чтобы даровать нам Своего Духа. Он и сейчас с нетерпением ждёт, чтобы послать нам Его. ...

Началась более великая работа, чем во дни Пятидесятницы, и здесь присутствуют те, кому дано её увидеть. Именно здесь и именно сейчас мы должны подготовиться к этой работе (выделено в оригинальном тексте) (У. У. Прескотт. там же. стр. 38.6, 38.10, 39.6, 39.7).

Прескотт не понимал того величественного мотива вести 1888 года – что подлинная вера нового завета сама «действует любовью» (Галатам 5:6). Влияние его проповедей в 1893 году возвращает к эгоцентричной мотивации дел, – «мы *должны* сделать то или это». Он в неистовом духе обрушивал свои тирады на собрание, призывая что-то делать, быть активным, трудиться (мы слышали это уже много раз на протяжении более ста лет). В противоположность ему Джоунс обращался к аудитории с призывом *уверовать* в евангелие; уверяя, что истинная вера сама совершит всю работу и завершит Божье поручение.

В проповедях Джоунса вы не найдёте ни резких, ни суровых слов. Но проповеди Прескотта производят другое впечатление:

Я утверждаю, что если когда-либо и была группа людей нуждающихся, то это те, которые здесь собрались. ...

Сейчас я абсолютно уверен, что выражаюсь крайне простым и понятным языком. ... Если мы не сделаем это предметом честной и искренней молитвы, то я бы сказал, что это будет означать смерть и для вас, и для меня. ...

Это бесполезно – так продолжать дальше, и я очень серьёзно советую сейчас всякому, кто не может идти вперёд, облекшись силой свыше, чтобы нести этот свет с небес, и исполнять работу, порученную сегодня Богом: «*Оставайтесь дома*». ...

Я знаю, что эти слова очень суровы. Но говорю вам, братья, что-то должно прийти к нам, что-то должно завладеть нами. ...

Вопрос в том, что же мы должны для этого сейчас сделать? Что вам и мне следует для этого сделать прямо здесь, на этой сессии? ... Я повторю снова: что мы собираемся для этого сделать? (выделено в оригинальном тексте) (У. У. Прескотт. там же. стр. 66.11, 67 – пункты 1, 2, 4).

[104]

> Слуги Божьи, слушающие эту весть, выйдут отсюда с лицами, просветлёнными святой радостью и небесным посвящением. Я хочу видеть такими лица выходящих отсюда братьев. Я хочу видеть их озарённые лица такими же, как лицо Стефана, когда он стоял перед Синедрионом (У. У. Прескотт. там же. стр. 389.4).
>
> А теперь я со всей откровенностью должен сказать, что нам также следовало бы принять решение здесь и сейчас, прежде чем мы сделаем следующий шаг, чтобы встретить смерть и победить её. ... Если мы не встанем и не заявим прямо здесь и сейчас, что готовы пожертвовать друзьями и домами, и что отделить нас от любви к Богу, которая во Христе Иисусе, Господе нашем, уже не может ничто, нам просто лучше сдаться прямо сейчас (У. У. Прескотт. там же. стр. 241.4).

Это печальное перечисление крайних высказываний показывает нам, как властный, фанатичный, повелительный дух, чуждый вести 1888 года, стал проникать и распространяться. Слово «мы», использованное Прескоттом, производило ложное впечатление.

Позже Прескотт смиренно покаялся в фанатизме, который проявился в конце этой конференции, после чего в 1895 году он писал отрадные вести в Австралию. Но его проповеди 1893 года внесли смятение, и воспрепятствовали всякой возможности для смиренного принятия вести. Такие оппоненты, как Смит и Батлер, естественно, не упустили возможности приводить эти фанатичные высказывания в качестве доказательств действия духа под названием: «я же вам говорил». (Даже сегодня фанатики и самозваные реформисты служат причиной предвзятого отношения многих искренне верующих членов церкви к вести 1888 года. Где бы ни совершалась работа Божья, враг стремится внедрить туда фанатиков и самозваных пророков, чтобы вызвать путаницу и смятение). За три дня до начала работы этой сессии Эллен Уайт предупреждала на страницах «*Ревью энд Геральд*»:

> Теперь сатана пытается применить весь свой обман и хитрость. ... Когда враг видит, что Бог благословляет и готовит Свой народ к тому, чтобы уметь распознавать его обман, он применяет всю свою изобретательность, чтобы увлечь людей, с одной стороны, фанатизмом, а с другой – холодным формализмом. ... Бодрствуйте непрестанно ... Ибо первую свою тактику сатана уже может внедрять в нашей среде. ...
>
> Существуют опасности и справа, и слева, которые нужно распознать. ... Некоторые не смогут правильно применить учение

об оправдании ... [и поведут] неверным путём (Э. Уайт. «Ревью энд Геральд». 24 января 1893 г. пункты 4, 5, 13; Христианское служение. стр. 40.1; Избранные вести. Т.2. 1896 г. стр. 19.4, 20.1–3).

В своих проповедях о Святом Духе Прескотт представлял чуждое учение, лишённое принципа креста, без ясного представления о покаянии, и к тому же в смущающей, и даже противоречивой манере. Внешне его неистовство было похоже на честность и искренность. И в это же время он поддерживал те проекты, которые отвергались Духом Пророчества, хотя он без сомнения и не осознавал такого явного противоречия.[6]

Таким же образом он был в неведении стносительно несоответствия между его учением о принятии Святого Духа и истиной. Для иллюстрации этого несоответствия мы приведём несколько примеров. К счастью, «Бюллетень» 1893 года был повторно издан, так что заинтересованные читатели смогут прочесть содержащиеся в нём свидетельства:

> Что же мы должны сделать? ... Мы должны в смирении души и глубоком раскаянии начать исповедовать свою греховность перед Богом, «быть ревностными и покаяться». Сегодня вечером я могу говорить только об этом. Только об этом. ...

Эти слова звучат прекрасно, и, как говорится, «попадают прямо в цель». Но если мы продолжим читать, то увидим проблему:

> Предположим, мы скажем, что мы не видим вообще ничего, в чём нужно было бы исповедаться. Но это нисколько не меняет дело. Когда Бог посылает нам Своё слово, которое говорит, что мы грешны, мы должны согласиться с Ним, независимо от того, видим ли мы свои грехи или нет. Таким должен быть наш опыт (У. У. Прескотт. Ежедневный Бюллетень Генеральной Конференции. Т.5. 1893 г. стр. 65.9–10).

В Писании нигде не говорится, что Бог желает услышать от нас поверхностное исповедание, когда сердце не чувствует своей греховности. Это уже ближе к исламу, чем к истинному христианству. «Уста могут говорить о бедности души, но сердце при этом может не осознавать этого» (Наглядные уроки Христа. стр. 159.1).

---

[6]Сравните Ежедневный Бюллетень Генеральной Конференции 1893 г. стр. 279, 459; Принципы христианского воспитания (*Fundamentals of Christian Education* – FE) стр. 220–230.

Джоунс понимал опасность таких призывов. Позже он писал, как бы пытаясь ответить Прескотту:

> Если Господь избавит нас от грехов так, чтобы мы об этом не знали, то принесёт ли нам это пользу? Мы уподобились бы тогда машинам. Он не намерен этого делать. Следовательно, Он желает, чтобы вы и я знали о прощении своих грехов, чтобы также знать, когда приходит Его праведность. …
>
> Мы всегда являемся разумными орудиями. … Господь использует нас по нашему собственному живому выбору (А. Т. Джоунс. Ежедневный Бюллетень Генеральной Конференции. Т.5. 1893 г. стр. 404.5, 405.1).

Попытка выйти из безвыходного положения

Прескотт открыто не выражал свою оппозицию Джоунсу. Очевидно, что он и не намеревался этого делать сознательно. Но преодолел ли он на самом деле своё первоначальное неприятие вести Джоунса? Сохранившиеся записи его длинных проповедей не дают оснований для такого вывода.

[106] Без сомнений «соблазн креста» продолжал быть для многих «камнем преткновения». Во многих сердцах Дух Божий пробуждал сознание греховности. Но Прескотт старался найти такой способ восприятия Святого Духа, который устраивал бы людей, потерявших покой, но при этом позволил бы им избежать болезненного обличения в грехе.

Люди очень хорошо сознавали, что ответственность за отвержение начала позднего дождя нависла над этой конференцией подобно туче. Результатом проповеди Прескотта стала неразбериха, засорение духовного эфира лишними волнами, что расстроило даже Джоунса.

Прескотт, безусловно, был против греха, но, по-видимому, не имел ясного представления о корне этого греха, беспокоившего всё это собрание. Истина для настоящего времени, принятие позднего дождя и провозглашение громкого клича лежали тяжким бременем на его сердце; но что делать с виной, которая вот уже четыре года нависает над ними? Ответ на этот вопрос, по всей видимости, ускользал от его понимания.

Его растерянность, возможно, частично можно объяснить тем, что он понимал истинное положение дел, но боялся заявить об этом открыто, в присутствии предубеждённо настроенных руководителей церкви. Даже пророк Иеремия был бы «озадачен», если бы позволил руководителям Иудеи запугать его (Иеремия

1:17, KJV). Когда выступающий считает, что должен подходить к делу осторожно, и, поэтому, как говорится, «ходит вокруг да около», то это неизбежно приведёт к путанице.

Наконец, за десять дней до закрытия сессии Прескотт принялся за разработку новых методов принятия Святого Духа, которые походили на идеи, изложенные в книге «*Секрет счастливой христианской жизни*». Согласно его мнению, всё, что необходимо – это просто «акт веры», состоящий в признании того, что вы *уже обладаете* даром окончательного излития Святого Духа. При этом вопрос о покаянии в грехе 1888 года оставался в стороне. Во всём этом чувствовалось отчаяние:

> Я хочу заявить, что начинаю чувствовать серьёзное беспокойство по поводу нашей работы. ... Почти четыре недели ... мы рассматривали вопрос о том, что мешает нам принять излитие Духа Божьего. ... Я чувствую, что это не прошло даром, что работа эта продвигается теперь лучше. Я хочу сказать о себе лично, что я не буду удовлетворён, если эта сессия пройдёт без большего излития Духа Божьего, чем это было до сих пор. ...
>
> Я крайне обеспокоен сложившейся ситуацией, поскольку время уходит, и дни летят один за другим. ...
>
> Нечто другое, отличное от того, что уже было на этой сессии, должно произойти, это бесспорно. ...
>
> До закрытия Конференции осталось всего десять дней (У. У. Прескотт. Ежедневный Бюллетень Генеральной Конференции. Т.5. 1893 г. стр. 385.4, 386.1–2, 389.5).

Далее начинается путанная, неясная аргументация, приводящая аудиторию к выводу о том, что они могут получить дар позднего дождя Святого Духа, просто *предполагая* и *утверждая*, что они уже имеют его. Мы якобы не должны *чувствовать*, что обладаем силой Святого Духа, а должны просто *знать*, что имеем её. Такой подход не включает ни подлинного самопознания, ни осознания глубины нашего греха, считая эти вещи опасными и приводящими нас к разочарованию:

> Я вижу, как многие из собравшихся время от времени обращаются к Господу с просьбой показать им самих себя такими, какими Он их видит; и я полагаю, что это одна из тех молитв, на которые Господь считает нужным не отвечать. И я не думаю, что мы должны просить Его об этом. Теперь вы видите, каков вероятный эффект от того, что Он покажет нам самих себя. Мы тут же начнём спрашивать, любит ли нас Господь, и сомневаться в его способности спасти нас. ... Я и представления не имел о своём характере.

[107]

> Возможно, Господь ещё не открыл нам нас самих, как Он видит нас. Я не думаю, что мы имеем хоть малейшее представление о том, как мы выглядим в Божьих глазах (У. У. Прескотт. там же. стр. 445 – пункты 6, 7).

Так было проигнорировано истинное предназначение закона, и собравшиеся были введены в замешательство. Частые призывы Эллен Уайт искренне взглянуть в глубину своего сердца были оставлены без внимания.

Выступающий перефразировал либо повторил некоторые из высказанных Джоунсом идей, но слегка исказил их, чтобы подтвердить свой тезис о том, что наш Утешитель, вместо того, чтобы *давать нам* исцеляющее осознание греховности, *избавляет от него*. Необходимо было каким-то образом развеять эти тучи, нависшие над Конференцией. Согласно его взгляду мы должны допустить, что без какой-либо нужды в покаянии Бог прощает грех, причинивший проблемы. Мы якобы должны просто *заявить*, что все наши грехи удалены. Эти идеи позаимствованы у Ханны Уайтолл Смит:

> Повторяйте то, что Он говорит. В этом случае вы не ошибетесь. И если вы этого не понимаете и не видите в этих словах света, всё равно повторяйте то, что Он говорит (У. У. Прескотт. там же. стр. 447.3).

Пожалуй, лучший способ описать такую точку зрения – это процитировать следующие его высказывания:

> Теперь [Дух] убеждает нас в праведности Бога во Христе, то есть в праведности Христа. И Он говорит нам, как удивительно хорошо жить в праведности, и что мы можем иметь её. А на основании этого Он убеждает нас в том, что мы уже имеем её, если мы следуем за Ним. ...
>
> Цель здесь состоит не в том, чтобы сказать вам, что вы грешник, а затем убедить в том, что вы обречены. Нет, задача Духа – убедить нас в том, что осуждение *уже снято* (выделено в оригинальном тексте) (У. У. Прескотт. там же. стр. 448.2, 449.1).

Прескотт не понимал необходимости личного освобождения от вины, а думал о том, как удалить эти тучи, нависшие над конференцией из-за отвержения позднего дождя. Он желал просто наложить на эту глубокую рану лёгкую повязку, и дать немного аспирина.

Его теория могла только смутить. Его труба не издавала определённого звука, и грех Миннеаполиса так и не был признан и исповедан. Чувство вины восприняли за сатанинское наваждение и решительно развеяли.

Так исполнилось предсказание 1890 года о том, что верхушки будут срезаны, но корни останутся нетронутыми (Свидетельства для проповедников. стр. 467.1). При появлении любого истинного осознания о том, что корни остались на месте, данное озарение необходимо было назвать работой дьявола.

Такими и будут естественные и логические результаты учения о том, что: (1) достаточно поверхностного общего признания неосознанного греха, не вспоминая о конкретных делах; (2) не следует молиться об истинном самопознании; (3) истинная работа Святого Духа не в том, чтобы обличить в греховности, а в том, чтобы избавить от всякого осознания греха, что противоречит учению Христа (От Иоанна 16:8, 9).

[108]

Четвёртый пункт вытекает отсюда логически: (4) любое сомнение в том, что на вас снизошёл Святой Дух *в силе позднего дождя*, означает неверие в Бога. Поэтому вы должны признать, что получили Его. Эта идея стала распространяться:

> Мне нужно чувствовать в своей жизни, что Спаситель всегда со мной точно так же, как Он был со Своими учениками. ... Я не хочу думать, что Он находится где-то там; я хочу верить, что Он всё время рядом. ... Я не просто *желаю* Его, а уже *имею* Его (выделено в оригинальном тексте) (У. У. Прескотт. там же. стр. 385 – пункты 3, 4).

Позже Джоунс разоблачал такого рода заявления:

> Итак, допустим, человек заявляет, что он верит в Иисуса и утверждает, что у него есть праведность Божья, которая даруется верующим в Него. Достаточно ли этого заявления ... ? [Голоса собравшихся: «Нет!»] ... Но как же узнать об этом? Если человек говорит: *«Я это сердцем чувствую, я чувствую* это вот уже несколько лет», то это ещё ничего не значит, потому что «сердце лукаво и крайне испорчено» (выделено в оригинальном тексте) (А. Т. Джоунс. там же. стр. 414.2).

Однако Прескотт настаивал на том принципе, который он проповедовал:

> Я хочу понять только одно: что же препятствует ему [позднему дождю] сегодня? Что должны мы получить в итоге? Пра-

ведность Христа ... Я думал об этом и скажу так: если бы мы просто перестали задаваться всякими вопросами друг о друге, ... и с детской простотой сели рядом друг с другом ... тогда бы мы смогли принять его. ...

Братья, что мешает нам принять его [поздний дождь] сегодня именно так? Ничего. Так вознесём же хвалу Господу и скажем: «*У меня уже есть этот дар* [дар позднего дождя]» (выделено в оригинальном тексте) (У. У. Прескотт. там же. стр. 388.8, 389.1).

Так и родилось широко принятое учение, которое проповедовали несколько поколений, начиная с 1893 года: мы принимаем излитие позднего дождя, просто признавая и провозглашая, что мы уже имеем его, без всякого признания и покаяния в его отвержении. *Но поздний дождь таким методом до сих пор не принят.*

Джоунс в замешательстве

Джоунс чувствовал состояние апатии, парализовавшее людей, но не знал, что делать. Он остался практически один, не считая своего самозваного коллеги, деятельность которого только создавала путаницу и возможно даже негодование. Он выразил свои опасения следующим образом:

[109] Братья, наше положение здесь, на Конференции, весьма ответственно. Ситуация просто роковая. Я уже говорил как-то об этом, но сегодня вечером я понимаю это больше, чем тогда. Я ничего не могу с этим поделать, братья. ... Ни одна душа здесь и представить себе не может последствий того, что происходит здесь день за днём (А. Т. Джоунс. там же. стр. 346.2).

Во время двух-трёх последних проповедей Джоунс стал беспокойным, цитируя Прескотта. Усталый и сбитый с толку, он повторял смущающие мысли Прескотта и, по-видимому, поддерживал его.

Они оба не поняли основной принцип: дар позднего дождя должен быть отнят, а современный Израиль должен повернуть назад, чтобы странствовать по пустыне «ещё многие годы» (Евангелизм. стр. 696). Они оба полагали, что ничто не мешало закончить работу Божью уже в том поколении. Поэтому они и считали, что работа эта должна продвигаться вперёд, несмотря на оппозицию и отвержение. Идея Прескотта в основном отражала в себе идеи популярного кальвинизма: часы Божьи уже пробили нужный час, *и неверие Его народа не может отсрочить исполнение Его независи-*

мой воли. Джоунс теперь уже стал обращаться к аудитории с теми же крайними призывами, что и Прескотт:

> Я повторяю, что дарованная нам весть – это весть, которую вы и я должны унести с собой с этого собрания. И любому, кто не может нести эту весть, лучше не идти вовсе. ... Такой служитель пусть лучше не оставляет это место как служитель (А. Т. Джоунс. там же. стр. 495.1).

Вскоре после этого он продолжал делать неосмотрительные заявления и задавать вопросы, которых ему лучше было бы не касаться:

> Дал ли Он вам свет познания славы Его? [Собрание: «Да».] *Дал ли?* [Собрание: «Да».] ...
> В таком случае Святой Дух *действительно снизошёл* на тех, кто может смотреть в лицо Иисусу Христу.

Ещё через несколько минут с разрешения выступающего, профессор Прескотт прочитал следующее: «Поднимите свои взоры с верой, и свет славы Божьей воссияет над вами». Джоунс продолжил:

> Через четыре года подготовки Бог обращается к Своему народу с теми же словами: «Восстань, светись, ибо пришёл свет твой, и слава Господня взошла над тобою». Кто последует этому? [Голоса: «Я».] Хорошо. Насколько постоянно ваше желание? [Голоса: «Навсегда».] Как часто вы собираетесь так поступать? [Голоса: «Всегда».] ...
> Тогда «Восстань, светись, ибо *пришёл* свет твой, и слава Господня *взошла над тобою* (выделено в оригинальном тексте) (А. Т. Джоунс. там же. стр. 496.4, 497.7–8).

Если бы громкий клич в самом деле возвещался с тех пор в своей силе, то в церкви произошли бы великие перемены. Но мы наблюдаем только смущённого Джоунса, и видим, как он при поддержке Прескотта изрекал неудачные пророчества, которые до сих пор не исполнились. Однажды эти слова должны исполниться, но в том поколении так не произошло:

[110]

> Вот самое благословенное обетование из всех данных адвентистской церкви: «Ибо уже не будет более входить в тебя необрезанный и нечистый». Хвала Господу, Он избавил нас с этого времени от необращённых людей; от тех, кто пришёл в церковь жить своей собственной праведностью и создавать разделения.

> Испытания церкви окончены, хвала Господу; все сплетники и клеветники ушли. ...
> «Не будут более входить в тебя необрезанный и нечистый». ...
> В Церкви Адвентистов Седьмого Дня нет места лицемерам. Для тех, кто неискренен – это самое опасное место из всех. ...
> Братья, такова весть сегодня ... и тот, кто не может нести её, пусть остановится. Пусть никто не пойдёт дальше, не осознав присутствия силы Духа Божьего (А. Т. Джоунс. там же. стр. 498.3–5, 499.10).

Прескотт с энтузиазмом предсказывал проявления даров Духа, очевидно ожидая проявления дара пророчества от других, помимо его подлинного носителя, который был в Австралии:

> Теперь, когда завершается работа Божья, ... дары вновь проявятся в церкви. Я полагаю, что Божий план заключается не в том, чтобы наделить дарами одного-двух человек, при крайне редких проявлениях особых даров в наших общинах. ... Дары исцеления, чудотворения, пророчества, истолкования языков, чудеса – всё это снова проявится в нашей церкви (У. У. Прескотт. там же. стр. 461.8).

Были ли даны эти чудесные дары? Были даны определённого рода пророческие высказывания после этой сессии; Прескотт и Джоунс были введены в заблуждение заявлениями некой Анны Райс Филлипс. Проявление фанатизма было неизбежно, *потому что громкий клич вести третьего ангела не продвинулся вперёд после сессии 1893 года.*

Прескотт настолько увлёкся, что предсказал, что некоторые из присутствовавших сразу же пойдут буквально воскрешать мёртвых:

> Среди нас находятся люди, которым предстоит всё это узнать на собственном опыте; они будут вызволены из тюрьмы ангелом Божьим, чтобы идти и проповедовать эту весть, они будут исцелять больных и воскрешать мёртвых. И это случится благодаря этой вести. ... Мы должны верить в это так же просто, как верит маленький ребёнок (У. У. Прескотт. там же. стр. 386.4).

Время и история доказали лживость этих предсказаний, по крайней мере в отношении церкви. Было ли более правдивым заявление о принятии позднего дождя?

Прескотт и его предсказания отступничества

Прескотт не был слишком уверен в своём учении на этих встречах, и он сделал ряд странных, но существенных упоминаний об опасности быть обманутым лжехристом:

> Я хочу обратиться к служителям церкви и к тем, кто проповедует учение Христа, но кто сегодня не может отличить голос Христа от голоса дьявола: настало время остановиться и узнать голос Божий. ... Вы спросите меня: «Как узнать Его голос?» Я не могу вам этого объяснить. ...
>
> Мы все собьёмся с пути, несмотря на свет, полученный нами во время нашей работы. Мы поменяем наших лидеров, даже не подозревая об этом, если Духа Божьего не будет с нами. ... Мы ополчимся против этой работы и против силы Божьей (У. У. Прескотт. там же. стр. 108 – пункты 1, 2).

[111]

Похоже, Прескотт и сам не совсем понимал, каким образом возможно определить истину, отличив её от заблуждения, кроме как посредством того, что он назвал «Духом». Но он не объяснил, как различить «Духа истины» от «духа заблуждения»:

> Было обещано, что придёт дух истины, *Дух* истины – ДУХ ИСТИНЫ. ...
>
> Придут также всякие ветры лжеучений, и будет сделано всё возможное, чтобы внедрить, притом не открыто, а тайным способом, который не сможет распознать наша собственная мудрость, некие принципы ... чтобы ввести в заблуждение, если возможно. ... Будет сделана попытка представить их как истину, сокрыть их под одеждами истины ... и подвести нас к компромиссу с заблуждением так, чтобы мы этого даже не поняли (выделено в оригинальном тексте) (У. У. Прескотт. там же. стр. 459 – пункты 18, 20).

Говоря однажды о «слепых среди нас», он сказал: «Кто знает, может быть, это относится ко мне?» (там же. стр. 237.13). В конце концов, он заявил, что перед собравшимися стоит вопрос: вознестись на небо, либо обмануться уловками сатаны:

> Не могу избавиться от мысли, что сейчас настало наиболее критическое время для нас лично. ... Именно сейчас мне кажется, что мы делаем выбор, который определит либо наше продвижение в работе громкого клича, что означает вознесение, либо наше заблуждение под влиянием сатанинского обмана, что означает остаться во тьме (У. У. Прескотт. там же. стр. 386.1).

Они так и не были вознесены на небо, это очевидно. Неужели в таком случае они были «обмануты уловками сатаны»?

Десять лет после данной конференции были хождением во тьме. Огонь божественного суда уничтожил церковные здания в Батл-Крике. Пантеизм увлёк выдающихся лидеров. Мы по сей день не получили то милостивое благословение, которое Небеса попытались послать нам в 1888 году.

Заключение

Генеральная Конференция 1893 года ознаменовала собой почти конец эпохи 1888 года. Господь отменил Своё решение об излитии позднего дождя и возвещении громкого клича. Наши братья, жившие в то время, признавали это, и история также подтверждает данный факт. Ложный энтузиазм преобладал в конце сессии 1893 года. Джоунс также был сбит с толку.

Спустя месяц, 9 апреля, Эллен Уайт написала Джоунсу из Австралии, предостерегая его не делать крайних заявлений на тему веры и дел. Эти заявления не были сделаны во время сессии, и не были зафиксированы даже в «Бюллетене». Она не читала их, но «слышала во сне». «Изгнанием» Эллен Уайт и Ваггонера из Америки оппозиция практически обеспечила окончательный провал вести 1888 года, потому что изолированный Джоунс не смог сам справиться с искусными и решительными методами «дракона».[7]

Он сделал всё лучшее, что смог сделать. Искренне и со смирением он призывал братьев принять свет, убеждённый в том, что Бог пошлёт опыт громкого клича ради Своей славы. Но этого не произошло, да и не могло произойти без подлинного покаяния в отвержении вести 1888 года, чего так и не случилось.

Мы читаем о том, что Халев и Иисус Навин тоже с большим энтузиазмом призывали народ покорить Ханаанскую землю, говоря Израилю: «С нами Господь, не бойтесь их», уже после того, как отступничество Израиля сделало невозможным участие Господа в этом плане (Числа 14:9).

Перед сессией 1893 года Эллен Уайт предостерегала президента Генеральной Конференции по вопросу Миннеаполиса:

---

[7]Смотри замечания Эллен Уайт относительно того, что непрекращающаяся оппозиция со стороны Батлера и Смита возложила на Джоунса бремя, которое Господь никогда не намеревался на него возлагать. (Э. Уайт. Письмо 27. 1894 г.).

> Если сатане удастся так повлиять на разум и возбудить страсти тех, кто заявляет о своей вере в истину, ... что они займут неверную сторону, то Бог запланировал вести их по *длинному пути* (выделено в оригинальном тексте) (Э. Уайт. Письмо 19д (*Letter* 19d). 1892 г. пункт 16).

Позже она признала, что «длинный путь» уже начался, так как Господь был вынужден изменить Свои планы:

> Мы можем остаться здесь в этом мире ещё на долгие годы из-за нашей непокорности, подобно детям Израилевым. ... Но если бы даже сейчас все увидели и исповедали своё отступничество от истины Божьей и следование за человеческими выдумками, тогда Господь простил бы нас (Э. Уайт. Письмо 184. 1901 г. пункты 17, 19; Евангелизм. стр. 696.3).

Те, кто уверен в том, что сессия 1893 года ознаменовала собой «величайшую победу» вести о праведности Христа, не могут объяснить причины, по которым нам пришлось идти окольными путями все эти «многие годы», насчитывающие уже более столетия. Это странный метод для проповеди громкого клича, который должен был разнестись как огонь по соломе.

Руководитель, который ввёл в заблуждение сессию 1893 года, далее пошёл по таинственному пути. Джордж Б. Старр писал о нём А. Г. Дениэльсу:

> Вам, разумеется, известно, что профессор Прескотт по каким-то непонятным причинам никогда не был благонадёжным руководителем. В Англии, вместе с Ваггонером, он заблудился по многим вопросам, и в случае с лжепророком Анной Филлипс он показал отсутствие рассудительности ... Ранее он писал пантеистические труды и проповедовал это учение не менее решительно, чем доктор Келлог. Благонадёжный лидер так не поступает. Надёжный руководитель не ошибается так часто (Дж. Б. Старр. Письмо А. Г. Даниэльсу. 29 августа 1919 г.).

На сессии 1950 года вновь избранный президент Генеральной Конференции проповедовал то же учение, что и Прескотт в 1893 году. Он уверял огромное число собравшихся в Сан-Франциско, что они могут получить последнее излитие позднего дождя Святого Духа, просто *полагая* и *заявляя*, что обладают этим даром. Ни о какой необходимости в покаянии за отвергнутое «начало» позднего дождя речи не шло, никаких уроков из нашей истории извлекать не стоило, никакого понимания «самой драгоценной вести», посланной Господом, не требовалось (см. «Ревью энд Геральд», Доклад Генеральной Конференции. 17 июля 1950 г. стр. 113–117. Проповедь в субботу 15 июля).

За редким исключением, все собравшиеся на этот съезд вели себя подобно овцам, слепо идущим за пастухом, повторявшим то же учение, которое Прескотт проповедовал в 1893 году. И снова поздний дождь не был получен. Это было 37 лет назад, до написания этих строк.

Большинства из лидеров 1950 года уже нет с нами, так же как и руководителей церкви 1893 года. Произошёл ли в 1950 году заметный прогресс по сравнению с 1893 годом? Полезно было бы отметить, что лишь несколько из руководителей церкви в 1950 году, а, может быть, и ни один из них не знал о том, как прошла сессия 1893 года. У нас есть все основания опасаться грядущих событий, если мы забудем, каким путём вёл нас Господь в прошлом!

После сессии 1893 года Эллен Уайт была обеспокоена как никогда ранее, заметив: «Мы сменим лидеров и даже не заметим этого». Её угнетало сознание того, что теперь враг начнёт свою деятельность внутри церкви. Новые Канрайты могли теперь действовать «изнутри»:

> Фанатизм появится в нашей среде. Придут такие обольщения, чтобы, по возможности, сбить с пути даже избранных. Если бы в этих проявлениях были заметны очевидная непоследовательность и явно лживые утверждения, то не было бы нужды в словах Великого Учителя. ...
> Только Святой Дух Божий может пробудить здоровое воодушевление (Э. Уайт. Избранные вести. Т.2. стр. 16 – пункты 4, 6; 1894 г.).

Сессия 1893 года доказала физическую возможность проповедовать о Святом Духе, не понимая и не узнавая Его проявлений, и даже сопротивляясь Ему.

Каждому из нас сегодня надо обратиться к Богу с вопросом: «Не я ли, Господи?»

ГЛАВА ДЕСЯТАЯ

ПОЧЕМУ ДЖОУНС И ВАГГОНЕР СБИЛИСЬ С ПУТИ?

[115]

Одной из великих тайн истории Церкви Адвентистов Седьмого Дня являются последующие проблемы Джоунса и Ваггонера. Принято считать, что предпосылки этих неудач существовали в их характере с тех пор, как они пришли в церковь. Их уподобляют тем людям, о которых апостол Иоанн написал:

> Они вышли от нас, но не были наши; ибо, если бы они были наши, то остались бы с нами; но они вышли, и чрез то открылось, что не все наши (1-е Иоанна 2:19).

Этот же принцип, по-видимому, подходит к случаю с Д. М. Канрайтом. Задолго до его ухода из церкви, он в духовном смысле был уже «не наш». Время от времени Канрайт подавлял свои глубоко укоренившиеся сомнения легкомысленными исповеданиями, но эти сомнения так и не развеялись. Наглядно эта история представлена в «*Свидетельствах для церкви*» (см. Т.5. стр. 516–520, 571–573, 621–628).

Сегодня задаётся серьёзный вопрос относительно Джоунса и Ваггонера: «Были ли они истинными христианами ещё в Миннеаполисе? Если да, то как они могли быть верны Богу в этот период, и сбиться с пути позже? В книге «*Плод духовных даров*» (*The Fruitage of Spiritual Gifts*) выражается общепринятая точка зрения о том, что они выражали радикальные и крайние взгляды, и проповедовали заблуждение ещё в Миннеаполисе, и с нетерпением ждали случая, чтобы «выкинуть что-нибудь неожиданное»:

> [Во время сессии в Миннеаполисе], некоторые были сильно склонны занять радикальные позиции, как будто крайности были признаками силы. Миссис Уайт ... кажется, даже предчувствовала, что эти два человека, ставшие в то время такими известными, могли позже увлечься своими крайними взглядами (Л. Х. Христиан. Плод духовных даров (*The Fruitage of Spiritual Gifts*). стр. 232).

Однако вдохновенное свидетельство доказывает их верную и последовательную позицию во время съезда в Миннеаполисе:

> По Своей великой милости самую драгоценную весть Своему народу Господь послал через пасторов Ваггонера и Джоунса. ...
>
> Бог дал Своим вестникам именно то, в чём нуждались люди (Свидетельства для проповедников. 1895 г. стр. 91.2, 95.1).
>
> Бог предлагает людям Божественные драгоценные жемчужины истины, предназначенные для нашего времени (Евангелизм. стр. 122.2; Рукопись 8а. 1888 г. пункт 30; Олсон. стр. 279).
>
> Бог послал этих двух молодых людей чтобы передать особую весть ... (Письмо 24. 1892 г. пункт 10).

Могла ли Эллен Уайт написать такие слова о тех, кто были «радикалами» и «экстремистами»?

Тот факт, что Джоунс и Ваггонер сбились с пути, не говорит о том, что они «не были наши». Но их последующие неудачи были неразумно истолкованы с целью бросить тень сомнения на саму весть, которую они принесли в 1888 году, как будто сама эта весть сбила их с пути.

В этом и заключается главное объяснение тех, кто опасается изучать эту весть. Таким образом, оппозиция, начавшаяся в Миннеаполисе, по сей день искусно оправдывается, а посланные небом вестники вместе с их вестью дипломатично умаляются. Это и есть та опасная идея, которая, по словам Эллен Уайт, получит своё развитие среди нас, если Джоунс и Ваггонер собьются со своего пути.

Непостижимое провидение

Здесь мы сталкиваемся с уникальной проблемой. Два феномена заключаются в следующем: (а) Родоначальник зла радуется такому повсеместному отвержению вести. (б) Господь Сам позволяет этой трагедии стать камнем преткновения для тех, кто *хочет* выяснить причину отвержения реалий вести позднего дождя.

Особенно сложный вопрос звучит так: Почему Бог избрал в качестве особых посланников тех, кто позднее поколеблется в вере? Почему Он позволил Своим вестникам отклониться от истинного пути, что только утвердило оппозицию? В этой запутанной истории сокрыто нечто чрезвычайно важное. Пути Господни не всегда понятны, но это не причина для того, чтобы легкомысленно и с небрежностью истолковывать такое странное провидение.

Немыслимо предполагать, что Господь совершил стратегическую ошибку, выбрав Джоунса и Ваггонера, ибо Он никогда не ошибается. Нельзя также думать, что Он «гнев человеческий обращает во славу Себе» против воли людей, ибо очевидно, что оба они были искренними, честными и смиренными христианами, когда Господь использовал их. Они не «предавались обольщению мзды, как Валаам», не возлюбили «мзду неправедную» (Иуды 1:11; 2-е Петра 2:15), не было и следа нечестности в их служении.

Вдохновенное свидетельство даёт ответы на наши вопросы, и показывает, что:

(1) Джоунс и Ваггонер не «сбились с пути» из-за «крайних взглядов» относительно праведности Христа, а были фактически *изгнаны* по причине настойчивого и безрассудного противления братьев, к которым они были посланы Богом со светом.

(2) Эллен Уайт признавала серьёзность оппозиции по отношению к ним лично и к их вести, и возлагала конечную вину за их последующие неудачи «*в большой степени*» на противящихся братьев.

(3) Господь допустил это печальное событие, чтобы испытать противящихся братьев; а неудача вестников 1888 года дала «нам» ещё один повод укорениться в своём состоянии неверия. Это был пример того, что Павел называл «действием заблуждения», которое Бог «послал» (допустил), «дабы были осуждены все, не веровавшие истине, но возлюбившие неправедность» (2-е Фессалоникийцам 2:11, 12).

[117]

Похоже, Господь является настоящим Джентльменом, если Он уступает нам дорогу, открывая нам те крючки, на которые мы можем повесить свои сомнения, если желаем оставить их при себе. Он не хочет, чтобы кто-то из нас получил поздний дождь до тех пор, пока мы не будем преданы Ему и Его истине всем сердцем. В данном случае каким-то образом проявляется Его божественная ревность. Тот, кто хочет отказаться от этого благословения, используя для этого любой повод, получит достаточно возможностей. Но насколько жертвенной может оказаться такая доброта!

(4) Для достижения практических результатов следственного суда необходимо, чтобы церковь остатка, прежде чем наступит окончательная победа, узнала правду об этой вести и о её истории, а также дала правильную оценку служению Джоунса и Ваггонера в период с 1888 по 1896 годы.

Глубоко укоренившаяся природа противления

Критика вестников возложила на них гораздо более тяжкое бремя, чем обычная оппозиция:

> Каким бы курсом ни шёл вестник, это в любом случае не устроит противников истины. Они будут преувеличивать любой недостаток в поведении, привычках, или характере защитников истины (Э. Уайт. «Ревью энд Геральд». 18 октября 1892 г. пункт 6).
>
> Некоторые из наших братьев ... полны ревности и злых подозрений ... всегда готовы подчеркнуть, в чём именно они расходятся с пасторами Джоунсом и Ваггонером (Письмо 24. 1892 г. пункт 8).

Эти два проповедника говорили убедительно и сильно. Острое восприятие истины часто побуждало тех, кто были «всего лишь людьми», говорить подобным образом. Но эта манера проповеди оказалась оскорбительной для человеческой природы, стремящейся найти повод отвергнуть весть:

> Пусть никто не сетует на слуг Божьих, которые пришли к ним с вестью, посланной от Бога. Не выискивайте в них недостатки, говоря: «Они слишком категоричны и решительны». Может быть, они говорят решительно, но разве в этом нет нужды? ...
>
> Служители, перестаньте бесчестить вашего Бога и огорчать Его Святого Духа, бросая тень на способы и методы в работе избранных Им людей. Бог видит характер тех, кого Он избрал. Он знает, что никто, кроме ревностных, решительных, стойких, восприимчивых людей, не оценит чрезвычайную важность этой работы и не сделает своё свидетельство таким решительным и твёрдым, способным пробить брешь в укреплениях сатаны (Свидетельства для проповедников. стр. 410.1, 412.1).

Сам Господь наделил Своих посланников доказательствами их полномочий, – «небесными верительными грамотами». Они забыли о своём «я», растворившись в любви ко Христу и к Его особой вести. Несокрушённое самолюбие других было этим задето:

[118]
> Если бы лучам света, воссиявшего в Миннеаполисе, было позволено излить свою силу убеждения на тех, кто противился этому свету, ... они получили бы самые драгоценные благословения, разочаровали бы врага и выступили бы как мужи веры, твёрдые в своих убеждениях. Они бы обрели богатый духовный опыт. Но эгоистичное «я» сказало: «Нет!» Самолюбие бо-

ролось за господство (Э. Уайт. Письмо 19д (*Letter* 19d). 1892 г. пункт 39).

Таким образом, истина была отвергнута по тем же мотивам, по которым евреи отвергли Христа. Каиафа считал Христа своим соперником, и испытывал к нему *личную* зависть (см. Желание веков. стр. 704). Это чувство ревности Каиафы по отношению к Тому, кто казался простым человеком, было тесно переплетено с враждой плотского человеческого сердца к Богу и Его праведности. Подобным же образом и в Миннеаполисе личности Джоунса и Ваггонера стали видимым, осязаемым камнем преткновения для невидимого и неосознанного отвержения самого Христа. Это очевидно из следующего свидетельства:

> Люди, исповедующие благочестие, презрели Христа в лице Его посланников. Подобно евреям, они отвергают Божью весть. Евреи говорили о Христе: «Кто это? Не Иосифов ли это сын?» Он был не тем Христом, которого они ожидали. Так и сегодня, Бог выбирает в качестве вестников не тех, кого ожидают люди (Э. Уайт. Принципы христианского воспитания (*Fundamentals of Christian Education* – FE). стр. 472).

Бремя Джоунса и Ваггонера

Немногие осознают, каков был результат влияния оппозиции на молодых вестников. Они знали, что послание о праведности Христа было послано от Бога. Они знали, что поддержка Божьего Духа позволяла им смело выступать в защиту этой вести. И они не могли закрыть глаза на очевидный факт: наиболее решительное противодействие вести оказывалось со стороны руководства церкви остатка, которая должна в итоге победить.

Им было известно, что весть была началом громкого клича, который должен распространиться, как «огонь по соломе». Они поняли, что пришло время окончания работы, когда небожители с глубоким интересом следят за развитием этих драматических событий. Им также было известно, что они живут во дни очищения небесного святилища, когда, впервые за всю историю человечества, неверие и отступничества древнего Иерусалима не должны были повториться. Никогда ещё не возникала подобная критическая ситуация; никогда прежде небеса не посылали больше доказательств в защиту особого послания.

Но, к их изумлению, ещё никогда в истории не было такого постыдного человеческого отказа воспользоваться возможностью, посланной небом. Молодым посланникам казалось, что это окончательный провал, и что Божий народ уже не поверит и не войдёт в Его покой. Что же будет дальше?

Лютер, по сравнению с ними, столкнулся с меньшими трудностями. Когда римско-католическая церковь преследовала его, ему просто пришлось прочесть пророчества книг Даниила и Откровение, чтобы увидеть там папство в качестве малого рога и зверя. Это придало ему уверенности и такого дерзновения, что он сжёг папскую буллу. Но Джоунс и Ваггонер не могли обрести подобное сердечное успокоение. В пророчестве нет восьмой церкви, которая бы сменила Лаодикию. А возможность отсрочки народом Божьим выполнения Его поручения на целое столетие была выше их восприятия вещей.

К чести Джоунса и Ваггонера следует сказать, что они не отреклись от веры в Бога Израилева. Они не стали неверующими, агностиками или атеистами. До конца жизни они соблюдали субботу и оставались верными Христу. В условиях сегодняшнего церковного членства они по сей день были бы членами церкви с хорошей репутацией. *Грех их состоял в том, что они потеряли веру в церковь и в её руководство*. Они не очень верили в покаяние целой деноминации. Они стали сомневаться в человеческой природе; отсюда и огорчение Джоунса, и неудачи их собственной человеческой природы. Враг будет сильно вынуждать нас повторить их ошибки. Но нам не следует поддаваться его искушениям!

Небольшим кустарникам в долине, покой которых время от времени нарушает ласкающий ветерок, было бы лучше воздержаться от критических комментариев в адрес могучих дубов, растущих на вершине горы, когда последние падают под натиском яростной бури. Пусть Бог лично засвидетельствует о том, что преткновениям Джоунса и Ваггонера нет оправдания. Нам же не следует торопиться с выводами, тем более, когда мы понимаем, что именно «*мы*» были главной причиной этих неудач.

Клайв Стейплз Льюис (C. S. Lewis) ничего не знал об истории 1888 года, когда в своих «*Размышлениях о псалмах*» (*Reflection on the Psalms*) он мудро отметил:

> Так же, как пожар является естественным результатом зажжённой спички, брошенной в стог сена, также и обман, или попытка «поставить на место», либо пренебрежительное отношение к человеку может вызвать у него вспышку негодования; это означает повергать этого человека в искушение стать таким, какими были псалмопевцы, когда писали свои гневные

пассажи. Он может с успехом преодолеть это искушение, а может и не справиться с ним. ... Если же это искушение в итоге одолеет его, то я оказываюсь в определённом смысле виновным в его падении. Ведь я был искусителем (стр. 24).

Эллен Уайт остро чувствовала тяжесть бремени, которое несли Джоунс и Ваггонер. В 1892 году она писала президенту Генеральной Конференции:

> Я желаю, чтобы все увидели, как тот же самый дух, который отверг Христа и свет, способный развеять нравственную тьму, действует и в наше время. ...
>
> Кто-то может сказать: «Я не испытываю ненависти к моему брату, я не настолько плох, как те люди». Но как мало знают они свои сердца! Они могут считать ревностью по Боге эти враждебные чувства к своим братьям, которые якобы расходятся с ними во мнениях. Но здесь проявляются те чувства, которые не имеют с любовью ничего общего. ... Они могут из-за пустяков враждебно относиться к брату, в то время как он несёт весть народу от Бога. ...
>
> Они ... [полагают], что правы, испытывая подобные чувства ожесточения к своим братьям. Выдержит ли вестник Господа оказываемое на него давление? Если да, то только потому, что Бог повелит ему отстаивать истину Его силой, и вещать правду о том, что он послан Богом. ...
>
> Если же вестники Господни, мужественно отстаивавшие истину какое-то время, поддадутся искушению и тем обесславят Того, Кто доверил им эту миссию, разве это будет доказательством ошибочности самой вести? Нет. ... Грех вестника Божьего вызовет радость сатаны, и торжество тех, кто отверг вестника и саму весть; но это вовсе не снимет вину с тех, кто отверг весть Божью. ...
>
> Сердце моё глубоко опечалено, потому что я вижу, с какой готовностью критикуется какое-то слово или действие пастора Джоунса или пастора Ваггонера. С какой легкостью многие забывают всё то доброе, что было сделано этими людьми за прошедшие годы, и не замечают доказательств того, что Бог действует посредством этих слуг. Они охотятся за малейшим поводом, чтобы осудить, и их отношение к братьям, усердно делающим доброе дело, показывает, что в их сердцах царят чувства вражды и ожесточения (Э. Уайт. Письмо 19д (Letter 19d). 1892 г. пункты 2, 14, 16, 24, 30).

[120]

Примерно в это же время она написала письмо Урии Смиту, намекая на то, что Джоунс и Ваггонер могут оказаться недостаточно сильными, чтобы выдержать оказываемое на них давление:

Вполне возможно, что пастор Джоунс или Ваггонер не устоят перед нападками врага; но если так произойдёт, то это не будет доказательством того, что их весть не от Бога и что вся сделанная ими работа была ошибкой. Но если это действительно случится, то многие будут говорить именно так, и *впадут в роковое заблуждение*, потому что они не руководимы Духом Божьим. ... Именно такую позицию займут многие, если кому-то из вестников не удастся устоять; и я молюсь, чтобы эти братья, на которых Господь возложил бремя важнейшей работы, смогли придавать своей трубе определённый звук, почтить Бога каждым своим шагом, и чтобы их путь с каждым шагом становился всё светлее и ярче до самого конца времени (выделено нами – Р.В. и Д.Ш.) (Письмо 24. 1892 г. пункты 14, 15).

Эта информация проливает больше света на трагедию Джоунса и Ваггонера, выявляя следующее:

(1) Они определённо терпели ненависть со стороны братьев, которые с готовностью критиковали «каждое слово и каждое действие», выискивая повод для осуждения. Эта атмосфера враждебности, отчуждённости и подозрительности существовала даже в 1892 году, уже после того, как были сделаны определённые исповеди и признания.

(2) Противящиеся братья наивно считали подобное отношение ревностным служением Богу, на деле же это было проявлением «того самого духа», который в своё время проявлял неверие во Христа.

(3) Оппозиция стала трудным и непреодолимым испытанием для этих молодых вестников.

(4) Трагедия Джоунса и Ваггонера утвердила оппозиционеров в их презрительном отношении к самой вести.

(5) Сам факт того, что вестники сбились с пути, стал «триумфом» для противящихся братьев и, как ни печально это признавать, для самого сатаны. Отсюда следует, что это событие стало окончательным доказательством того, что противящиеся братья в действительности так и не раскаялись в грехе Миннеаполиса. *Их «триумф» на самом деле стал для них «фатальным заблуждением»*.

Таким образом, неудача вестников предоставляет прекрасный повод для продолжающегося по сей день состояния нераскаянности руководства, пасторов, администраторов и преподавателей Церкви Адвентистов Седьмого Дня. По сей день пример падения вестников приводится в качестве доказательства того, что весть 1888 года несёт какую-то опасность. Именно такую цель преследовал сатана. Так в точности исполнилось предсказание Эллен Уайт.

[121]

(6) Ответ на молитвы Эллен Уайт о том, чтобы эти два брата выдержали такое испытание, зависел от позиции, которую займут противящиеся братья по отношению к ним, начиная со второй половины 1892 года и далее.

Через несколько месяцев в 1893 году Эллен Уайт написала делегатам, собравшимся на сессии Генеральной Конференции, об истинной причине возможного падения вестников:

> Вовсе не вдохновение, посланное небом, делает человека подозрительным, постоянно ожидающим и с радостью использующим любой повод для доказательства того, что эти братья, отличающиеся от нас несколько иным толкованием Писания, не тверды в своей вере. *Существует опасность, что такой образ действий приведёт именно к ожидаемому результату, и вина в огромной степени падёт на тех кто только и ждёт плохого.* ...
>
> Оппозиция в наших собственных рядах поставила перед посланниками Господа тяжёлую задачу, полную душевных страданий, так как им приходится преодолевать трудности и препятствия, которых могло и не быть. ... Любовь и доверие – вот та моральная сила, которая могла бы объединить наши церкви и обеспечить гармонию действий. Но холод и недоверие внесли в нашу среду разобщённость, лишившую нас силы (выделено нами – Р.В. и Д.Ш.) (Э. Уайт. Ежедневный Бюллетень Генеральной Конференции. Т.5. 1893 г. стр. 419 – пункты 1–3; Письмо 77. 9 января 1893 г.).

«Тяжёлая задача, полная душевных страданий», «подозрений», «равнодушия одних и противления других», выискивающих малейшие доказательства того, что они «не тверды в вере» и произвели «тот самый результат», которого ждали, – их преткновение. Для точного, честного, вдохновенного определения этой оппозиции лучше всего подходит слово «преследования»:

> Мы не должны ни в малейшей мере позволить себе проникнуться духом преследования тех, кто несёт Божью весть миру. Это наиболее ужасная черта, не имеющая ничего общего с христианством, которая проявилась в нашей среде со времени собрания в Миннеаполисе (Э. Уайт. Ежедневный Бюллетень Генеральной Конференции. Т.5. 1893 г. стр. 184.9).

Так или иначе, преследования нельзя считать оправданием тому, что Джоунс и Ваггонер сбились с пути.

В чём была проблема А. Т. Джоунса?

Одно-единственное письмо, написанное Эллен Уайт Джоунсу в 1893 году, часто цитируется в качестве доказательства того, что в его проповедях были крайние взгляды. Цитаты, вырванные из контекста, создают впечатление, что его весть о праведности через веру была несбалансированной. Но это письмо необходимо читать в контексте.

Эллен Уайт ни разу не публиковала это письмо при жизни. Если бы она была убеждена, что весть Джоунса действительно не сбалансирована и содержит крайние взгляды, она бы без колебаний напечатала это письмо в своих «*Свидетельствах*».

В письме из далекой Австралии она рассказывает Джоунсу о том, что было открыто ей «во сне». Она не приводила этот сон ни в одной из публикаций. Джоунс был склонен под давлением постоянного противления преувеличивать свои аргументы, и данное письмо предостерегало от этой склонности, чтобы не допустить её развития. Он принял её совет и смиренно воспользовался им. В письме утверждалось, что его взгляды на праведность по вере были правильны, ибо, выражаясь её словами, «вы смотрите на эти вещи так же, как и я». Она также называла эти взгляды «*нашей* позицией»:

[122]

> В моём видении вы представляли тему о вере и праведности Христа, вменяемой нам через веру. Несколько раз вы повторили, что дела ничего не значат, и что условий никаких нет. Вы представили данный вопрос в таком свете, который, как я чувствовала, приведёт многие умы в замешательство. ... Вы слишком категорично ставите данный вопрос. ... Я знаю, что вы имеете в виду, но ваши слова могут неверно истолковать. ...
> Вы, по сути дела, смотрите на эти вопросы так же, как и я, но своими выражениями вы делаете эти предметы запутанными для ума. ... Столь категоричные высказывания относительно дел не сделают нашу позицию сильнее. Напротив, они ослабят её, поскольку многие сочтут Вас человеком крайностей и упустят те ценные уроки, которые вы могли бы преподать им по тем темам, которые им необходимо уяснить. ... Не следует добавлять ни одного, даже самого маленького камня преткновения для слабой в вере души, о который она могла бы преткнуться, применяя чрезмерно впечатляющие выражения и аргументы. ... Помните, что есть глаза, пристально следящие за вами, ожидающие, что вы переступите черту, преткнётесь и упадёте (Э. Уайт. Письмо 44. 9 апреля 1893 г. пункты 6, 7, 9, 12; Избранные вести. Т.1. стр. 377–379).

Внимательное исследование многочисленных трудов и проповедей, оставленных Джоунсом, не выявляет ни одного примера высказываний типа: «дела ничего не значат», или других подобных выражений крайнего характера по данной теме. Мы могли бы надеяться найти хоть немного подобных высказываний по теме веры и дел в его двадцати четырёх проповедях на сессии 1893 года, которые были сказаны прямо перед написанием данного письма. Однако мы находим совершенно противоположное – выразительные формулировки, представляющие правильный баланс веры и дел, поощряющие дела не только как необходимость, но и как плод истинной веры в Христа.

В конце сессии 1893 года Джоунс был сбит с толку влиянием Прескотта и принял его точку зрения о том, что громкому кличу невозможно помешать. Так была подготовлена почва для фанатизма, связанного с Анной Раис Филлипс.

Письмо Эллен Уайт пришло как раз вовремя, чтобы призвать его к осторожности, и он был осторожен. Наиболее восторженные слова написанные в поддержку его служения, написаны *после* данных событий, в письме за 9 апреля 1893 года, потому что к тому времени он уже смиренно покаялся в своей мимолётной склонности.[1]

Ни один грех не имеет оправданий

Грех, положивший конец служению Ваггонера и Джоунса, можно назвать недостатком терпения и неспособностью справиться с гневом. Иллюстрацией случившегося может послужить то, что произошло с Моисеем на границе земли Ханаанской. Его

---

[1] В письме к С. Н. Хаскеллу, написанном годом позже, она заявляет, что теперь верит больше Джоунсу, чем ранее, когда он заблуждался, одобрив деятельность Анны Филлипс. В письме Джоунс называется посланником, избранным Господом, любимцем Господа. Этой ошибки бы не случилось, если бы Урия Смит и Дж. И. Батлер объединились вместе с Джоунсом и Ваггонером, как и должно было быть; Джоунс и Ваггонер слышали голос Господа, и народ Божий услышал в их проповедях удивительные вещи, и сердца слушателей горели; они накормили народ хлебом небесным; Господь нашёл именно тех людей, которых искал; они выполняли работу с верностью и были устами Божьими; они слышали совет Божий и подчинились ему; они взяли воды из колодца Вифлеемского; эти избранные посредники Божьи с радостью объединились бы со Смитом и другими, включая Батлера; если бы существовал этот союз, не совершались бы ошибки (Э. Уайт. Письмо 27. 1894 г.).

грех также не мог быть оправдан, и он должен был умереть за этот грех – грех нетерпения по отношению к Израилю. Раздраженно и с негодованием Моисей назвал евреев «непокорными». Само обвинение было правильным, но дух, в котором оно было высказано, был не таковым:

[123]
> Таким образом, народу представился повод для сомнений в том, действительно ли Господь руководил им, и появился повод оправдать свои собственные грехи. Моисей, подобно им, оскорбил Бога. И они говорили, что его поведение с самого начала было критикующим и осуждающим. Теперь, наконец, они нашли предлог, который искали, чтобы отвергнуть все обличения Божьи, посланные им через Его раба (Э. Уайт. Патриархи и пророки. стр. 417.3).

Если бы Джоунс и Ваггонер не навлекли на себя этот позор, то мы, последующие поколения, имели бы сильную склонность поклоняться им почти как идолам. «Многие из тех, кто не принимал советы Моисея, когда он был ещё с ними, после смерти своего вождя подверглись бы опасности поклоняться его мёртвому телу, если бы они знали место его захоронения» (там же. стр. 477.2). Истинность и логичность учения Ваггонера и Джоунса были настолько ясными, что вскоре после 1888 года многие начали это понимать. Но поздний дождь был отсрочен до прихода будущих поколений. Теперь же вестники должны быть «захоронены» тайно, то есть, необходимо было устранить все возможности для идолопоклонства со стороны будущих поколений. Разве существует лучший способ такого «захоронения», чем позволить вестникам закончить свой путь в бесславии?

Многочисленные приглашения Джоунсу и Ваггонеру проповедовать после 1888 года часто приводятся в доказательство официального принятия их вести. Но это ошибочный вывод. Нужно учитывать несколько факторов: (1) У прихожан и местных старейшин (которые принимали эту весть) было в то время больше возможностей и прав для приглашения проповедников, чем сегодня; (2) Влияние Эллен Уайт фактически вынуждало обращать на них то внимание, которое уделялось им на сессиях Генеральной Конференции; (3) Их выступления при такой враждебной настроенности многих лидеров к их вести возлагало на них тяжкое эмоциональное бремя. Примером этому может служить господствующее неодобрение на сессии 1893 года, как об этом свидетельствует «Бюллетень».

Однако многие из отвергавших весть Джоунса и Ваггонера, когда те стойко защищали истину, последовали за ними, когда они стали колебаться в вере. Это ухудшило дело. В 1912 году бывший президент Генеральной Конференции писал о таких людях:

> Когда в этой деноминации начали проповедовать весть об оправдании через веру,[2] враг был глубоко обеспокоен этим и предпринял мощные усилия, чтобы помешать распространению этой вести. Потерпев в этом неудачу, он изменил свои планы, и использовал метод, обещающий больший успех. План его состоял в том, чтобы сосредоточить внимание людей на вестниках, избранных Господом для провозглашения этой вести, чтобы эти люди считались посредниками Бога, и вера народа сосредотачивалась на них, а не на Иисусе Христе, Авторе этой вести. Враг сделал ставку на то, что похвала и лесть повлияют на вестников настолько, что они будут считать свою точку зрения превыше всего, что касается как Писания, так и управления Божьей работой на земле (Джордж А. Ирвин. «Ревью энд Геральд». 4 июля 1912 г.).

Эллен Уайт утверждала, что *главной* причиной их падения были гонения, которым они подверглись. Это лишило их любви и доверия братьев, в которых они нуждались. Беспорядок, вызванный неразумным обожанием, стал *вторичным фактором*.

Учитывая природу вести, которую они несли, эти две причины могли только притупить их духовные способности. Если бы они получили больше света, чтобы выдержать все испытания до наступления победы, они могли бы идти в мир, обладая силой тех, кому предначертано закончить работу Божью на земле. Но дополнительный свет и сила были отсрочены ввиду того, что весть была отвергнута. Ваггонер был сослан в Англию, и ему, так же как Джоунсу, пришлось трудиться без помощи Эллен Уайт. Они знали только «начало» света громкого клича, а этого было недостаточно для полного освящения даже самых искренних и честных сердец. (Этого также недостаточно и для нас сегодня!)

Как хорошие люди могут сбиться с пути

Наша история предоставляет нам свидетельства того, как «те кто ... отвергли весть и вестника, восторжествовали» (Письмо 19д

[124]

---

[2] Отметим неспособность распознать в этой вести «начало» позднего дождя и громкого клича.

(*Letter* 19d). 1892 г. пункт 24). Среди главных оппозиционеров, отвергающих весть ещё в 1888 году, был президент Генеральной Конференции, Дж. И. Батлер. Это был добрый человек, обладающий даром руководителя-администратора, но он столкнулся с беспрецедентной проблемой. Ведь ни одному из президентов до тех дней ещё не приходилось сталкиваться с началом позднего дождя и громкого клича! Эллен Уайт пыталась ему помочь:

> Вы оправдываете Ваши действия тем, что занимаете должность президента Генеральной Конференции. ... У Вас нет права ранить чувства Ваших братьев. Вы говорите о них в такой манере, которую я не могу одобрить. ... Вы называете братьев Джоунса и Ваггонера неопытными птенцами (Письмо 21. 1888 г. пункты 26, 29).

Из-за болезни жены пастор Батлер после 1888 года уехал на несколько лет на уединённую ферму во Флориду. Со временем он признал свою неправоту и вернулся к исполнению своих высоких обязанностей. Господь принял работу, которую он совершил впоследствии, как и в случае Урии Смита. Но золотая возможность провозгласить весть позднего дождя и громкого клича была ими окончательно потеряна.

Печальный пример того, как оппозиция Батлера в итоге «стала господствующей» (выражение А. Т. Джоунса), можно найти в «*Бюллетене*» Генеральной Конференции 1903 года. На этой сессии Джоунс и Ваггонер остались в меньшинстве вместе с теми, кто по велению своей совести выступал против пересмотра конституции 1901 года. С их точки зрения пересмотренный вариант 1903 года был шагом назад по сравнению конституцией 1901 года, в которой содержались реформаторские принципы. Сегодня мы не можем определить, правы они были или нет, но, вне сомнения, они были искренними в своих убеждениях. В ходе дискуссии раздавались «голоса», требовавшие выступления «пастора Батлера».

Семь раз за время выступления он отклонялся от своей темы, чтобы заявить, как «горячо» он любит «дорогих братьев» Джоунса и Ваггонера; при этом «бюллетень» отмечает, как он продолжал искажать их точку зрения, игнорируя их устные протесты. Затем он выставил их посмешищем перед всеми (стр. 145–164).

Джоунс и Ваггонер говорили на этой сессии о том, что «народ Божий должен подчиняться Богу и только Ему. Есть только один Пастырь, и у Него только одно стадо». Они также настаивали на о том, что прежде всего «комитет должен подчиняться Иисусу Христу и служить Ему, и оставить в покое другого человека, чтобы тот проповедовал то евангелие, которое открывает Христос». Пастор Батлер неправильно истолковал эти слова, называя их упразднением всякой организации, и несправедливо сравнил их точку зрения с позицией фанатичных анархистов, с которой пришлось бороться пионерам адвентизма:

> Наши дорогие братья не знают о трудностях, которые мы испытывали до организации церкви. ...
> Мне кажется, что если то, о чём говорилось, будет реализовано способом, который предлагают некоторые из наших добрых братьев, то это в итоге может привести, если будет доведено до конца, как раз к тому состоянию дезорганизации, с которого мы начинали. ... Я не хочу сейчас обидеть брата Джоунса, так как отношусь к нему с большой любовью (Дж. И. Батлер. Бюллетень Генеральной Конференции. Т.5. 10 апреля 1903 г. стр. 161–163).

На сессии 1901 года Эллен Уайт настойчиво высказывалась против «проявления царской власти с целью контролировать ту или иную ветвь нашей работы» (Бюллетень Генеральной Конференции. 3 апреля 1901 г. стр. 26.2; События последних дней. стр. 53.3). Много лет именно по этой причине она призывала к реорганизации и реформации. Характерной чертой деятельности пастора Батлера на посту президента была тенденция ограничивать возможности тех, кто трудился (см. Свидетельства для проповедников. стр. 297–300). Это было особенно заметно в период с 1886 по 1888 годы. Порицания Эллен Уайт в его адрес теперь уже хорошо известны. В 1903 году она заявила: «Царственная власть, проявившаяся на Генеральной конференции в Батл-Крике, не должна увековечиваться» (Свидетельства для церкви. Т.8. стр. 233.1). Однако пастор Батлер публично возражал против подобных заявлений, отрицая саму *возможность* проявления какой-либо «царской власти» в работе президента Генеральной Конференции:

> Вы должны простить человека, который столько лет работал и тринадцать раз избирался на пост президента Генеральной Конференции, за то, что он не видит, как что-то подобное царственной власти может проявиться в Генеральной Конференции. Я не верю в такую возможность. ... Я избирался на тринадцать сроков. ... Я буду очень огорчён, если узнаю о таких проявлениях. ... Я избирался на тринадцать сроков на эту должность, но я не припомню, чтобы меня хоть раз упрекнули за что-либо подобное (Дж. И. Батлер. Бюллетень Генеральной Конференции. Т.5. 10 апреля 1903 г. стр. 163 – пункты 3, 8).

Да, действительно, человеку свойственно забывать!

Захваченный атмосферой дискуссии, пастор Дж. Н. Лафбороу выступил в поддержку позиции Батлера. При этом он неуважительно отзывался об убеждениях Джоунса и Ваггонера, принадлежащих меньшинству.

Джоунс и Ваггонер не отрицали принципов организации церкви, хотя, возможно, они и намекали на такое положение вещей, в котором мы оказались к концу девятнадцатого века, когда членам комитетов непросто отстаивать Христа в одиночестве под давлением со стороны соратников, рискуя потерять должность.

[126] Но мысль о том, что комитеты будут в первую очередь подчиняться Христу и искренно искать руководства Господа, не забывая при этом, что все мы братья, по какой-то странной причине пугала и Батлера и Лафбороу. Лафбороу добавил:

> Эти братья говорят, что у них нет намерения разрушить нашу организацию. Я не думаю, что они действительно этого хотят, но мне кажется, что в конце концов мы придём к тому, что не будет ни правил, ни порядка. «В конце концов», – говорили они в раннее время, – «мы все братья. Если мы взыщем Господа, Он поведёт нас» (там же. стр. 164.7).

Были ли эти слова для них подобны удару ножа в спину? Пожалуй, Джоунса и Ваггонера можно было бы простить за то, что эти слова произвели на них именно такое впечатление. Джоунс поднялся и скорее с грустью обратился к делегатам. Его обращение указывает на рану, которая, возможно, уже никогда не исцелится:

> Я хотел бы обратиться с просьбой ко всем делегатам и читателям «Бюллетеня». Когда будут опубликованы материалы сессии, пожалуйста, внимательно просмотрите выступления брата Ваггонера, брата П. Т. Магана и моё; и если вы найдёте в них что-то, направленное каким-то образом против организации церкви, то отметьте это место и отправьте его нам, чтобы мы могли покаяться в этом (там же. стр. 164.9).

Этот вызов Джоунса по сей день остаётся безответным. Он и Ваггонер призывали к покорности Христу и Святому Духу, что по их мнению вполне гармонировало с вестью 1888 года. Эта покорность дала бы возможность Христу руководить завершением Его работы во всём мире. Они не выступали против организации; они хотели видеть организацию, подчиняющуюся Христу в деле завершения Его евангельского поручения. Они желали, чтобы

Христа признали подлинным Главой церкви, и чтобы Он управлял этой организацией.

Их неверно поняли, а слова их исказили. Последнее слово осталось за Батлером, и он «торжествовал», выражаясь словами Эллен Уайт. Они вместе с пастором Лафбороу были движимы такими мотивами, которые склоняли их игнорировать протесты вестников и их призывы к честности. Чем можно это объяснить, кроме как затаённой враждой, питаемой целых 15 лет?

Унизительное отношение к Джоунсу и Ваггонеру в 1903 году, возможно, стало началом развития их человеческого ожесточения. «Дорогие братья Джоунс и Ваггонер» были обычными людьми, и не могли остаться равнодушными после такого унижения, увенчавшего пятнадцать лет противления. Разве могли они не чувствовать эту боль?

Их просьба ставить покорность Христу превыше покорности человеческой власти только лишь вторила многочисленным обращениям Эллен Уайт и самому Священному Писанию, *но, разумеется, осуществить это по-настоящему можно было только тогда, когда Святой Дух будет единодушно принят в нашей среде*.

О сердечном отношении пастора Батлера можно узнать из его письма доктору Келлогу, написанного год спустя. Становится ясным, что он не раскаялся в своей слепоте относительно вести 1888 года. Он всё ещё обвиняет Ваггонера в бедах, обрушившихся на церковь, и считает падение Ваггонера благословением:

> Я придерживаюсь того же взгляда, которого я придерживался всегда с тех пор, как стал изучать Библию. ... Эта новая группа пасторов после моего ухода [с поста президента Генеральной Конференции] привнесла некоторые изменения. Главную роль в этом сыграл пастор Ваггонер. Кажется, он изменил и своё положение, став из проповедника доктором. Возможно, это так же хорошо и для него, как и для всех, кто в этом участвует. Я желаю ему только добра во всех его делах (Дж. И. Батлер. Письмо доктору Келлогу. 9 сентября 1904 г.).

[127]

Какую помощь доктору Келлогу могло оказать это письмо, написанное именно в такое время?! Некоторые обвиняют Джоунса в том, что он добивался поста президента Генеральной Конференции. Мы этого просто не знаем. Истинные мотивы его поступков записаны в небесных книгах, и мы с нашим ограниченным видением не всегда можем разглядеть правду в туманных событиях прошлого. Несомненно, его здравый смысл подсказывал ему, что он не был призван для административной работы, или для должности редактора «*Ревью энд Геральд*». «Небесные верительные грамоты» были даны ему для иной работы – возвещать евангелие громкого клича церкви и миру. Это была достаточно серьёзная миссия для любого человека. И когда эта миссия сорвалась, он потерял терпение, свойственное святым.

Дух 1888 года и трагедия Келлога

Эллен Уайт говорила, что доктор Келлог был истинно обращён во время сессии в Миннеаполисе (Бюллетень Генеральной Конференции. Т.5. 6 апреля 1903 г. стр. 86.8). Неоднократно она положительно отзывалась о его характере и искренней посвящённости. Вот одно из последних таких высказываний:

> Успех, который имел доктор Келлог, был дан ему Богом. … Богу не нравятся усилия, предпринимаемые некоторыми, чтобы максимально усложнить работу доктора Келлога. … Отвергнувшие [свет реформы здоровья] отвергли Бога. Те, кто знал больше, говорили, что эта реформа пришла от доктора Келлога, и стали воевать с ним. На доктора это плохо подействовало. Он стал раздражительным и отвечал тем же (Бюллетень Генеральной Конференции. Т.5. 6 апреля 1903 г. стр. 87).

Из письма к пастору Батлеру, президенту Генеральной Конференции в 1888 году, следует, что отступничество, к которому в итоге пришёл Келлог, было «в большой мере» *нашей* виной. Несомненно, Божьей воли на это не было:

> Когда-нибудь станет ясно, что в своём обращении с доктором Келлогом наши братья и сестры не были водимы Духом Христа. Я знаю, что ваше мнение о докторе неверно. Ваше отношение к нему не будет одобрено Богом. … Вы можете встать на путь, который приведёт к ослаблению его доверия к своим братьям, и они не смогут помочь ему тогда, когда ему потребуется помощь. …
>
> Доктор Келлог выполнил работу, которую ни один из известных мне людей не в состоянии выполнить в силу своей недостаточной подготовленности. Ему так необходимо сочувствие и доверие его братьев. … Им следует так относиться к нему, чтобы укрепить и сохранить его доверие. … Но вместо этого проявляется дух подозрительности и критики.
>
> Если доктору не удастся в итоге выполнить свой долг и одержать окончательную победу, то за это в большой степени будут ответственны братья, которые не проявили достаточно мудрости и понимания, чтобы помочь этому человеку, когда

он нуждался в этом. ... Его братья иногда сознают, что Бог совершает через доктора Келлога работу, которую не способен выполнить никто другой. Но, сталкиваясь с потоком слухов, порочащих его, они теряются. Они отчасти верят этим слухам и приходят к выводу, что доктор Келлог, должно быть, и в самом деле лицемер и бесчестный человек. ... Как должен доктор чувствовать себя при таком отношении к нему? ... И как долго это будет продолжаться? ... За его душу Христос уплатил полную цену искупления, но дьявол приложит все усилия, чтобы погубить её. Пусть же никто из нас не станет помощником дьявола в этом деле (Письмо 21. 1888 г. пункты 31, 38–39).

[128]

Те, кто находился в самом центре работы, дали волю своим желаниям, и это опорочило Бога. ... Доктора Келлога не поддержали в его деятельности по реформе здоровья ... [Он] взялся за работу, которую они не пожелали выполнять. Дух критики по отношению к его деятельности с самого начала был совершенно необоснован и усложнил его деятельность ... Это правда, что наши служители очень неохотно становятся реформаторами в сфере здоровья. ... Это заставило доктора Келлога потерять к ним доверие (Рукопись 175. января 1898 г. пункты 2, 8, 11).

«Манна» 1888 года была отвергнута, и с ней стало происходить то же самое, что происходило с манной небесной в Израиле, когда она не съедалась вовремя. Она испортилась. Питательная пища портится быстрее, чем пища, лишённая жизненно важных компонентов. «Мы» потеряли трёх одарённых выдающихся людей, назначенных небесами, о чём были даны свидетельства. Испорченная манна стала неприятной, а вся эта история печальной.

Заключение

Последние слова, написанные Ваггонером перед его внезапной смертью 28 мая 1916 года — это заключительные слова из его письма к М. К. Уилкоксу: «Я не подвергаю сомнению и признаю хорошие качества братьев этой деноминации. Я был бы отступником, если бы отверг свет, который даровал мне Бог. Я никогда не понимал причин, по которым Бог открыл этот свет именно мне, кроме как по причине того, что Он раздаёт Свои дары не по заслугам, а по нужде».

Не нам судить о том, будет ли он спасён или погибнет для вечности. Но если таковы были его последние мысли, и если Бог в Своей бесконечной мудрости и милости найдёт путь, чтобы спасти его, очевидно, что Ваггонер признает себя недостойным. А разве кто-то из нас, спасённых, будет иного мнения?

В одном из последних сохранившихся писем Джоунса можно увидеть его смиренную веру в весть Церкви Адвентистов Седьмого Дня и в служение Эллен Уайт (12 мая 1921 года). Медбрат, ухаживавший за ним во время его последней болезни в Батл-Крике, сказал нам о своей уверенности в том, что Джоунс умер как истинный христианин.

Собрание их проповедей во времена их верного служения, напечатанное авторитетным изданием, явилось бы для нынешнего поколения свежим взглядом на чистое евангелие. После того, как мы соберём все оставшиеся куски этого хлеба, «чтобы ничего не пропало», мы с уверенностью можем просить перед престолом [129] благодати того хлеба насущного, который был бы нам необходим.

И пока жив Бог, эта молитва не останется без ответа.

ГЛАВА ОДИННАДЦАТАЯ

КРИЗИСЫ «АЛЬФА» И «ОМЕГА» [130]

Сильнейший кризис, связанный с ересью пантеизма, чуть не погубил Церковь Адвентистов Седьмого Дня в начале двадцатого века. Эллен Уайт назвала этот кризис «альфой», или началом действия «духов обольстителей и учений бесовских». Имела ли эта «альфа» какое-либо отношение к отвержению света вести 1888 года?

Ложный свет занимает место истинного света ровно в той мере, в которой истинный свет не понят и не принят. После событий 1888 года нам было сказано, что отступничество внутри церкви будет неосознанным, тонким, и, вероятней всего, распространится достаточно широко, прежде чем его смогут обнаружить.

Этот принцип заблуждения, непременно следующего за отвержением света, представляет собой неизменный закон истории. Иисус говорил лидерам Израиля: «Я пришёл во имя Отца Моего и не принимаете Меня; а если иной придёт во имя своё, его примете» (От Иоанна 5:43). Верное понимание эпохи 1888 года и последующих лет чрезвычайно важно для того, чтобы увидеть эти поддельные «искры», которые заняли место подлинного света.

Служители церкви периода 1888 года были добрыми, посвящёнными людьми, которые много работали и проходили лишения. Искренне исповедуя истину, они каким-то образом смогли проигнорировать и отвергнуть саму реальность этой истины. То, что произошло, относится к наиболее поразительным событиям в истории работы Божьей.

Братья искренне не осознавали то сердечное отношение, которое побудило их к далеко не святой реакции на самый славный свет, когда-либо посланный этой церкви. Но по своей природе они были не хуже нас. Мы с ними – одно тело.

Из вышесказанного следует, что грех отвержения света громкого клича может быть до конца побеждён только в том случае, когда эти скрытые мотивы, присущие и нашим сердцам, полностью откроются нашему сознанию. Эта работа, несомненно, будет связана с очищением небесного святилища. То, что мы не *приняли верой* столетие назад, мы должны *познать* в нашем странствовании по этому обходному пути наших же собственных изобретений. Наша история является результатом действия принципов Божьих, которые должны привести нас к примирению со Христом.

История ереси «альфа» в начале XX века служит иллюстрацией этого принципа

Господь не может, и не будет ни устрашать, ни принуждать тех, чьи сердца Он собирается завоевать только любовью. Отсюда и Его долготерпение к нашему долгому обходному странствованию. Что Ему остаётся делать, кроме как ждать нашего разочарования? Однако Его терпение и мудрость в конце концов одержат победу, ибо эта мудрость преисполнена любви, и в этом заключается воистину божественная стратегия. Понимание эпохи 1888 года — это могущественная благая весть!

[131] Как в 1844, так и в 1888 году отвержение света неизбежно привело к принятию заблуждения. Вот как действовал этот же принцип, когда некоторые из первых адвентистов отвергли увеличивающийся свет истины о святилище:

> Я увидела, как от Отца к Сыну сошёл чрезвычайно яркий свет, а от Сына волны этого света озарили людей, стоявших у престола. Но не все приняли этот великий свет. Многие вышли из-под его лучей и сразу же стали противиться ему; другие вели себя беспечно и не дорожили этим светом, и он удалился от них. ...
>
> Вставшие с Иисусом возносили веру свою к Нему во Святое святых, и молились: «Отче наш, даруй нам Духа Твоего». ...
>
> Я обернулась, чтобы посмотреть на другую группу людей, которые по-прежнему стояли, склонившись перед престолом: они не знали, что Иисуса там уже нет. У престола появился сатана, пытаясь подделать работу Божью. Я увидела, как они смотрели на этот престол и молились: «Отец, даруй нам Духа твоего». Тогда сатана дохнул на них своим неосвящённым влиянием; в нём был свет и много силы, но не было прекрасной любви, радости и мира. [Его] цель заключалась в том, держать их в обмане, а также в том, чтобы увлечь и соблазнить Божьих детей (Э. Уайт. Ранние произведения. стр. 54.2, 55.1, 56.1).

Этот же принцип обмана, последовавшего за отвержением света, посланного небом, действовал и после 1888 года. Говоря об этом, Эллен Уайт писала в 1889 году: «Нам ни в коем случае не следует ожидать, что в том случае, когда Господь желает послать свет Своему народу, сатана будет спокойно стоять, не предпринимая усилий помешать им принять этот свет» (Э. Уайт. Свидетельства для церкви. Т.5. стр. 729.1).

> Как и в древности, сейчас будет много людей, принимающих традиции и поклоняющихся тому, чего они не разумеют. ...
> Среди нас определённо было отступление от живого Бога и обращение к человеческой мудрости, когда мы ставили её на место мудрости Божьей.
> Бог пробудит Свой народ; и если другие средства не помогут, в эту среду проникнут ереси, которые просеют людей, отделяя плевелы от пшеницы (там же. стр. 707 – пункты 1–3).

На сессии в Миннеаполисе нам было сказано, что если мы не будем идти под руководством Христа, то, сами того не зная, мы окажемся под руководством сатаны:

> Бог отнимет Свой Дух, если Его истина не будет принята. ...
> Я хочу, чтобы вы осознали, что если вы не идёте вперёд, то вы отступаете, и сатана понимает это; ему известно, как подчинить себе человеческий разум. ... Эта битва уже надвигается (Э. Уайт. Рукопись 8. 1888 г. пункты 14, 15, 20).

И снова, говоря о Миннеаполисе, Эллен Уайт описала сам процесс отступничества:

> Сегодня Бог желает, чтобы Его работе был дан новый и свежий стимул. Сатана видит это и решительно настроен помешать. ... То, что является духовной пищей для общин, сочли достаточно опасной пищей, чтобы не дать её народу Божьему. Этой мелкой несогласованности в идеях позволили разрушить веру, *вызвать отступничество*, разорвать единство, посеять разногласия, и всё потому, что они сами не знают, о чём спорят (выделено нами – Р.В. и Д.Ш.) (Рукопись 13. 1889 г. пункты 10, 11).

Враг понимал, что отрицательное отношение многих к свету 1888 года могло стать для него наилучшей возможностью одержать победу:

> Враг Бога и человека не желает, чтобы эта истина свободно раскрывалась перед людьми, ибо он знает, что, если люди получат её во всей полноте, власть его рухнет. ... (Э. Уайт. «Ревью энд Геральд». 3 сентября 1889 г. пункт 2; Служители Евангелия. стр. 161.1).

> Он [Христос] предупреждает нас, чтобы мы остерегались появления ложных доктрин. ... Многие ложные учения будут преподаны нам под видом учения Библии. ... Богу угодно, чтобы мы были разумными ... и восприняли данные нам предупреждения, чтобы не перейти на сторону великого обманщика в том кризисе, который уже грядёт (Э. Уайт. «Знамения времени» (*Signs of the Times*). 22 апреля 1889 г. пункты 1–3).
>
> Те, кто получил великий свет, но не ходит в этом свете, окажутся в такой тьме, масштабы которой пропорциональны свету, отвергнутому ими (Свидетельства для проповедников. стр. 163.1).

Поскольку свет, излившийся в 1888 году, был в действительности вестью третьего ангела, то для врага имело смысл воспользоваться случаем и исказить наше понимание этой истины:

> Сатана уже действует, применяя всю свою изобретательность и обольстительную силу, чтобы отвлечь людей от этой вести третьего ангела, которая должна быть проповедана с величайшей силой. ... Он будет действовать настолько ловко и искусно, чтобы вызвать, с одной стороны, фанатизм, а с другой – холодный формализм, с целью собрать свой урожай душ. Теперь настало время бодрствовать непрестанно. Бодрствуйте и перекрывайте сатане все пути, чтобы он не добился в нашей среде даже минимального успеха. ... (Рукопись 16. 1890 г. пункт 14; Избранные вести. Т.2. стр. 19.4).
>
> Некоторые не извлекут нужной пользы от учения об оправдании через веру (Рукопись 16. 1890 г. пункт 15).
>
> До тех пор, пока народ Божий в своём опыте не будет руководствоваться божественной силой, ложные теории и идеи будут владеть умами («Ревью энд Геральд». 3 сентября 1889 г. пункт 17; Служители Евангелия. 1915 г. стр. 161.3).

А. Г. Дэниэльс в 1926 году признал, что это предупреждение было оправданным, и что данное пророчество *исполнилось*:

> К несчастью, народ Божий не воспользовался божественной силой в своём опыте, и предсказанный результат налицо: ... Умами завладели ложные теории и ошибочные идеи (А. Г. Даниэльс. Христос – наша Праведность. стр. 89).

Эллен Уайт была обеспокоена. Время громкого клича – это волнующее, но вместе с этим и роковое время. По её словам, кризис, начавшийся после 1888 года, ознаменовал собой новую эру:

> Отныне нам предстоит постоянная битва. ... Мне были явлены следующие слова Святого Писания: «Из вас самих вос-

станут люди, которые будут говорить превратно, дабы увлечь учеников за собою». Такое, без сомнения, произойдёт в среде народа Божьего. ...

Будут такие, кто ... примет свет за заблуждение, а обманчивое заблуждение провозгласят светом, считая иллюзии реальностью, реальность же принимая за иллюзию. ... Они поддадутся обольщениям, которые сатана приготовил как скрытую сеть, установленную на пути тех, кто считает, что может обойтись своей человеческой мудростью, без особой благодати Христа. ... Они будут постоянно принимать один обман за другим до тех пор, пока их восприятие не извратится (Рукопись 16. 1890 г. пункты 45–46; Евангелизм. стр. 593 – пункты 1–2).

Верно то, что враг пытался обмануть нас и до 1888 года, но самым коварным нападкам он подверг нас в последующие годы. Ересь «альфа» имела успех только по причине прежнего отвержения света:

[133]

Во время громкого клича третьего ангела те, кто хоть в малейшей степени ослеплён врагом, кто не освободился полностью из ловушек врага, подвергнутся смертельной опасности, так как им трудно будет отличить истинный свет, сходящий с небес, и они будут склонны принять неправду. Их ложный духовный опыт будет влиять на их мысли, решения, идеи, советы. Свидетельства, данные Господом, не будут доказательствами для тех, кто ослепил свои глаза, выбирая тьму вместо света. После отвержения света они создадут теории, которые и будут называть «светом», но которые Господь называет искрами их собственного изобретения, с помощью которых они и будут указывать себе путь.

Многие отвергнут слова, посланные Господом, и примут за свет и правду другие слова, сказанные человеком. Иисус говорит: «Я пришёл во имя Отца Моего и не принимаете Меня; а если иной придёт во имя своё, его примете». Человеческая мудрость уведёт людей от самоотречения, посвящения, и изобретёт многое, что будет обесценивать Божьи вести. Мы не можем без пагубных последствий полагаться на людей, у которых нет тесной связи с Богом. Они примут человеческие мнения, но не смогут распознать голос Истинного Пастыря. Под их влиянием многие собьются с пути (Э. Уайт. «Ревью энд Геральд». 13 декабря 1892 г. пункты 3, 4).

После сессии 1893 года Эллен Уайт увидела предстоящие невиданные ранее бедствия, которые придут вследствие обмана: «Видимо, их оставила проницательность, и многие не способны увидеть различие между светом, посланным Богом, и тьмой, исходящей от врага их душ» (Э. Уайт. «Ревью энд Геральд». 7 августа 1894 г. пункт 3).

Опасность нетерпеливости

В период 1888 года некоторые хотели продвигаться вперёд со Христом, чтобы испытать наконец духовную радость от завершения евангельского поручения. Но церковь как единое тело Христово (особенно руководство) не была к этому готова. И поэтому, вопреки принципам кальвинистского предопределения, Господь изменил Свои планы и остался со Своим народом. Если они не захотели идти в ногу с Ним, то, по крайней мере, Он должен был идти в ногу с ними.

Это было утомительным испытанием для людей с более горячим темпераментом. Их нужно было убедить «не забегать впереди Господа, но следовать за Ним, куда Он поведёт» (Свидетельства для проповедников. 1894 г. стр. 228.2).[1] До самой своей смерти Эллен Уайт не покидала церковь несмотря на то, что церковь не последовала Божьему водительству, подобно Моисею, который остался с израильским народом после событий в Кадес-Варни.

Даже сегодня она является хорошим примером, и её советы полезны для нас. Критики не обладают терпением Господа. Долгая

---

[1] По странной причине главным учителем ереси «альфа» стал доктор Дж. Х. Келлог, который, по словам Эллен Уайт, был истинно обращён на Конференции в Миннеаполисе (Бюллетень Генеральной Конференции. Т.5. 3 апреля 1903 г. стр. 86.8). У. У. Прескотт, проповедовавший некоторое время отдельные аспекты этой вести, также стал сторонником пантеистических идей на ранней стадии того кризиса. Даже Ваггонер допускал неточности в некоторых своих высказываниях, давая повод оппонентам обвинять его в пантеистических взглядах, хотя Эллен Уайт ни разу не упрекнула его в этом. Сегодня некоторые делают ошибочный вывод о том, что идеи пантеизма заложены в самой вести 1888 года.

Говоря о жизненно важной истине, следует быть абсолютно точным, так как путь заблуждения всегда тесно граничит с путём истины. Это особенно справедливо в отношении вести, которая была началом позднего дождя и громкого клича. Истины вести 1888 года подчеркивают, насколько близко подошёл к нам Спаситель в Его воплощении и служении через Святого Духа. Решительная и упорная оппозиция выбила из колеи посланников, создав отчуждение братьев. Вынужденный занять оборонительную позицию и лишенный здоровой братской поддержки и критики, Ваггонер сбился с пути, отошёл от той тонкой линии, которая отделяет драгоценную правду от ошибочных идей.

задержка – это эксперимент, проводимый не в интересах Господа, но в интересах самой церкви. Почему Бог допускает развитие отступничества в Своей Церкви? История Израиля отражается в нашей истории:

> Даже в самой церкви Господь позволил людям увидеть свою собственную мудрость в этом вопросе. ... Когда появились лжеучители, за этим последовала слабость, и казалось, что народ Божий стал терять веру. Но Господь встал и очистил гумно Своё, чтобы проявились верные и испытанные.
>
> Бывают времена, когда отступничество появляется в наших рядах, когда набожность покидает сердца тех, кто должен был идти в ногу со своим божественным Вождём. ... Но Бог посылает Утешителя, Который открывает людям их грехи, чтобы предупредить Свой народ об отступничестве, и упрекнуть в том, что они оставили веру (Э. Уайт. «Ревью энд Геральд». 15 декабря 1891 г. пункты 3, 4).

[134]

Конец нашей объездной дороги несёт нам благую весть. Она приведёт церковь к верному пониманию её состояния и к истинному покаянию, что станет величайшим в своём роде духовным опытом за всю историю христианства:

> Господь взвесит Церковь Адвентистов Седьмого Дня на весах святилища. ... если посланные благословения не сделают её способной совершить доверенную ей миссию, ей будет вынесен приговор: «Найдена очень лёгкой». ...
>
> Если Церковь, которая сегодня заражена отступничеством, не покается и не обратится, она продолжит вкушать плоды своих деяний, пока не проникнется отвращением к самой себе. Если же она будет отвергать злое и избирать доброе, если она взыщет Бога со всяким смирением, ... она будет исцелена. Она предстанет в своей Богом данной простоте и чистоте, отделённая от мирских связей, свидетельствуя о том, что истина сделала её воистину свободной. *Тогда её члены станут поистине избранными Божьими, Его представителями.*
>
> Когда эта реформация начнётся, *дух молитвы будет двигать каждым верующим*, что изгонит из Церкви дух раздора и вражды. ... все будут в гармонии с умом Духа (выделено нами – Р.В. и Д.Ш.) (Свидетельства для церкви. Т.8. стр. 247.2, 250.3, 251.1).

Те, кто призывают к расколам, приводят цитаты из этого отрывка в доказательство того, что церковь отвергнута Господом. Однако в подлинном контексте этих слов Эллен Уайт предсказала опыт покаяния церкви.

Что следует понимать под выражением «вся Церковь»

Может показаться, что в некоторых местах Эллен Уайт утверждает, что «вся Церковь» никогда не покается и не будет сотрудничать со Христом. Те, кто призывает оставлять церковь, используют такого рода заявления. Но в других местах Эллен Уайт утверждает обратное. Противоречит ли Эллен Уайт самой себе?

Если читать данные утверждения в контексте, то противоречие исчезает. «Вся Церковь» не возродится, *пока* не произойдёт «потрясение» (просеивание); *после* же «потрясения» «вся церковь» достигнет единства. Рассмотрим каждую группу таких утверждений:

> Тешим ли мы себя надеждой, что возродится вся Церковь? Такое время никогда не наступит.
> В Церкви есть люди необращённые, которые не станут объединяться с ревностной, целеустремлённой молитвой. Мы должны начинать свой труд каждый в отдельности (Э. Уайт. Избранные вести. Т.1. стр. 122 – пункты 1, 2; 1897 г.).

Вскоре после того, как были сказаны эти слова, весть 1888 года принесла новое видение и новые надежды. Эта новая весть вдохновила Эллен Уайт, и она написала:

[135]
> Когда будет изливаться поздний дождь, Церковь *облечётся силой для этой работы; но вся церковь в целом не получит этого до тех пор, пока её члены не избавятся от зависти, подозрений и злоречия* (выделено нами – Р.В. и Д.Ш.) (Э. Уайт. «Ревью энд Геральд». 6 октября 1896 г. пункт 9).
> Когда Церковь пробудится, ... её члены будут испытывать душевные муки за тех, кто не знает Бога. ...
> *Бог будет действовать через освящённую, самоотверженную Церковь*, и Он будет открывать Своего Духа видимым и славным образом. ...
> Когда же народ Божий получит этого Духа, *от них будет исходить сила* (выделено нами – Р.В. и Д.Ш.) (Э. Уайт. Избранные вести. Т.1. стр. 116.3, 117.2–3; 1897 г.).
> Когда пороки равнодушия и праздности будут сняты с Церкви, тогда Дух Господа проявится в ней Своей благодатью. ... *Земля озарится славой Господа*.
> Небесные ангелы уже давно жаждут сотрудничества с людьми – членами Церкви – в великом труде, ожидающим нас (выделено нами – Р.В. и Д.Ш.) (Свидетельства для церкви. Т.9. стр. 46 – пункты 2, 3).

В ночных видениях мне было показано большое реформаторское движение среди народа Божьего. ... Люди были движимы духом подлинного обращения. ... Казалось, весь мир осветился этим небесным влиянием. ...

И тем не менее некоторые отказались измениться. ... *Эти скупые люди отделили себя от общества верующих* (выделено нами – Р.В. и Д.Ш.) (Свидетельства для церкви. Т.9. стр. 126 – пункты 1, 2).

Святой Дух оживит и наполнит Собою всю церковь, очищая и укрепляя сердца верующих. ...

Цель Бога – прославить Себя в Своём народе перед миром (выделено нами – Р.В. и Д.Ш.) (Свидетельства для церкви. Т.9. стр. 20.2, 21.2).

Говоря о времени покаяния и реформации, когда поздний дождь будет принят, вестница Господня предсказывает:

Страх Божий, осознание Его благости, Его святости будут наполнять атмосферу в каждом учреждении. Дух любви и мира проникнет в каждый отдел. Каждое слово, каждый поступок будут распространять влияние, подобное влиянию небес. ... И тогда дело Божье будет продвигаться вперёд неуклонно и с удвоенной силой. ... Земля осветится славой Божьей, а мы будем свидетельствовать о скором пришествии нашего Господа и Спасителя в силе и славе (Э. Уайт. Медицинское служение. 1902 г. стр. 184.6, 185.1).

Для достижения этой цели необходимо понимать нашу собственную историю. «Нам нечего бояться будущего, если только мы не забудем того пути, которым вёл нас Господь, и Его наставлений в прошлом» (Э. Уайт. Свидетельства для церкви. Т.9. стр. 10.2). Правдивый и искренний человек поймёт это и возрадуется:

Мы должны держаться ближе к нашему великому Вождю, иначе мы придём в недоумение и потеряем из вида Провидение, Которое руководит Церковью, миром и каждым человеком в отдельности. Божественные действия могут быть покрыты глубокой тайной. Мы можем потерять Божьи следы, руководствоваться нашими запутанными представлениями и говорить: «Суды Господа непостижимы». Но если сердце остаётся верным Богу, то всё станет ясным.

Уже близок день, когда откроются Божьи тайны и все Его пути будут оправданы (Свидетельства для проповедников. стр. 432.3, 433.1).

[136] **Почва для ереси пантеизма**

Весть 1888 года была обращена к кротким, кающимся сердцам, способным оценить крест Христов. Праведность достигается через такую веру. Но из-за высокомерия своих гордых сердец многие отвергли такое смирение. Заметьте, как эта гордая самодостаточность души позволила последующему заблуждению укорениться в себе. Если бы не эта гордость, чуждая веры, самые изощрённые искушения сатаны не имели бы силы. Не было в мире никакой другой причины, по которой церковь после 1888 года наводнили бы ереси «альфа», кроме этой гордости:

> И теперь, посреди опасностей последнего времени, когда повсюду слышны голоса: «Вот, здесь Христос», «Здесь истина», когда многие стремятся поколебать основания нашей веры, которые вывели нас из церквей и из мира, …
>
> Истина для нашего времени драгоценна, но те, чьи сердца не сокрушились, упав на скалу Иисуса Христа, не увидят и не поймут, что есть истина. Они примут то, что будет соответствовать их идеям, и станут созидать иное основание, кроме положенного. Они станут льстить собственному тщеславию и тешить свою гордыню, думая, что способны сдвинуть столпы нашей веры, и заменить их столпами своего собственного изобретения (Э. Уайт. Избранные вести. Т.2. стр. 387.3, 389.1; 1890 г.).

Оппозиция в Миннеаполисе пожелала «остаться у старых дорожных указателей». Видеть, как люди покидают эти старые вехи, было бы самым большим удовольствием для нашего врага.

Но враг располагает армией термитов, готовых довести дело до конца после того, как с ним не справилась команда подрывников. Обманчивые идеи, исходящие от отца отступничества, могли бы незаметно разрушить наше понимание истины. Эти термиты не могут одолеть столпы веры, но они способны изнутри уничтожить нашу веру и оставить нас с одной лишь внешней оболочкой вести третьего ангела. Сатана вполне мог предпринять такую попытку после 1888 года. Именно об этом и говорит история проникновения пантеизма:

> Те, кто самодостаточны … будут создавать внешнее впечатление служения Богу, в действительности же они будут предоставлять свои услуги князю тьмы. Так как глаза их не помазаны небесной мазью, они духовно ослепнут и станут невосприимчивыми к изощрённым уловкам врага. Их видение будет извращено их зависимостью от человеческой мудрости, что в

глазах Господа является безрассудством (Э. Уайт. Брошюра – «Опасность принятия мирских принципов» (*Danger of Adopting Worldly Policy*). 1890 г. стр. 4–5).

Отступничество развивалось скрытно, основываясь на корнях предубеждённости по отношению к вести 1888 года, которые так «никогда и не были удалены, и … продолжают приносить нечестивые плоды, отравляя суждение, извращая восприятие, ослепляя понимание … Когда посредством основательного исповедания вам удастся уничтожить сам корень этой вражды, тогда вы увидите всё в Божьем свете» (Свидетельства для проповедников. стр. 467.1). Но это «полное исповедание» так и не настало для большинства этих братьев. Враг желал именно такого положения вещей, при котором верхушки срезаны, а корни остались невредимыми:

> Мирские принципы сейчас занимают место истинного благочестия и мудрости, сходящей свыше, и Бог уберёт Свою благодеющую руку с этой конференции. Будет ли ковчег Завета удалён от этого народа? Будут ли тайно поставлены идолы? Будут ли в святилище насаждаться ложные правила и заповеди? Поклонятся ли здесь антихристу? Будут ли попраны посланные нам от Бога истинные откровения и принципы, которые сделали нас теми, кем мы являемся? … Именно к этому ведёт нас враг через действия слепых, непосвящённых людей (Э. Уайт. Рукопись 29. 1890 г. пункт 9; Советы авторам и редакторам. стр. 95.3).

В 1894 году сила предостережений, снова разоблачающих хитрость сатаны, увеличилась до максимума:

> Ангелы сатаны … сформируют нечто такое, что некоторые назовут новым светом, … выдавая это за нечто новое, удивительное, и хотя в определённых пунктах эта весть и будет истинной, но она будет смешана с человеческими вымыслами, и будет нести учения и заповеди человеческие. … Что-то, кажущееся хорошим, должно быть тщательно, со многими молитвами проверено, потому что это могут быть ловкие ухищрения врага, ведущие людей на путь, настолько похожий на истинный, что его едва можно будет отличить от пути, ведущего к святости и небесам.
>
> Однако взор веры способен показать, что это – отклонение от верного направления, хотя и почти незаметное. Вначале оно может показаться абсолютно верным, но через некоторое время станет очевидно, что оно уводит далеко от безопасного

пути, ведущего к святости и небесам (Э. Уайт. Свидетельства для проповедников. стр. 229 – пункты 1, 2).

Ещё более точным является следующее предостережение:

> Фанатизм появится прямо среди нас. Придут обольщения, и притом такие, что будут способны ввести в заблуждение, если возможно, даже самых избранных. Если бы в этих проявлениях были заметны очевидная непоследовательность и явные лживые утверждения, то не было бы нужды в этих словах предостережения нашего Великого Учителя. ...
>
> Причина, по которой я подаю сигнал тревоги, заключается в том, что, благодаря просвещению от Духа Божьего, я могу видеть то, что мои братья не различают (Э. Уайт. Избранные вести. Т.1. стр. 95.1; 1894 г.).
>
> Путь предубеждений очень тесно граничит с путём веры. ... Без тщательной, искренней, прилежной и внимательной работы, твёрдой как скала в продвижении всякой идеи и принципа, ... будут гибнуть души (Э. Уайт. Письмо 6а. 1894 г. пункты 10, 11).

В том же году она писала, что наши школы могут запутаться в сетях сатанинского обольщения. Но вновь она выразила надежду:

> Существует опасность, что наши ведущие учебные заведения будут руководствоваться мирскими принципами. Шаг за шагом они могут становиться мирскими; но всё же есть надежда, что Господь исправит и просветит их, и вернёт их на верную позицию, отличную от мира (Э. Уайт. «Ревью энд Геральд». 9 января 1894 г. пункт 12).

[138] Синтез науки и христианства, популярный в Новой Англии уже в 1895 году, имел влияние на некоторых наших педагогов и посеял семена ереси пантеизма в нашей среде в первые годы двадцатого века. Несомненно, никаких намёков на пантеизм нет в послании третьего ангела или в начале вести четвёртого ангела, так как пантеизм чужд этой вести, и был привнесён со стороны:

> Некоторые считают союз с образованными людьми более важным, чем общение с Богом Небесным. Утверждения образованных людей считаются более важными, чем высочайшая мудрость, открытая в слове Божьем. ...
>
> Люди, представляющие себя миру как пример величия и силы ... прославляют человека и говорят о совершенстве природы. Они рисуют замечательную картину, но это лишь иллюзия. ... Те, кто проповедуют противоречащее Библии учение,

следуют за великим отступником. ... С таким руководителем во главе – ангелом, изгнанным с небес – эти так называемые великие люди могут выдумывать завораживающие теории, которые вскружат людям головы (Э. Уайт. Статья из журнала «Молодёжный руководитель» (*The Youth's Instructor*). 7 февраля 1895 г.; Принципы христианского воспитания (*Fundamentals of Christian Education* – FE) стр. 331, 332).

Мрачное десятилетие нашей истории

В канун кризиса, вызванного пантеизмом, Эллен Уайт чувствовала, что предсказанные события уже разворачиваются:

> Братская рука общения протянута людям, которые привносят ложные учения и ложные настроения, вносящие сумятицу в умы народа Божьего, умерщвляя их восприятие верных принципов. ... Посланный свет, призывающий к покаянию, был развеян в облаках неверия и оппозиции, которые появились в результате человеческих планов и изобретений (Избранные вести. Т.2. стр. 151.2; 1897 г.).

Обращаясь к делегатам сессии Генеральной Конференции 1899 года, миссис С. М. И. Генри также ощущала некую опасность: «Самые свежие и вкусные продукты, когда портятся, становятся самыми опасными. Так и отвержение великого света и истины означает погружение в величайший мрак и грех» (Ежедневный Бюллетень Генеральной Конференции. Т.8. 1899 г. стр. 174.5).

На этой же сессии стал известен из первых уст трагический пример одного обмана. Один из уважаемых пасторов по пути из Европы на сессию в Южном Ланкастере подружился на корабле с неким человеком, назвавшим себя состоятельным капитаном судна. С редкой хитростью этот человек заявил, что принимает «весть третьего ангела». Наш пастор пригласил его принять участие в предстоящей сессии в Южном Ланкастере. «Капитан Норман» устроил целый спектакль в присутствии делегатов сессии и местных членов церкви, включая молодую леди, которой он предложил руку и сердце, получив от неё согласие.

На сессии к членам церкви прозвучал горячий призыв жертвовать на дело Божье. В «*Бюллетене*» 1899 года в списке пожертвований мы находим рекордную для того времени сумму в 100 долларов. Большинство жертвовало гораздо меньше, но «Капитан Норман» дал обещание внести астрономическую сумму – 5000 долларов. На этом обещания остальных быстро закончились. Зачем надо было нашим беднякам жертвовать, когда этот человек пообещал в *50 раз* больше, чем был в состоянии дать самый состоятельный из наших людей? Как должен быть рад Господь вместе с его народом, когда к ним пришло такое великое благословение – богатый новообращённый капитан Норман!

[139] Этот человек оказался агентом дьявола, как и назвала его Эллен Уайт.² (Он исчез вместе со всеми сбережениями своей невесты, накопленными ею в течение всей жизни). Тем, кто поверил ему, вскоре предстояло поверить и другому обману, который Эллен Уайт назвала «*доктринами* бесовскими», в истории ереси «альфа».

Последнее десятилетие девятнадцатого столетия было временем тьмы и смятения, царивших в самом центре нашей работы. Под маской прогресса скрывалась духовная нищета. Мервин Максвелл описывает сильный контраст между вестью 1888 года и духовным состоянием церкви:

> Руководство, рядовые члены церкви, организации, конференции, миссионерские поля, и вся церковь в целом отчаянно нуждались в реформации. ... [Эллен Уайт говорила], что в то время имело место «изумительное отступление от веры» среди народа Божьего. Церковь была «безразлична и холодна», она потеряла первую любовь. Руководители церкви в Батл-Крике повернулись спиной к Господу: многие члены церкви также отвергли Его руководство и предпочли Ваала. Президенты конференций ведут себя, как средневековые епископы. ... Президента Генеральной Конференции постигла «странная слепота», в результате чего даже он действует вопреки свету. ... «Небеса в возмущении» (М. Максвелл. Скажи Миру (*Tell It to the World*). 1976 г. стр. 246, 247).

Каков был истинный источник этих духовных проблем? Они отвергли начало позднего дождя и громкого клича. Они отвергли величайшую из всех когда-либо предлагавшихся людям эсхатологических возможностей.

---

²Этот случай рассказал нам старейшина С. А. Велльман (S. A. Wellman) зимой 1949–50-х годов. О «Капитане Нормане» упоминается в «Бюллетене» 1899 года. Женщина, принявшая его предложение, потеряла сбережения всей своей жизни. Пятьдесят лет спустя аналогичный случай произошёл в Такома-Парк. Некий «Доктор Легге», преступник, обманул некоторых руководителей Генеральной Конференции, которые тоже считали его «обращение» чудесным благословением Господа.

ГЛАВА ДВЕНАДЦАТАЯ

ОТСТУПНИЧЕСТВО ПАНТЕИЗМА

[140]

Вместо оживляющих потоков позднего дождя, который подготовил бы народ Божий к возвращению Христа, в начале нового столетия церковь погрузилась в один из самых тяжких, почти трагических кризисов в своей истории. Только личное вмешательство смиренной вестницы Господней спасло этот корабль от такой же гибели, которая ожидала *Титаник* несколько лет спустя.

«Айсбергом» в этом случае стала едва различимая ересь пантеизма, которую распространяли некоторые из наиболее уважаемых лидеров адвентизма. Эти руководители оказались такими же глухими к сигналам о приближающейся опасности, как и капитан злополучного корабля компании Кунард.

Когда Эллен Уайт увидела, что никто не примет меры для преодоления кризиса, наступившего из-за еретических идей доктора Келлога, она получила следующее видение:

> И вот в одну из ночей во сне предо мною ясно развернулась следующая сцена: судно, окружённое густым туманом. Вдруг вахтенный закричал: «По курсу — айсберг!» Впереди, возвышаясь высоко над судном, возник гигантский айсберг. Могучий голос воскликнул: «Иди ему навстречу!» На размышления не было ни секунды. Действовать нужно было незамедлительно. Механик дал полный ход, а рулевой направил судно прямо на айсберг. С грохотом корабль врезался в ледяную гору, и после страшного толчка она раскололась на множество глыб, падавших на палубу с громоподобным шумом. Пассажиры были крайне потрясены этим столкновением, но никто не погиб. Корабль был повреждён, но небезнадёжно. Сила удара была такова, что судно буквально отбросило от айсберга; оно, словно живое существо, сотрясалось от носа до кормы. Затем оно двинулось дальше по своему пути (Э. Уайт. Избранные вести. Т.1. стр. 205.3; 1903 г.).

Этим судном была Церковь Адвентистов Седьмого Дня. Могучим «голосом» было свидетельство Иисуса. Судно действительно *получило* повреждения, но не без возможности восстановления.

В процессе преодоления последствий столкновения вышли трое ценнейших работников Божьих, которыми особенно дорожила Эллен Уайт: Джоунс, Ваггонер и доктор Келлог. Если бы айсберг заметили раньше и судно обошло бы его, то церковь могла бы избежать этой потери.

В данной истории особого внимания заслуживают следующие факторы:

(1) Многие из наших служителей и врачей не смогли разглядеть природу пантеистического кризиса, когда он обрушился на них. Они были как бы в тумане. Пантеистические настроения были популярны в то время, являясь модным символом прогрессивного богословия. В них была какая-то особенно завораживающая красота. Эти опьяняющие идеи распространялись, практически не встречая протеста. «Как никогда прежде нас должно тревожить сейчас то, что те, кого мы считали крепкими в вере, не смогли разглядеть смертельное влияние этой науки лукавого» (Рукопись 117а. 1903 г. пункт 6).

(2) Возможно, что Эллен Уайт не увидела бы это едва различимое заблуждение без её особого дара проницательности. Она всё же надеялась, что её братья и сёстры также будут в тесной связи со Святым Духом, чтобы отличить истину от обмана:

> В наше время, когда сатанинские силы заблуждения действуют уже не только на умы молодых и неопытных, но и на зрелых мужчин и женщин с большим духовным опытом, людям, занимающим ответственные посты, грозит опасность сменить руководителей (Э. Уайт. Рукопись 76. 1904 г. пункт 13).
>
> Я услышала голос, вопрошающий: «Где же стражи, которые должны стоять на стенах Сиона? Не спят ли они? Это основание было воздвигнуто Господом, и оно выстоит в любые бури и ураганы. Неужели они позволят этому человеку [Келлогу] выдвигать учения, отрицающие прошлый опыт народа Божьего? Настало время для решительных действий» (Э. Уайт. Избранные вести. Т.1. стр. 204.1; 1903 г.).

На самом деле, выражаясь непредвзято, виновны в большей степени ответственные стражи на стенах Сиона, которые не заметили опасности, чем обманутый доктор, проповедовавший эту ересь.[1] Мы же всегда готовы осудить его, и радуемся, что преодо-

---

[1] Эллен Уайт хотела помочь Келлогу и верила, что это возможно. Он был «врачом Господним» и, по её словам, был обращён на сессии в Миннеаполисе (Бюллетень Генеральной Конференции. Т.5. 3 апреля 1903 г. стр. 86.8).

лели этот кризис с помощью Духа пророчества. Но данный урок не даёт нам покоя: многократные предупреждения, данные после 1888 года, не смогли пробудить большинство из народа Божьего.

Итак, кризис, вызванный ересью пантеизма, выявляет глубину укоренившегося после Миннеаполиса неверия, в результате которого многие с готовностью впали в соблазн десятилетие спустя. Те, кто утверждают, что раскаяние в слепоте по отношению к вести 1888 года всё-таки состоялось, с трудом могут объяснить причины последовавшей за этим слепоты пантеизма.

(3) К сожалению, это испытание не могло оказаться последним. Многочисленные высказывания о необходимости принятия вести 1888 года должны были научить наших братьев самостоятельно вести корабль через опасные воды пантеизма. Но, чтобы корабль не затонул, потребовалось личное и срочное вмешательство Эллен Уайт.

Следовательно, в наше время, когда этой вестницы Божьей уже нет с нами, сатана испытает нас снова. И в этом сильнейшем испытании станет видно, достигли ли мы зрелости, или мы по-

---

Келлог говорил: «Я был бы рад получить ещё до издания книги [«Живой храм»] серьёзную и дружескую критику понятным для меня языком» (Письмо Уильяму (Вилли) Уайт. 24 декабря 1903 г.). Он был обескуражен оппозицией служителей церкви как по отношению к посланию 1888 года, так и по отношению к реформе здоровья (см. Э. Уайт. Письма Келлогу: Письмо 18. 1892 г.; Письмо 86а. 1893 г.). Келлог говорил о своей молодости: «Когда я увидел принципы здорового образа жизни, они показались мне настолько прекрасными и последовательными, что я сразу же согласился с ними. Затем мне столько пришлось сражаться за эти принципы, что я мог любить только тех, кто принимал их. Самым сильным нападкам реформа здоровья подверглась со стороны служителей Генеральной Конференции. Для наших помощников в санатории было большим испытанием, когда служители из Генеральной Конференции, садясь за стол пообедать, просили тех, кто давно уже не ел мяса, подать жаркое из цыплёнка или бифштекс. Мы опасались встреч с представителями Генеральной Конференции. ... Наконец я стал опасаться самого общения с этими служителями. Я относился к ним с подозрением, так как не знал, могу ли я им доверять. ... Теперь же я чувствую, что могу вам доверять и полностью в вас уверен» (Бюллетень Генеральной Конференции. Т.5. 3 апреля 1903 г. стр. 83). Позднее он утратил большую часть своей уверенности. Безразличие служителей церкви к реформе в области медицины и к вести 1888 года продолжалось и далее, и этот двойной грех сыграл большую роль в том, что Келлог сбился с истинного пути. Духовная закваска, царившая в Батл-Крике, вызванная отвержением вести, не могла дать пищу для ищущей души Келлога.

прежнему, как дети, нуждаемся в личном присмотре воспитателя. Итак, мы видим, что кризис, связанный с ересью пантеизма, можно считать всего лишь «альфой», а «омега» должна прийти позже, и, возможно, гораздо скорее, чем мы думаем:

> Наш народ нуждается в ясном понимании основ нашей веры и нашего прошлого опыта. Как печально, что многие из нас безгранично доверяют людям, которые излагают учения, ставящие под сомнение наш прошлый религиозный опыт и передвигающие старые межи! Те, кто так легко поддаётся влиянию ложного духа, показывают тем самым, что долгое время следовали за чужим вождём, и не заметили, как уклонились от истинной веры и начали строить на неверном основании. ...
>
> Некоторые из взглядов, высказываемых в настоящее время, являются альфой, или началом самых фанатичных идей, которые только можно себе представить. Учения, аналогичные тем, с которыми мы столкнулись вскоре после 1844 года, распространяются даже среди занимающих важные посты в деле Божьем (Э. Уайт. Избранные вести. Т.2. стр. 25.1; 26.1; 1904 г.).
>
> Книга «Живой храм» (*The Living Temple*) являет собой альфу этих теорий. Я знала, что вскоре за ней последует и омега; и я устрашилась за наш народ (Э. Уайт. Избранные вести. Т.1. стр. 203.2; 1904 г.).
>
> Не обманывайтесь; многие отпадут от веры, внимая духам обольстителям и учениям бесовским. Перед нами только альфа этой опасности. Омега же будет иметь самую коварную природу (Э. Уайт. Избранные вести. Т.1. стр. 197.4; 1904 г.).
>
> Омега последует и будет воспринята теми, кто не желает внять предостережению, данному Богом (там же. стр. 200.1; 1904 г.).

Интересно отметить, что мы не находим ни одного предостережения относительно книги Эллета Ваггонера «Радостные вести» (*The Glad Tidings*). 11 апреля 1901 года Ваггонер категорически заявил, что его идеи не имеют никакого отношения к пантеизму (Ежедневный Бюллетень Генеральной Конференции. Т.4. 1901 г. стр. 223.7). Чистое богословие может подтвердить правоту его заявлений. Его проповеди в 1901 году были ревностными и влиятельными. Именно после них Эллен Уайт рекомендовала пригласить его в качестве преподавателя в Берриен Спрингс, как ради него, так и для блага студентов. Он нуждался в более тесных отношениях с влиятельными братьями, чем те, которые были у него во время его работы в Великобритании, где он трудился почти в полном одиночестве.

В студенческой газете «Критерион» (The Criterion) Университета Лома Линда от 29 января 1982 года доктор Жак Провонша пишет о Келлоге, пантеистические идеи которого выражались явно, в отличие от идей Ваггонера: «С точки зрения точного определения пантеизма Келлог не был пантеистом». Но Келлог придерживался неверной концепции о природе Бога. Эллен Уайт, видимо, симпатизировала евангельской мотивации Ваггонера. Есть мнение, что именно по этой причине она воздерживалась от критики в его адрес. Что же касается Келлога, она видела, что его взгляд может уничтожить духовное основание нашей церкви.

Этот кризис был допущен для испытания нашей веры, а также в качестве наглядного урока для будущих поколений:

> Бог позволил совместить добро и зло в книге «Живой Храм», чтобы показать грозящую нам опасность. Он допустил развитие этого труда таким хитроумным образом, чтобы последующие его плоды могли развиться, и все могли увидеть, на что способен человек, влияющий на умы, когда он как врач заручается их доверием. ... Господь допустил этот кризис, чтобы открыть глаза желающим знать истину. Ему угодно было, чтобы Его народ понял, до каких пределов может дойти искусство софистики и изобретательность врага (Э. Уайт. Письмо 242. 1904 г. пункт 2).

Итак, кризис, связанный с книгой «Живой Храм», не мог знаменовать собой конец усилий сатаны в его стремлении сбить с толку, запутать, увлечь и пленить адвентистский народ. Опасность едва различимого отступничества в нашей среде всё ещё актуальна и даже более вероятна, чем когда-либо прежде: «Вскоре необходимо будет понять одно: великое отступничество, которое развивается, растёт и крепнет, будет продолжать расти до тех пор, пока Господь не сойдёт с неба при гласе Архангела и трубе Божьей» (Э. Уайт. Рукопись 111. 1905 г. пункт 1).

(4) Распространённые представления о том, что период после 1888 года был великой победой, сводят на нет значение наглядного урока, заключённого в отступничестве Келлога. То, что Господь допустил, чтобы «показать грозящую нам опасность», и чтобы мы поняли, «до каких пределов может дойти искусство софистики и изобретательность врага», представляется как победа человеческой мудрости и свидетельство Божьего попустительства и одобрения. Сама ценность этого опыта похоронена под заявлениями о том, что «омега» — это история одного *события*, которое осталось далеко в прошлом:

В этой борьбе можно выделить две фазы: первая – пантеистические заблуждения, и вторая – вопросы о собственности и управлении. Дух пророчества назвал эти вопросы «Альфа» и «Омега». Пантеизм, «бесовские доктрины» был назван «альфой», а «омегой» должны были стать «наиболее поразительные» события.

По утверждению некоторых, термин «омега» относится к некой большой проблеме или отступничеству в будущем; и время от времени этот термин ошибочно применяется по отношению к той или иной области церковной деятельности. ... В прошлые годы под «альфой» понимались ошибки, упомянутые выше, а под «омегой» – отколовшиеся отступники, которые лишили церковь её старейшего медицинского учреждения. Это действительно было поразительным событием, которого почти никто не ожидал. Впрочем, в итоге, мы потеряли лишь несколько членов церкви (Л. Х. Христиан. Плод духовных даров (*The Fruitage of Spiritual Gifts*). стр. 292).

Если верно то, что потеря санатория в Батл-Крике была «омегой», то мы можем быть уверены и в том, что самые большие испытания и опасности для Адвентистского движения закончились восемьдесят лет тому назад. Теперь же, когда весь список средств от «а» до «я», применяемый сатаной для искушения уже иссяк, нам нечего опасаться.[2]

Какова же правда об «Омеге»?

В недавнем номере журнала «Спектрум» (*Spectrum*) (Т.12. номер 2) доктор Роберт Джонстон возвращается к мысли Христиана, цитируя в поддержку своего мнения пастора Д. Е. Робинсона. Однако, излагая свою точку зрения, он не приводит свидетельств Эллен Уайт. Она же ни разу даже не намекала на то, что под *омегой* следует понимать потерю зданий в Батл-Крике. Она также не утверждала, что *омега* означает некие «события». Джонстон ослабляет свои позиции, допуская, что *альфа* и *омега* являются «частями одного простого и непрерывного континуума». Если

---

[2] Попытки наклеить ярлык «омеги» на ту или иную ложную доктрину продолжаются, начиная с 1920-х годов и по настоящее время. Сегодня некоторые видят её в реформаторском движении «новая теология». Каждое новое поколение сталкивается со всё более сложными заблуждениями. Никто с уверенностью не может сказать, что уже увидел последнюю букву этого алфавита сатаны, составленного из разных обманов. Так или иначе, мы можем быть уже в самом конце этого алфавита.

же это так, то «омега» должна иметь ту же самую природу, что и «альфа», и должна представлять собой не «события», а «учения бесовские», искусно замаскированные под истину.

Утверждение о том, что *омега* является «событием» прошлого, противоречит следующим высказываниям Эллен Уайт:

(1) Она говорила: «Многие отойдут от веры» в ходе этого отступничества. Но Христиан утверждает, что «мы потеряли всего лишь несколько членов церкви» после потери санатория в Батл-Крике.

(2) Она утверждала, что «*омега*» будет последней «опасностью», последней из списка смертельных ересей и учений бесовских. Поскольку «омега» – из того же алфавита, что и «альфа», то она должна представлять собой ересь и бесовское учение, но только более утончённое, более коварное, и более благовидное на первый взгляд. Ведь «омега» следует за «альфой», а значит, превосходит её. Как же могла физическая потеря санатория быть исполнением этого пророчества?

(3) Она говорила, предчувствуя появление «*омеги*»: «Я устрашилась за наш народ». Но этот большой санаторий был заново отстроен вопреки неодобрению Эллен Уайт. Зачем же ей было «бояться за наш народ» ввиду потери одного учреждения, ставшего для них сетью, и не подлежащего восстановлению в таком большом масштабе?

[144]

(4) Кризис, символически представленный буквами алфавита, связан с развитием отступничества и ложных взглядов внутри самой церкви. Ниже приводится её определение «*альфы*»; «омега» же должна иметь ту же природу:

> Отступничество, ложные принципы, блестящие изумительные идеи, теории и софистика, подрывающие основные принципы веры, искажение истины, причудливое и спиритическое толкование Писания, ложная и обманчивая праведность, семена разногласий, неверия и неверности ... широко распространённые, коварные заблуждения, соблазны врага, лживые и привлекательные басни, неверность и скептицизм, всевозможные предрассудки, хитроумно придуманные вымыслы, выдумки (эти дословные высказывания относительно «альфы» взяты из «Особых свидетельств – серия Б» (*Special Testimonies*. Series B). №2, №7).

Великая борьба между Христом и сатаной всё ещё продолжается. Сегодня мы подошли к тому самому «будущему», о котором говорится ниже:

> В будущем истина будет подделана утверждениями человеческими, а ложные теории представят как надёжные учения. Лженаука является одним из способов, которые сатана использовал когда-то в небесных чертогах. ...
>
> Не выдвигайте теорий или исследований, не имеющих основания в Библии. ... «Так написано» – вот что должно быть правилом, которое следует усвоить каждому (Э. Уайт. «Ревью энд Геральд». 21 января 1904 г. пункты 7, 12; Евангелизм. стр. 600 – пункты 4–6).

На сегодняшний день наш враг овладел совершенным мастерством. С сожалением нужно отметить искренность доктора Келлога, считавшего, что он проповедовал то же, что и Эллен Уайт. Многие из наших братьев именно по этой причине попались в ловушку:

> Путь истины лежит совсем рядом с путём заблуждения, и оба этих пути могут казаться едиными для умов, не водимых Святым Духом, и поэтому не способных своевременно распознать разницу между истиной и неправдой. ...
>
> Те, кто приветствует её широкое распространение [речь идёт о книге «*Живой храм*»], заявляют: «Она содержит именно то, о чём учит сестра Уайт». Подобное утверждение поразило меня в самое сердце. Я была буквально сокрушена ...
>
> В моих трудах найдётся много утверждений, которые, будучи оторванными от контекста и интерпретируемыми в соответствии с представлениями автора «Живого храма», могут показаться согласующимися с идеями этой книги. В итоге создаётся впечатление, что мысли, изложенные в «Живом храме», находят подтверждение в моих трудах (Э. Уайт. Избранные вести. Т.1. стр. 202.2, 203.1, 203.3; 1904 г.; сравни с высказываниями Эллен Уайт, которые на первый взгляд близко подходят к учению пантеизма в *Свидетельствах для церкви*. (Т.8. стр. 255–261). В них нет пантеистических идей, но читатель, не обладающий проницательностью, может подумать обратное).

Когда бы ни появилась «*омега*», её сторонники будут скорей всего заявлять, что их взгляд подтверждается Духом Пророчества и «многие» поверхностные умы согласятся с ними. Возможно также, что некоторые известные влиятельные руководители церкви будут поощрять этот обман. Те же, кто будет иметь характер, подобный характеру Христа, и будут жить в союзе с Ним, выступят с протестом. Когда наше «я» распято со Христом, такое святое дерзновение вполне уместно:

> Когда люди, занимающие посты руководителей и учителей, действуют под влиянием спиритических идей и софистики, следует ли нам молчать, чтобы не нанести ущерб их авторитету, в то время как они обманывают людей? ... (Э. Уайт. Рукопись 72. 1904 г. пункт 16).
>
> Неужели работники наших учреждений будут хранить молчание, позволяя провозглашать коварные измышления, губящие души? (Э. Уайт. Избранные вести. Т.1. стр. 195.2; 1904 г.).

В конце жизни Эллен Уайт говорила, что отступление «*омега*» наступит после её смерти:

> Я обязана сказать нашему народу, что некоторые не знают, как дьявол использует одно средство за другим, и добивается своего такими методами, о которых никто не догадывается. Посредники сатаны будут изобретать всякие способы, чтобы из святых сделать грешников. Я говорю вам сейчас, что после моей смерти произойдут большие перемены. Я не знаю, когда меня не станет, но желаю всех предупредить о средствах, применяемых дьяволом. ... Они должны остерегаться любого мыслимого греха, который сатана попытается увековечить (Рукопись 1. 1915 г.).

Заключение

Правда – это всегда добрая весть. По словам тех, кто был знаком с Эллен Уайт, она имела обыкновение произносить следующую молитву: «Господи, покажи мне самое худшее, что есть во мне». Нам тоже было бы полезно молиться: «Господи, покажи нам правду о нашей истории, правду о нашем нынешнем духовном состоянии». Правда о нашем прошлом может дать нам великую надежду и уверенность в будущем, если мы признаем её такой, какая она есть.

Церковь остатка, несмотря на её недостатки и слабости, всё ещё остаётся предметом особого внимания Господа. Признавая нашу греховность, мы уповаем на Божью милость и Его неизменную любовь. Долгий окольный путь, выбранный нами самими, должен привести нас с наступлением полноты времени ко Христу, которого мы с презрением отвергли в эпоху 1888 года. В самоотречении и покаянии мы найдём Его. И при этом не будет места никакому самооправданию.

С другой стороны, Бог надеется на искренность наших сердец. Он Сам ради нас находится на суде перед всей Вселенной. Честь Его престола зависит от честности Его народа. В выпуске «*Бюллетеня*»

Генеральной Конференции 1893 года мы находим следующий волнующий христоцентричный призыв:

> Скоро должно произойти что-то великое и решающее. При любой отсрочке характер Бога и Его престол будут скомпрометированы.
>
> Можем ли мы подвергать риску честь Божьего престола? Братья, во имя Господа и ради Его престола не будем этого делать (А. Т. Джоунс, цитирующий Эллен Уайт. Ежедневный Бюллетень Генеральной Конференции. Т.5. 1893 г. стр. 73.6; В свою очередь, Эллен Уайт позаимствовала эту мысль из работы «Великий Учитель» (*The Great Teacher*) Джона Харриса, 1836 г.).

[146] Может ли какой-то другой громкий клич осветить землю славой, кроме того, который последует за нашим покаянием?

ГЛАВА ТРИНАДЦАТАЯ

ПРЕДСКАЗАНИЯ ЭЛЛЕН УАЙТ О ПОКЛОНЕНИИ ВААЛУ

[147]

В серии из четырёх статей июньского выпуска «*Адвентист Ревью*» 1986 года честно затрагивается одна серьёзная проблема. Очень много молодых людей, воспитанных в адвентистских семьях и получивших образование в наших школах, уходят из церкви по новой причине: они становятся членами других церквей.

В этой серии статей под названием «Поймать звезду» (*To Catch a Star*), выражается сожаление по поводу того, что большинству адвентистской молодёжи очевидно не хватает того видения, которое мотивировало молодого «миссионера-добровольца» в предыдущих поколениях. Современный адвентизм молодёжь находит «не вдохновляющим, не убеждающим, недостаточно весомым, и оторванным от жизни». Именно такими «особыми недостатками» обладает данная религия по их мнению.

Если миссией Церкви Адвентистов Седьмого Дня является проповедь трёхангельской вести из 14-й главы книги Откровение, то может ли эта весть в принципе быть «не вдохновляющей, не убеждающей, недостаточно весомой, и оторванной от жизни»? О, нет, это возможно только в том случае, если мы неверно понимаем эту весть! Но, тем не менее, по какой-то странной причине она *кажется* множеству молодых людей именно такой.

Истинным руководителем Церкви Адвентистов Седьмого Дня является не Генеральная Конференция и не иерархия духовенства. Её руководитель – Сам Христос, тот самый Христос, которого пионеры этой церкви в 1840-х годах видели начинающим Своё служение во Святом Святых небесного святилища. Неужели *Его* служение сегодня и в самом деле стало «не вдохновляющим, не убеждающим, недостаточно весомым, и оторванным от жизни», и не способно вызвать полное посвящение сердец современной молодёжи? Или, может быть, видение наших молодых пионеров безвозвратно утеряно их современными преемниками, как видение Джона и Чарльза Уэсли утеряно современными молодыми методистами?

Если Церковь Адвентистов Седьмого Дня стала такой «скучной», какой её считает большая часть нашей молодёжи, то причина этому заключается не в том, что «скучным» стал её Вождь. Согласно пророческому видению Эллен Уайт, *проблема заключается в том, что место истинного Христа занял лжехристос*. Она утверждает, что поклонение Ваалу увлекло многих из нас, как оно увлекало Божий народ во времена Илии и Иеремии. Даже соответственное количество отступивших от Бога может оказаться подобным.

Это не означает, что церковь пала подобно Вавилону, или, что она перестала быть главным объектом любви и заботы Господа. Диссиденты и раскольники, относясь к церкви как к падшей, не понимают истинных реалий поклонения Ваалу. Полная правда – это всегда добрая весть, поскольку покаяние, реформация и примирение со Христом становятся возможными, когда наступает осознание этой реальности. Так было и во дни Илии.

Израильский народ во времена Илии оставался избранным народом Божьим, как и Иуда во времена Иеремии. Согласно библейскому пророчеству, на Церковь Адвентистов Седьмого Дня и сегодня возложена миссия проповеди вести из 14-й главы книги Откровение. Правда же состоит в том, что подлинное покаяние и реформация необходимы для того, чтоб церковь провозгласила «вечное евангелие» миру таким образом, что оно осветит всю землю своей славой. А такой духовный опыт возможен.

[148]

Если это не так, то мы должны встать в один ряд с «баптистами, пресвитерианцами, лютеранами, епископальной церковью и католиками», которые, по словам «*Адвентист Ревью*», наряду с другими церквами рады тому, что адвентистская молодёжь уходит из церкви. Эти бывшие молодые адвентисты считают «различие между деноминациями ... менее важным, чем общая вера в Верховное Существо». Такие настроения перечёркивают нашу историю и возвращают нас к тому времени, когда мир ещё не слышал о вести Адвентистов Седьмого Дня.

Однако в пророческом сценарии книги Откровение не говорится об исчезновении этого уникального народа, обозначенного в 14-й главе, также ничего не сказано об исчезновении их особой вести.

Отвержение вести 1888 года ведёт к поклонению Ваалу

Несколько месяцев спустя после Миннеаполиса Эллен Уайт было дано одно из её самых волнующих и грозных видений: «Я поняла, что над нами в самом центре нашей работы нависла великая опасность» (Свидетельства для проповедников. стр. 460–471).

По-видимому, она была единственной, кто нес такое бремя, но Господь ободрил ее, сказав, что не оставит церковь. «Мне были открыты вещи, не совсем понятные, но было дано также уверение, что Господь не допустит, чтобы Его народ был окутан густым туманом мирского скептицизма и неверия, и связан в один узел с миром» (Свидетельства для проповедников. стр. 460.2)

Предчувствовала ли она, что многие из молодых членов нашей церкви будут окутаны подобным туманом, завязаны в единый узел с миром, удовлетворены «верой в Верховное Существо», лишены ясного понимания служения нашего Первосвященника в этот великий День Искупления?

Многие из нашей молодёжи находят пустую оболочку адвентизма скучной из-за этого утерянного видения наших пионеров и отверженной вести 1888 года, несущей Благую Весть. Видение Эллен Уайт в Саламанке связывает эту пустоту с отвержением вести 1888 года. Она предсказала, что следствием нашего неверия будет отступничество, подобное отступничеству древнего Израиля:

> Мнения и предрассудки, преобладавшие в Миннеаполисе, не исчезли ни в коей мере. Посеянные там в некоторых сердцах семена скоро проявятся в жизни и принесут соответствующую жатву. Хотя верхушки были срезаны, корни так и остались нетронутыми, и продолжают приносить свои нечестивые плоды, отравляя суждение и извращая понимание тех, с кем вы связаны, относительно вести и вестников. ...
>
> Неверие всё больше проникает в наши ряды, стало модным отдаляться от Христа и давать место скептицизму. Многие от души говорят: «Мы не хотим, чтобы этот Человек царствовал над нами». Ваал – вот их выбор. Религия многих из нас подобна религии отступивших израильтян, потому что им нравится идти своим путём, и они оставили путь Господень. Истинную религию, единственную библейскую религию, которая учит прощению лишь через заслуги распятого и воскресшего Спасителя, которая возвещает праведность через веру Сына Божьего, именно эту религию унижают, подвергают нападкам, насмешкам и отвержению. ... Что нас ожидает в будущем, если мы не придём в единство веры (в весть 1888 года)? (Свидетельства для проповедников. стр. 467.1, 467.2; 1890 г.).

[149]

Мы можем ответить на этот вопрос очень просто: Нас ожидало то будущее, к которому мы сегодня и пришли.

События после 1888 года травмировали Эллен Уайт, потому что она практически с ужасом увидела, с какой силой сатана попытается уничтожить уникальность миссии этого народа. Несколько лет спустя она сказала:

> Везде может наблюдаться продвижение среди кажущегося успеха, но сатана всегда бодрствует. Он изучает и обсуждает с падшими ангелами новые виды нападения, которые могут оказаться успешными. ... Великая борьба будет становиться всё сильней и сильней, а её ход — всё более роковым. Один ум будет противостоять другому, одни планы — другим, принципы небесного происхождения — принципам врага. Истина во всём многообразии её аспектов столкнётся с заблуждением в его постоянно меняющемся, увеличивающемся разнообразии, чтобы, если возможно, прельстить даже самых избранных. ...
>
> Неосвящённые служители объединяются против Бога. Они одновременно превозносят и Христа и бога этого мира. На словах принимая Христа, они избирают Варавву и своими поступками говорят: «Не Его, но Варавву» ... Если церковь, имеющая великий свет и великое свидетельство, примет обманщика и ложного свидетеля, она отвергнет весть, посланную Господом, и примет самые нелепые утверждения, ложные предположения и сомнительные теории. ...
>
> Многие встанут за наши кафедры, держа в руках факел ложного пророчества, зажжённый от адского сатанинского огня. ...
>
> Борьба станет всё ожесточённей. Сатана начнёт военные действия и *выдаст себя за Христа*. Он будет искажать, извращать, портить всё, что только можно, дабы обмануть ... (выделено нами — Р.В. и Д.Ш.) (Свидетельства для проповедников. стр. 407.1, 409.2–3, 411.2; 1897 г.).

Что означает поклоняться Ваалу?

Относятся ли предсказания о поклонении Ваалу к нашему времени, или же они касались только событий в Батл-Крике, имевших место в девятнадцатом веке? Наша естественная реакция на это пророчество выражается словами: «Невозможно! Невероятно! Да, мы и «нищие», «несчастные», и так далее, но *не в такой же степени* мы духовно «нищие»! Однако тихий голос совести подсказывает нам, что с нами что-то не так. Может действительно это сказано о нас? Кто же такой Ваал?

На древнееврейском языке слово «ваал» означает «господин» или «муж»:

> Немаловажно, что в патриархальные времена ... муж был господином, или «ваалом» жены, которая зависела от него во всём, а он имел над ней власть, которую не делил ни с кем (Бенджамин Гилберт Сандерс. Христианство после Фрейда (*Christianity After Freud*). 1949 г. стр. 88; см. Осия 2:16).

Слово Ваал (бог Хананеев), означает «господь». Это слово часто употреблялось евреями по отношению к истинному Богу, или Господу, или Яхве. Имя Вавилонского Бога – Адон, которое на греческом звучит как Адонис, имеет то же значение. У этого слова тот же корень, что и у древнееврейского слова Адонай или «Господь». Поэтому, когда пророки Ваала молились на Горе Кармил, они восклицали: «Господи, Господи, услышь нас», в то время как Илия продолжал отличаться от них лишь тем, что имел другое понимание о Боге (3-я Царств 18:26).

Широко распространено мнение о различии между истинной религией древних израильтян и языческими религиями того времени. Но учёные указывают на поразительную схожесть: у язычников также были ежедневные утренние и вечерние жертвоприношения, десятина, которую отдавали священникам, беспорочные животные, отбираемые для обрядов, священные книги и псалмы покаяния, множество принципов и идей, которые были похожи на истинные.

Храмы Вавилона и Ассирии имели много общего с храмом Соломона. Народ израильский часто претыкался на фоне этих сходств и погружался в различные формы отступнического поклонения. Израильтянам трудно было понять, что они поклоняются ложному богу, если этого бога называли тем же именем, что и Бога истинного. Язык и терминология были похожими, и только вдохновенный пророк и те, кто верили ему, могли увидеть различие мотивов и понятий. Предсказания Эллен Уайт ставят вопрос о роковой вероятности того, что отступничество незаметно проникло в современную церковь, пока мы спали. Если это так, то ситуация становится действительно плачевной, хотя и не безнадежной. Покаяние было возможно во времена Илии, оно возможно и сегодня.

Отступничество времён Илии часто неправильно понимают как отход от истины в такой явной и примитивной форме, что израильтяне выглядят в наших глазах необыкновенно глупыми и лишёнными всяких оправданий. На самом же деле отступничество израильского народа было постепенным и неосознанным. Потребовалось около ста лет, чтобы оно приняло те масштабы, кото-

[150]

рые распознал Илия. Илия, должно быть, обладал очень острым умом, чтобы различить это отступничество (см. Свидетельства для церкви. Т.3. стр. 273; Пророки и цари. стр. 109, 133, 137). Нужно помнить о том, что Илия сейчас жив, поскольку был переселён на небо ещё при жизни. Чувствовал бы он себя уютно среди «нас», в присутствии Иезавели и её пророков?

Ваал является лжехристом, поэтому очевидно, *что любая форма поклонения самому себе под видом поклонения Христу, отрицающая принцип креста, является на самом деле поклонением Ваалу*. Корни такого поклонения глубоки и даже подсознательны.

Словесное применение имени Христа и другой христианской терминологии вовсе не является признаком истинности. Задача сатаны состоит в том, чтобы *«выдать себя за Христа»*, принять Его наружность и узурпировать Его идентичность посредством коварного обмана. Но *ложные характеристики* его личности будут распространяться задолго до его *появления под видом Христа*. Фредерик А. Войт, не являющийся адвентистом, признавал существование одного из аспектов этого выдающегося обмана: «Христианская этика является Антихристом Западного мира. Это самый коварный и страшный обман, когда-либо существовавший на земле».

[151] Одним из примеров этого обмана является культ любви к самому себе. Посредством тонких манипуляций с текстом Писания греховная любовь к самому себе приобрела вид добродетели. Последние пятнадцать лет её представляли нашей молодёжи как долг каждого христианина. Божья заповедь о любви к ближнему как к самому себе была искажена, превратившись в заповедь о любви к себе. Господь же учит нас, что истинная вера преобразует наш природный эгоизм в христианскую любовь к ближнему.

Истинное самоуважение действительно является добродетелью, но подлинной добродетелью оно становится только после того, как человек понимает и ценит любовь и самопожертвование, явленные Христом на кресте. Таким образом, корни подлинного самоуважения находятся в Его искуплении. Но эгоистичная любовь прямо противоположна посвящению Христу и Его делу. Понятно, что враг будет поощрять эгоизм, выдавая его за учение Христа. Но трудно понять, почему Адвентисты Седьмого Дня должны помогать ему в этом.

Несомненно, терпимость, которую мы проявляем по отношению к философии «Новый век», объясняется незнанием или пренебрежением высказываниями Эллен Уайт о поклонении Ваалу.

Но фундаментом всех наших современных проблем является принятие ложного Христа вместо истинного в результате трагедии эпохи 1888 года. Корни возвращают нас на сто лет назад.

Нам хорошо знакомо описание сцены воплощения сатаны, когда он будет имитировать второе пришествие:

> Заключительным актом великой драмы обольщения станет попытка сатаны выдать себя за Христа. ... В различных частях мира он будет появляться среди людей в виде величественного существа, окружённого ослепительным блеском ... слава, окружающая его, превзойдёт всё, когда-либо виденное человеком. Торжественные возгласы наполнят воздух: «Христос пришёл! Христос пришёл!» В величайшем восхищении люди падут пред ним; Он поднимет руки и благословит их. ... Голос у него мягкий и приглушённый и вместе с тем мелодичный. ... Какой сильный и почти непреодолимый обман! (Э. Уайт. Великая борьба. стр. 624.2).

Упомянутое видение Эллен Уайт 1890 года в Саламанке раскрывает нам тайну. Вследствие нашего неверного представления о Христе, принятого после 1888 года, этот ложный «Христос» найдёт путь внедриться через *заблуждения*, вселяя в умы людей ложные доктрины и понятия, задолго до последнего шага *физической подделки*. И вот как эти слова Эллен Уайт могут исполниться: «Религией многих из нас будет религия отступившего Израиля», то есть поклонение Ваалу. *Там, где наше «я» становится объектом поклонения, хотя на словах мы заявляем о служении Христу, там поклоняются Ваалу.* Если у служителей Бога мотивом деятельности становится продвижение по служебной лестнице, получение более высокой должности, престиж и власть, то эти служители являются *пророками Ваала*.

Но этого не может происходить там, где понимают и верят истинной вести о праведности через веру. Поклонение Ваалу является плодом такого типа искажённого учения, которое поощряет исповедание веры во Христа, но не ведёт к распятию нашего «я» вместе с Ним:

> Наш век — век идолопоклонства в такой же степени, что и во дни Илии. Конечно, мы можем не видеть воочию ни алтарей, ни идолов, и даже каких-либо изображений; ... однако множество людей имеют неверное представление о Боге и Его качествах, а значит, в действительности служат ложному богу, как и поклонники Ваала (Э. Уайт. Пророки и цари. стр. 177.1).

[152]

В наш век антихрист явится как истинный Христос. ... Но подлинным вдохновителем этого мятежа является сатана, облачённый в одежды ангела света. Люди будут обмануты; они возвысят его до уровня Бога и станут боготворить его (Э. Уайт. Свидетельства для проповедников. стр. 62.1; 1893 г.).

Сатана примет облик Христа, но будет одно заметное отличие. Он отвратит людей от закона Божьего (Э. Уайт. Принципы христианского воспитания (*Fundamentals of Christian Education* – FE) стр. 471.3; 1897 г.).

Те, кто не преданы Богу всем сердцем, будут выполнять работу сатаны, и при этом льстить себе, считая себя служителем Христа (Э. Уайт. Свидетельства для церкви. Т.5. стр. 103.3).

Поддельная праведность по вере представляет собой неизбежную опасность, если сама вера не понята в реалиях Нового Завета. Широко известные мотивы спасения – страх наказания или надежда на награду – не имеют ничего общего с «верой, которая действует любовью (*агапэ*)». Таким образом, поклонение Ваалу прокладывает себе путь через популярные, но неверные теории о праведности по вере.

Как Иеремия противостоял поклонению Ваалу

Во дни Иеремии Иудея погрузилась в поклонение Ваалу так же незаметно для священников и для народа, как это произошло в Израиле во времена Илии. Книга Пророка Иеремии является учебником по противостоянию поклонению Ваалу.

(1) Поскольку отступничество было неосознанным, лидеры и народ пытались отрицать его существование:

> Как можешь ты сказать: «Я не осквернила себя, я не ходила во след Ваала?»
> Посмотри на поведение твоё в долине;
> Познай, что ты делала ...
> Однако ты говоришь: «так как я невинна ...».
> Ты говоришь: «я не согрешила» (Иеремия 2:23, 35).
> Они говорят тебе: «За что изрёк на нас Господь всё это великое бедствие и какая наша неправда, и какой наш грех, которым согрешили мы пред Господом, Богом нашим?» Тогда скажи им: «За то, что отцы ваши оставили Меня, говорит Господь, и пошли во след иных богов» (там же. 16:10, 11).
> Ибо сколько у тебя городов, столько и богов у тебя, Иуда; ... вы наставили жертвенников постыдному, алтарей для каждения Ваалу. ... Господь открыл мне, и я знаю это, ибо Ты показал мне деяния их (там же. 11:13, 18).

(2) Отступническое поклонение Ваалу совмещалось с поклонением истинному Богу в Его Иерусалимском храме:

> Как! Вы крадёте, убиваете и прелюбодействуете, и клянетесь во лжи, и кадите Ваалу, и ходите во след иных богов, которых вы знаете, и потом приходите, и становитесь перед лицом Моим в доме сём, который называется Моим именем, и говорите: «мы спасены, чтобы и впредь делать все эти мерзости». ... Ибо сыновья Иуды ... поставили мерзости свои в доме, который называется Моим именем, чтоб осквернять его (там же. 7:9, 10, 30).

(3) Самые высокопоставленные религиозные лидеры этого народа способствовали этому отступничеству и распространяли его:

> Ибо и пророк, и священник – лицемеры; даже в доме Моём Я нашёл нечестие их, говорит Господь. ...
> Пророки Самарии ... пророчествовали именем Ваала, и вводили в заблуждение народ Мой, Израиля. ...
> От пророков Иерусалимских нечестие распространилось на всю землю. ...
> Пророки ... *пытаются* довести народ Мой до забвения имени Моего посредством снов своих, которые они пересказывают друг другу, как отцы их забыли имя Моё из-за Ваала (там же. 23:11, 13, 15, 26, 27, KJV).

Слава Богу за то, что Он обещал «послать ... Илию пророка пред наступлением дня Господня, великого и страшного» (Малахия 4:5). Мы отчаянно нуждаемся в нём! (Эллен Уайт намекала, что этот «Илия» представляет собой весть, которая начала открываться в 1888 году. См. «Ревью энд Геральд». 18 февраля 1890 г.). В то же время мы должны ясно понимать, что враг стремится к тому, чтобы подделать даже приход Илии, и помогает всякому самозваному «реформисту», который самоуверенно и беспечно врывается и топчется там, где даже ангелы ходят с великой осторожностью и страхом. «Слово Господа пришло к Илии; он же не стремился быть вестником Господа» (Свидетельства для церкви. Т.5. стр. 299.2).

Продолжается ли падение Вавилона?

Без ясного понимания вести 1888 года и её места в учении о небесном Дне Искупления нашей молодёжи трудно представить Божий план для Церкви Адвентистов Седьмого Дня в современном мире. Существует почти непреодолимое искушение смотреть на адвентизм как на одно из многих религиозных течений, как на альтернативный стиль жизни, не более обоснованный, чем любые другие религиозные течения, признающие «Верховное Существо».

В популярных деноминациях, соблюдающих воскресенье, есть множество добрых, искренних прихожан и священников. Они счастливые, любящие, ревностные, посвящённые своим семьям, как и мы, а в некоторых случаях даже больше настроены на миссионерскую деятельность, чем мы. Рост числа членов этих церквей во многих случаях намного превосходит наш рост, а их моральные стандарты не уступают нашим. Они вправе задать нам тот же вопрос, который задавал Господь: «Что вы особенного делаете?» (От Матфея 5:47). И именно этот смущающий вопрос задают многие из молодых членов нашей церкви.

Полный свет вести третьего ангела *в своей подлинной сути* «был в большой степени сокрыт от мира» после эпохи 1888 года (Избранные вести. Т.1. стр. 234.6). В результате мир занял по отношению к Богу не ту позицию, которая была предусмотрена в Божьем плане. В то время как «Илия» должен был отправиться в ссылку, некоторым «Авдиям» в это время пришлось кормить искренних пророков Господних «в пещере». Падение Вавилона приостановлено. Сегодня он ещё не дошёл до состояния, в котором будет находиться в момент провозглашения громкого клича. Ещё не прозвучал тот громкий и сильный голос, о котором говорится в книге Откровение (18:4): «Выйди от неё, народ Мой».

[154] Наш Господь ясно сообщает нам о проблеме: Он всё ещё не может совершить Свою работу в церкви остатка с такой силой, с какой Он желает (см. Свидетельства для церкви. Т.6. стр. 371). Греческое выражение из книги Откровение (3:16, 17) обозначает наше духовное состояние, вызывающее у Него такую тошноту, что Он желает изрыгнуть нас.¹ Разве будет преувеличением сказать, что искренние души, близкие к Иисусу, также вместе с Ним ощущают эту тошноту, смотря на эгоцентричное поклонение Ваалу, прони-

---

¹На греческом языке это выражение не означает твёрдое обещание, что Господь извергнет из уст Лаодикию. Выражение «*мело се емесай*» буквально переводится как: «Это вызывает у меня тошноту» ("I am about to vomit you out"). То же слово «*мело*» используется в Откровении (10:4), где ожидаемое действие так и не наступает. Послание к Лаодикии говорит, что мы можем излечить «тошноту» Христа нашим покаянием (Откровение 3:19). Слово

кающее в современный храм Господень? Тщеславный дух, пустые проповеди, возвеличивание людей, лесть, крики и восклицания в микрофоны, пустые шутки и смехотворство, жалкое эгоцентричное законничество — как чувствует себя Христос, наблюдая за всем этим? И как чувствуют себя те, кого Он называет в Откровении (18:4) словами «Мой народ»?

Сама мысль о том, что поклонение Ваалу проникло в современный Израиль, как это было с Израилем древним, внушает ужас, но вестница Божья настаивает на том, что это правда. Человеческая природа остаётся прежней во все века, не меняется и наша склонность перенимать мышление окружающих нас народов. Отвержение вести 1888 года установило образец такого впитывания, которое длится уже более ста лет, начиная с того самого принятия поддельных идей на сессии 1893 года, выдающего эти идеи за истинную праведность по вере.[2]

Но это было только началом. Мы снова и снова обращались к популярным религиозным направлениям и их руководителям за идеями и вдохновением, принимая их учение за эту же весть, не различая фундаментальных отличий. Уже в 1890-х годах существовала тенденция принимать римско-католическое учение об оправдании через веру в качестве истины (Ежедневный Бюллетень Генеральной Конференции. Т.5. 1893 г. стр. 244, 261, 262, 265, 266).

Сразу же после окончания первой мировой войны мы позаимствовали из газеты «*Воскресная школа таймс*» (*The Sunday School Times*) восторженные идеи о «побеждающей жизни». В книге «*Движение судьбы*» (*Movement of Destiny*) автор даже хвалится тем, что весть 1888 года фактически проповедуется многими евангелическими проповедниками (Ли Рой Фрум. Движение судьбы (*Movement of Destiny*). 1971 г. стр. 255–258, 319–321).

Лаодикия — не ругательное, оно означает «суд, или оправдание народа». Проблема Лаодикии заключается в её «теплоте», а не в том факте, что она является последней из семи церквей.

[2] Смотри Ежедневный Бюллетень Генеральной Конференции. 1893 г. стр. 358, 359; Ханна Уайталл Смит позаимствовала основные идеи своей книги «*Секрет счастливой христианской жизни*» у Фенелона, римско-католического мистика при дворе Людовика XIV, посвятившего всю свою жизнь делу возврата протестантов в Римский католицизм. Его «праведность через веру» — подделка истины, схожая с тем, что проповедует Фултон Шин, католический проповедник, а также другие современные католические проповедники, выступающие по телевидению. Различия между истиной и их проповедями часто едва различимые.

Мы не пытаемся утверждать, что все их проповеди были ложными и плохими, но в их понимании совершенно отсутствует уникальная истина об очищении небесного святилища. Именно этот вакуум дал возможность для поклонения Ваалу стремительно заполнять эту пустоту.

Весть 1888 года и День Искупления

Хотя падение Вавилона ещё нельзя назвать полным, первые этапы этого падения уже состоялись. В учении и опыте общин, не понимающих библейского учения о настоящем Дне Искупления, отчаянно не хватает чего-то очень важного. Несколько поколений очень сильно отделяют их от пионеров эпохи 1844 года, и они не ответственны за восприятие истины, которой они не знали, до тех пор, пока они не получат возможность отвергнуть её точно так же. Тем не менее, незнание этой истины оставляет их в жалком духовно нищем состоянии.

[155] В одной из самых ранних своих записей Эллен Уайт описывает начало этого процесса обнищания. Обладая пророческой проницательностью, она получила проникновенное объяснение коренных причин духовного отчуждения современного христианства от «вечного евангелия» 14-й главы книги Откровение. В видении ей был показан переход служения нашего Небесного Первосвященника из первого отделения святилища во второе. Множество христиан отвергли весть об этой перемене в Его служении. Важным же это описание делает не вопрос вины или отсутствия вины за отвержение света в 1844 году. Роковая реальность заключается в ужасном заблуждении, принятом по причине отвержения жизненно важной истины о Христе и Его текущем служении в этот последний День Искупления. Последующее утверждение имеет огромную актуальность:

> Я не видела ни одного луча света, который исшёл бы от Иисуса и озарил беспечную толпу после того, как Он встал с престола, — эти люди остались в кромешной тьме. ... Вставшие с Иисусом возносили веру свою к Нему во Святое святых и молились: «Отче наш, даруй нам Духа Твоего». Тогда Иисус дохнул на них Святым Духом. В этом дыхании были свет, сила и много любви, радости и мира.
>
> Я обернулась, чтобы посмотреть на другую группу людей, которые по-прежнему стояли, склонившись перед престолом [в первом отделении]: они не знали, что Иисус покинул это место. У престола появился сатана, пытавшийся подражать делу

Божьему. Я увидела, как они возвели очи к престолу и взмолились: «Отец, даруй нам Духа Твоего». Тогда сатана дохнул на них нечистым духом; в нём был свет и много силы, но не было прекрасной любви, радости и мира (Э. Уайт. Ранние произведения. стр. 55.1, 56.1).

Отвергнув две первые вести, они настолько омрачили свой разум, что не смогли увидеть свет в вести третьего ангела, указывающей путь во Святое святых. Я видела, что, подобно тому как иудеи распяли Христа, так и формальные церкви распяли эти вести. По этой причине они не знают пути во святое святых, и не могут получить благословения от посреднического служения Иисуса во втором отделении святилища. Подобно иудеям, приносившим свои бессмысленные жертвы, они возносят свои бессмысленные молитвы в то отделение святилища, где Иисуса уже нет; а сатана, довольный таким обманом, напускает на себя религиозность и привлекает этих так называемых христиан к себе, используя свою силу, свои знамения и ложные чудеса. … Кроме того, он является под видом ангела света и распространяет своё влияние на земле с помощью ложных реформ. Церкви оживают и начинают думать, что это Бог действует в них таким чудесным образом, тогда как на самом деле это работа иного духа (там же. стр. 260.1).

Правдиво ли это пророческое видение? Если да, то оно говорит о далеко идущих последствиях. Оно объясняет причину неразберихи в современном христианстве. Хотя кажущееся духовное процветание пропитывает множество церквей, «не знающих пути во святое святых», и «не могущих получить благословения от посреднического служения Иисуса во втором отделении святилища», окончательные вопросы начертания зверя испытают природу посвящения Христу каждого из этих людей.

Те, кто уходит из Церкви Адвентистов Седьмого Дня, говоря, что в других церквах они нашли «любовь», «тепло», и «духовную силу», на самом деле не могут распознать истинную природу Христовой любви «агапэ». Поэтому они легко соблазняются и увлекаются поверхностной сентиментальностью. Но можно ли различить эту запутанную реальность, не обладая вдохновенным пророческим представлением о последнем Дне Искупления?

Можно ли наше духовное бессилие объяснить потерей связи с уникальным Первосвященником, который в конце периода «2300 вечеров и утр» начал особое служение во святом святых? Его окончательная работа вдохновляет, вселяет надежду, и вовсе не оторвана от жизни. Неужели мы тоже утеряли практическое

[156]

понимание Его служения, вследствие чего наша миссия кажется «скучной»? Проанализируем же следующие утверждения из «*Ранних произведений*»:

(1) Определённое количество христиан в эпоху 1844 года отвергло вдохновенное Духом провозглашение вести первого и второго ангела, а многие миллериты отвергли третью ангельскую весть (подавляющее большинство христиан и священнослужителей сегодня ничего этого не понимают).

(2) Бог весьма справедлив, и Он не может считать виновными нынешних потомков тех христиан, если им эта весть не открылась достаточно ясно, чтобы отвергнуть её вполне осознанно. Нет никаких причин отрицать, что многие из этих людей искренне живут согласно всему свету, открытому им, а значит, приняты Господом.

(3) Так или иначе, главным вопросом является не просто личное спасение посредством приготовления к смерти. Поскольку библейское пророчество говорит о близости пришествия Господа, главный вопрос заключается в приготовлении к Его пришествию и к испытаниям, предшествующим этому событию. Мы также должны помнить о самой высокой цели и стремлении – почтить и оправдать Спасителя, чтобы великая борьба могла закончиться Его победой.

Для обеспечения этой победы в целом сообществе человеческих сердец и жизней полная истина о праведности по вере должна быть верно понята. Популярные церкви не могут понять эту истину при всей своей искренности, ибо «они не знают пути во святое святых», и «не могут получить благословения от посреднического служения Иисуса во втором отделении святилища».

Подлинная праведность через веру – это не только теоретическая истина, но и духовный опыт, который является плодом служения небесного Первосвященника в Его заключительном служении искупления. Долгие столетия невежества относительно этой истины не смогут решить этой проблемы. Для этого жизненно необходима весть третьего ангела в своей подлинной сущности. *В отсутствие этой истины ни одно общество людей не сможет подготовиться ко второму пришествию Христа, независимо от их религиозной принадлежности.*

(4) Эллен Уайт попала точно в цель, изображая сатану хитрым мастером подделки. Он достигает успеха только тогда, когда «он отвлекает умы так называемых христиан» от особого, уникального служения Христа во святом святых. Согласно утверждению из

«*Ранних произведений*» его метод состоит в подделке продолжения того служения Христа, которое совершалось в первом отделении святилища, начиная с Его вознесения и до 1844 года. Намерение сатаны состоит в том, чтобы люди не узнали о перемене, произошедшей в этом служении.

Служение, совершаемое Первосвященником, должно измениться, так как Он не может Своей кровью вечно покрывать грехи Своего народа, который продолжает и продолжает грешить. В День Искупления должно совершиться то, что не совершалось ранее. Должен появиться народ, который победит, «*так же*» *как и Он победил*, народ, который «осудит грех во плоти» через Его веру. Сатана же желает обесценить эту истину и, если возможно, совсем её устранить. Этот мастер подделки направляет умы «к себе», отвлекая интерес людей от уникальной работы, которую должен совершить истинный Первосвященник.

Если предприниматели третьего мира могут подделать швейцарские часы «Омега» настолько искусно, что обманываются даже опытные покупатели, то разве трудно поверить в то, что сатана уже приготовил искуснейшую имитацию Христа и подделку истинной евангельской вести? В этой подделке есть даже «свет и много силы, но нет прекрасной любви [*агапэ*], радости и мира». Падший ангел старательно изучил работу Святого Духа и изобрёл превосходную имитацию, «чтобы прельстить, если возможно, даже самых избранных». У него также есть своя поддельная праведность по вере, почти в совершенстве соответствующая этому обману. Разумеется, эта подделка не содержит понимания работы Христа во святом святых, этого жизненно важного ингредиента любви «*агапэ*», ведь только она в состоянии очистить человеческие сердца от всякого страха и эгоцентричной мотивации, которые только увековечивают грех.

[157]

(5) Если Эллен Уайт права, то множество «искренних» и «любящих» христиан уступят ужасному давлению с целью восстановить религиозную нетерпимость средневековья и навязать печать зверя. Многообразие форм терроризма с лёгкостью достигнет этой цели в масштабах народа, страны, а также в церквях, погрузившихся в материализм, сентиментализм и «духовный» спиритизм. Эллен Уайт разоблачает весь спектр методов лжехриста, распространяющего «своё влияние по всей земле с помощью ложных реформ, ... работы иного духа» (там же. стр. 260.1).

(6) Как пшеница, так и плевелы растут вместе в «Вавилоне»; растут они и внутри церкви, которая заявляет, что проповедует

весть третьего ангела. Но выход из тупика, в который мы зашли сто лет назад, должен быть найден. Человечество переживает процесс морального и духовного разложения. Оно находится в опасности самоуничтожения от употребления наркотиков, пьянства, неверности, распада семей, насилия, растущей пропасти между бедными и богатыми, терроризма и постоянной угрозы ядерной катастрофы.

Великая борьба между Христом и сатаной скорей всего примет форму спора о том, кто сможет сохранить жизнь на этой планете. «Зверь» постарается произвести впечатление спасителя мира. Поэтому его начертание в итоге будет настойчиво пропагандироваться как единственное средство спасения человечества от уничтожения. Средством для осуществления этого обмана станут «ложные реформы», предложенные ложным «первосвященником», который сделал вид, что принял на себя служение в первом отделении небесного святилища.

(7) Итак, существуют истины, изложенные в вести 1888 года о праведности Христа, которые ещё не поняты никакой прослойкой христианского мира, не понимающего служение небесного Первосвященника в двух разных отделениях небесного святилища. «Евангелие», провозглашаемое «малым рогом», фактически оправдывает грех, и поэтому логически поддерживает бунт сатаны. *В этом и состоит тайна беззакония, пронизывающего современный мир на всех его уровнях*. Все общины повсюду отчаянно нуждаются в том, чтобы им по-настоящему открылось евангелие трёхангельской вести *в своей подлинной сущности*.

Почему весть третьего ангела «в своей подлинной сути» так необходима?

Весть третьего ангела в своей подлинной сущности провозглашает Спасителя, который «осудил грех во плоти», давая единственно обоснованный отпор обвинениям сатаны в адрес Бога. Эта весть действенно «осуждает грех», то есть показывает, что грех не является неизбежностью в человеческой природе и фактически обречён на уничтожение. Ральф Ларсон объясняет тесную взаимосвязь между «природой Христа и спасительным служением Христа», показывая, что Он не может излечить то, что не принял на Себя («Слово стало плотию» (*The Word Was Made Flesh*). стр. 277–283). Таким образом, в вести третьего ангела представлен Спаситель, Который был во всём искушён подобно нам, но не согрешил, и Который поэтому может спасать абсолютно всех, кто приходит к Богу через Него. Эта весть и приготовит народ к возвращению Господа.

Те, кто следуют верой за Христом в Его изменённом служении Первосвященника, высоко ценят три уникальные истины:

(а) *Незыблемость закона Божьего, включая святую субботу.* Истинное «исполнение закона» – это любовь «*агапэ*» (Римлянам 13:10), поскольку она приводит к сердечному послушанию через искупление. Таков уникальный аспект праведности через веру, который открывается исключительно благодаря служению во Святом Святых.

(б) *Душа смертна.* Без ясного понимания истины о природе человека невозможно оценить то, что произошло на Голгофском кресте. Без этого ослабляется истинная мотивация для святой жизни, а праведность по вере вовсе аннулируется.

(в) *Очищение небесного святилища является служением последнего Дня Искупления.* Это служение приведёт к окончательной демонстрации праведности по вере в сердцах и жизни тех, кто верит в эту истину.

Таковы три «столпа» истины, на которых стоит Церковь Адвентистов Седьмого Дня (Э. Уайт. Советы авторам и редакторам (*Counsels to Writers and Editors*). стр. 30, 31). Они и составляют полную весть, которая может приготовить народ к возвращению Христа. Но без понимания вести 1888 года сама «*подлинная сущность*» нашей уникальной вести ускользает от нас. Подобно тому, как ночь неизменно следует за днём, так и уверенность наших пионеров в грядущее возвращение Христа, которое «уже при дверях», постепенно угасает. Мы теряем их видение, и их звезда исчезает от нас.

Как поклонение Ваалу лишает нас нашей отличительной вести

Нет такой истины, которую сатана стремится подделать наиболее старательно, чем новозаветную любовь. Сердца людей повсюду жаждут её, но «по причине умножения беззакония во многих охладеет любовь [*агапэ*]» (От Матфея 24:12). Эта подлинная любовь, по словам Эллен Уайт, посылается только Христом в Его заключительной работе искупления.[3] Поддельная любовь

---

[3] В самых известных книгах по теме любви «агапэ», написанных учеными-евангелистами, например «*Агапэ и эрос*» (*Agape and Eros*) Андерса Найгрена, «*Свидетельства любви*» (*Testaments of Love*) Леона Морриса и «*Любовное*

проповедуется поддельным святым духом, вдохновителем спиритизма. Вот что происходит прямо у нас на глазах:

> Я видела, с какой быстротой распространяется этот обман [спиритизм]. Мне был показан железнодорожный состав, который мчался с быстротой молнии. Ангел велел мне смотреть внимательно, и я не отводила взгляда от поезда. Казалось, весь мир находится внутри поезда. Ангел произнёс: «Они собираются в снопы, готовые к сожжению». Затем он показал мне начальника поезда, статного и красивого видом, на которого все пасса жиры взирали с почтением. Пораженная его видом, я спросила у сопровождавшего меня ангела: «Кто это?» [Зачем бы Эллен Уайт было задавать этот вопрос, если бы его было нетрудно узнать?] Он ответил: «Это сатана. Он управляет этим поездом в обличье ангела света» (Э. Уайт. Ранние произведения. стр. 88.2).
>
> В нашем веке антихрист явится под видом истинного Христа (Свидетельства для проповедников. стр. 62.1).
>
> Он примет вид ангелов света, чтобы выдать себя за Иисуса Христа (Письмо 102. 6 февраля 1894 г. пункт 18).

[159]

У врага не хватило бы силы, чтобы ослабить Церковь Адвентистов Седьмого Дня, если бы «мы» сами не приоткрыли дверь, чтобы он протиснулся внутрь. «Когда от Господа исходит подлинный свет, тогда появляется множество подделок. Сатана, безусловно, воспользуется любой открытой для него дверью, чтобы войти» (Письмо 102. 6 февраля 1894 г. пункт 19).

Это большое чудо, что в конце прошлого столетия появился народ, который стал опираться на три отличительных «столпа» истины, заключенной в послании трёх ангелов. Согласно Божьему плану, их работа не должна была замедлиться, и ничто не должно было ей помешать. Но из-за неверия, проявленного в 1888 году,

---

дело» (*The Love Affair*) Майкла Харпера, отсутствует главное: они не видят, что любовь Христа побудила Его пройти через испытание второй смертью, о чем ясно говорится в книге «*Желание веков*» (стр. 753). Таким образом, все эти авторы не смогли постигнуть, что «широта и долгота, и глубина, и высота , и уразуметь превосходящую разумение любовь [*агапэ*] Христову» (Ефесянам 3:18, 19). Ни одно сообщество христиан, признающих доктрину бессмертия души, *не может* понять это, несмотря на всю их искренность. Насколько они не понимают любви [*агапэ*] Христа, настолько они не осознают, что такое вера. Отсюда и неизбежность их неверного понимания праведности по вере.

вестница Божья уже в 1889 году предсказала огромное отступничество от истины и чистоты:

> До тех пор, пока народ Божий в своём опыте не будет руководствоваться Божественной силой, ложные теории и идеи будут завоёвывать умы, многие в своей жизни и далее будут пренебрегать Христом и Его праведностью, а вера их будет лишена силы и жизни (Э. Уайт. «Ревью энд Геральд». 3 сентября 1889 г. пункт 17; Служители Евангелия. 1915 г. стр. 161.3).

Чтобы осмыслить вышесказанное, отметим следующее:

(1) В цитате, приведённой выше, не говорится о том, что многие будут отрекаться от Христа и Его праведности *своими словами*. Для каждого из нас сама мысль отречься от Него словесно вызывает страх и ужас. На самом же деле «предсказанный результат» (по словам А. Г. Даниэльса в книге «Христос – наша Праведность». стр. 89) должен исполниться именно при словесном исповедании «многих» своей веры в Христа и Его праведность;

(2) Здесь не имеется также в виду, что от Христа и Его праведности «многие отказались» *сознательно*. Это пробудило бы в нас осознание нашей нужды, и вызвало бы ощущение сильного холода. От этого искренние души потянулись бы к огню, и положили бы конец лаодикийской теплоте. Но сатана желает сохранять нас в состоянии «баланса», лишь бы этот баланс был искусственным. Слова или их отсутствие могут вести нас в заблуждение. «Уста могут говорить о бедности души, но сердце при этом может не осознавать этого» (Наглядные уроки Христа. стр. 159.1).

(3) Поэтому Христос и Его праведность будет «отсутствовать в жизни многих», но *неосознанно*, из-за таинственных процессов, происходящих в глубине наших непознанных сердец. Действие нашей природы, враждующей с Богом, совершается далеко от поверхности. «Лукаво сердце человеческое более всего и крайне испорчено; кто узнает его?» (Иеремия 17:9). Любой патологический невроз может развиться из-за причин, недоступных нашему восприятию. Эллен Уайт писала о том, что у нас есть опасность поменять своих руководителей после 1888 года таким образом, что мы даже не заметим этого:

> В течение последних двадцати лет некое неуловимое и нечистое влияние руководит людьми, склоняя их ... не замечать своего небесного Друга. Многие уже отвернулись от Христа («Ревью энд Геральд». 18 февраля 1904 г. пункт 19).

[160]

Те, кто так легко поддаётся влиянию ложного духа, показывают тем самым, что какое-то время они уже следовали за чужим вождём, и притом достаточно долго, чтобы не замечать своего отступничества от веры (Избранные вести. Т.2. стр. 25.1; 1904 г.).

Заключение

Сердечная благодарность за крест Христов всегда ведёт к распятию нашего «я» со Христом. Но «человеческая мудрость уводит от самоотречения, от посвящения, и изобретает много такого, что лишает силы Божьи откровения» (Избранные вести. Т.2. стр. 207.4; «Ревью энд Геральд». 13 декабря 1892 г. пункт 4).

Многие члены нашей церкви, и особенно молодёжь, смущены и озадачены духовной несостоятельностью, которую они видят в Церкви Адвентистов Седьмого Дня сегодня. И проблемы, причиняемые фанатиками, неверными диссидентами и лидерами-раскольниками внутри церкви могут быть поняты и решены только в свете этой реальности.

Церковь Адвентистов Седьмого Дня не является Вавилоном, и согласно Божьему плану она не должна им стать, как и древний Израиль во времена Илии и Иеремии не должен был стать Вавилоном. Поклонение Ваалу было и остаётся болезнью этого тела, чуждым источником недуга. Но исцеление от этой болезни возможно через покаяние и реформацию. Решение этой проблемы не в уничтожении церкви, а в её духовном возрождении. Отметим эти воодушевляющие строки:

> Бог ведёт Свой народ. ... Он будет обличать и исправлять их. Весть к лаодикийцам применима к адвентистам седьмого дня, которые получили великий свет, но не ходили в нём. ... Призыв объявлять Церковь Адвентистов Седьмого Дня Вавилоном, и призывать народ Божий выйти из неё, не исходит ни от небесного вестника, ни от человека, вдохновленного Духом Божьим. ...
>
> Бог ... хочет поручить Своей Церкви важное дело. Они не должны быть названы Вавилоном, но должны быть солью земли, светом миру ... чтобы возвещать живую весть в эти последние дни. ...
>
> Как же будет ликовать сатана, когда повсюду распространится весть о том, что единственный народ, которого Бог сделал хранителем Своего закона, стал народом, к которому относится эта весть [о падении Вавилона]. ...
>
> Доказательства того, что весть к Лаодикии применима к этой церкви ... не говорят об устранении этой церкви, так чтобы она

вовсе перестала существовать (Э. Уайт. Избранные вести. Т.2. стр. 66.2, 67.2, 68.2, 69.1; 1893 г.).

Там, где гордыня и эгоизм выдаются за посвящение Христу, мы имеем дело с поклонением Ваалу. Оно уже проникло во все уровни церковной организации. «Те, кто больше заботится о своей карьере и о своей репутации в этом мире, чем о соблюдении праведных принципов, предадут свой священный долг» («Ревью энд Геральд». 7 февраля 1893 г. пункт 1).

> Честность и политика никогда не будут уживаться в одном уме. Со временем либо будет устранена политика, а истина и честность займёт господствующее положение, либо, если политика дороже, честность будет вскоре забыта. Политика и честность никогда не будут в согласии. У них не может быть ничего общего. Политика характерна для пророка Ваала, честность – для истинного пророка Божьего (Э. Уайт. Свидетельства для церкви. Т.5. стр. 96.2).

О, если бы мы могли хоть мельком взглянуть в лицо Господа! Мы не увидели бы присущей Ваалу постоянной улыбки снисходительности по отношению к своему неверному народу. Ваал – идол с замороженной улыбкой. На лице Христа – выражение острой тошноты, следы божественной болезни сердца, вызванной нашим ужасным состоянием «теплоты», нашим эгоизмом, показным посвящением в отсутствие истинного. Настоящий опыт христианина отличается от поддельного следующими признаками:

> Правильное понимание жертвы и ходатайства дорогого Спасителя сокрушит сердце, ожесточённое во грехе, и душа наполнится любовью, благодарностью и смирением. Когда сердце покоряется Иисусу, мятежник смиряется и кается ... Вот истинная библейская религия. Всё, что не соответствует этому, – обман (Э. Уайт. Свидетельства для церкви. Т.4. стр. 625.1).

> Новые порядки пришли в церковь. Наблюдается желание копировать то, что практикуется в других церквах, простота и смирение почти забыты. ... Некоторые организуют массовые собрания по возрождению веры, чтобы таким образом привлечь в церковь большое количество людей. Но когда религиозное возбуждение проходит, куда деваются обращённые? Не наблюдается покаяния и исповедания грехов. Грешника призывают уверовать во Христа и принять Его без всякого упоминания о его прошлой жизни во грехе и непослушании. Но сердце не сокрушено, в душе нет подлинного раскаяния. Так

называемые обращённые не упали на Скалу, Иисуса Христа (Э. Уайт. Избранные вести. Т.2. стр. 18.4).

Где же та Скала, на которую мы должны упасть, чтобы наши сердца «сокрушились»? Благая весть лучше, чем то, что предлагает нам Ваал. Падая на эту Скалу, мы не теряем самоуважения и не наносим вреда своей истинной личности. Наоборот, личность воскрешает со Христом, когда греховная любовь к себе распята вместе с Ним. Христос никогда никого не губит; но этот опыт взятия своего креста — единственный способ для нашего небесного Первосвященника объединить нас должным образом как для этой временной жизни, так и для вечности.

ГЛАВА ЧЕТЫРНАДЦАТАЯ

ОТ 1950 ДО 1971 ГОДА

Рукопись данной книги была представлена в 1950 году Комитету Генеральной Конференции. Это был своего рода призыв «накормить народ Божий» духовными истинами вести 1888 года. С тех пор адвентистское сознание постоянно борется с убеждением о существовании духовного голода. Проповедь евангелия до сих пор не закончена, несмотря на прекрасно разработанные программы, проводимые каждый год, и на многообразную деятельность церкви.

Всего лишь через несколько дней после закрытия сессии 1888 года Эллен Уайт проповедовала на собрании в Поттервиле, штат Мичиган (А. Л. Уайт. Одинокие годы (*The Lonely Years*). 1984 г. стр. 418). Три из этих проповедей были опубликованы в «*Ревью энд Геральд*». В своей проповеди от 24 ноября она шесть раз сравнивала наше состояние с состоянием древних иудеев:

> Что сделал бы Спаситель, если бы пришёл к нам сейчас, как пришёл к евреям? Ему пришлось бы совершить такую же работу освобождения от мусора традиций и церемоний. Иудеи сильно тревожились, когда Он выполнял эту работу. ... Слепота фарисеев является иллюстрацией того, как люди, заявляющие, что у них есть большой свет и знания, могут настолько неверно понимать и искажать дела Божьи. Славные истины были сокрыты, и потеряли свою привлекательность и блеск по причине заблуждений и суеверий («Ревью энд Геральд». 4 июня 1889 г. пункты 12, 13).

Неделю спустя в статье, опубликованной 11 июня, она снова сравнивает нас с иудеями; и более двадцати раз говорит о неверии современных «служителей церкви»:

> Многие оказались в положении иудеев времён Христа, и они не услышат слова истины, поскольку их умы полны предубеждений; но те, кто отказывается принять небесный свет, будут оставлены Богом точно так же, как и Его древний народ. ... Зачем служители делают истину бессильной из-за отсутствия у

них самих духовной жизни и посвящения по причине отсутствия у них связи с Богом? ... Вы уже так далеки от Него, что вряд ли сможете услышать Его голос (там же. 11 июня 1889 г. пункты 2, 3, 8).

И вновь, имея в виду события 1888 года, она заявила:

> Передо мной вновь и вновь разворачиваются эпизоды испытаний детей Израилевых и их состояния перед первым пришествием Христа, как иллюстрация того положения, в котором находится народ Божий перед Его вторым пришествием. Я вижу, как враг стремился использовать любую возможность овладеть умами иудеев. Так и сегодня он стремится ослепить разум слуг Божьих, чтобы они не могли распознать драгоценную истину (там же. 18 февраля 1890 г. пункт 1; Избранные вести. Т.1. стр. 406.1).
>
> Когда я узнаю новые подробности о духовном состоянии людей во времена Христа, об их отношении к Свету, посланному в мир, то вижу опасность того, что мы можем занять ту же позицию. ... Нам придётся столкнуться в этом мире с неверием во всех его проявлениях, но когда мы видим неверие в людях, которые должны вести народ Божий, это наносит нам душевные раны («Ревью энд Геральд». 4 марта 1890 г. пункт 9).

Проницательность пророка, которой были лишены почти все её современники, позволила ей осознать, что отвержение вести 1888 года было равносильно повторному распятию Христа. Евреи утверждают, что они не распинали Мессию, и нам тоже тяжело осознать степень того, что мы сделали в Миннеаполисе:

> Те, кто противился Духу Божьему в Миннеаполисе, только и ждали возможности снова избрать этот же путь, поскольку их дух остался прежним. ... Вся вселенная была свидетелем того, как недостойно отнеслись к Иисусу Христу, которого представлял Святой Дух. Если бы Христос был тогда перед ними, они отнеслись бы к Нему так же, как отнеслись к нему древние иудеи (Письмо 6. 1896 г. пункты 6, 7).

Одно из недавно опубликованных заявлений вводит в заблуждение и недоумение: «В 1888 году на предварительной встрече служителей в Миннеаполисе Адвентистская церковь пошла по верному пути» (Журнал «*Служение*» (*Ministry Magazine*), ноября 1984 г. стр. 22). Вестница Господня, выступая через 14 лет после 1888 года, заявила противоположное: «Мне было сказано, что ужасные события, произошедшие на Конференции в Миннеаполисе, являются одной из самых печальных глав в истории тех, кто верит в истину для настоящего времени» (Письмо 179. 1902 г. пункт 28). Её вдохновенная оценка данных событий выражается словами: «жестокость по отношению к Святому Духу», «недостойное отношение к Иисусу Христу», которое «когда-нибудь ... предстанет в своём истинном виде, обнажив всё бремя горя и несчастья, которое мы навлекли на себя таким отношением» (Ежедневный Бюллетень Генеральной Конференции. Т.5. 1893 г. стр. 184). Это «когда-нибудь», возможно, уже близко.

Сравнение с древними евреями, которое приводит Эллен Уайт, не случайно. Оно проникает в самую суть плана спасения. Отвержение сказанного в Евангелии от Иоанна (3:16) подразумевается в нашем «неповиновении», поскольку мы противились самому Христу. Когда мы увидим это, тогда и настанет покаяние, соразмерное совершённому греху. Трудность состоит в том, что мы ещё не оценили истинную природу этого греха. Мы ещё не увидели себя небесными глазами.

На арену истории вышло новое поколение, и ни один из живущих ныне членов церкви не может свидетельствовать в качестве очевидца сессии 1888 года. Всё, что мы можем узнать об этом сегодня, должно исходить из вдохновенных письменных источников.

Начиная с 1950 года, прилагаются согласованные и постоянные усилия в издании книг, содержащих идею о том, что сессия 1888 года была победой для церкви. Было издано несколько книг, общим объёмом в 1500 страниц, в которых утверждается, что «мы» приняли весть 1888 года. Две из них были одобрены президентами Генеральной Конференции, третья была даже написана вице-президентом. Их издание свидетельствует о глубоком интересе, питаемом сегодня адвентистским сознанием к событиям 1888 года.

Святой Дух вёл нас все эти годы, и правда восторжествует над любой ложью. Решение наших проблем заключается не в критике церковного руководства и не в ослаблении церковной организации, а в покаянии и примирении с Христом внутри этой церковной организации. Мы не смеем отрицать или умалчивать правду; правда, полностью открытая и понятая, сама победит фанатизм, законничество и дух критики тех, кто считает себя «более святым». Она может привести только к смиренному христоподобному покаянию, которое принесёт подлинное исцеление.

А сейчас мы приведём краткий обзор этих событий.

[165]

1950 год

Книга «*Новый взгляд на 1888 год*» (*1888 Re-examined*), (204 страницы) первоначально не имела ни имён авторов, ни титульного листа, ни даты написания. Замысел книги был прост: представить доказательства из вдохновенных источников (600 свидетельств Эллен Уайт) о том, что в 1888 году «мы» выбрали неправильный путь, что дело Божье потерпело серьёзную неудачу, что для подлинного прогресса работы Божьей мы должны принять эту весть и провозгласить её всему миру, и что покаяние всей деноминации вполне уместно во свете нашей истории и в ответ на обращение Христа к Лаодикийской церкви.

Призыв, содержащийся в книге, был отвергнут категорично и официально: «Мы не считаем, что покаяние церкви соответствует плану и цели Божьей». «Мы бы не хотели, чтобы ваш критический взгляд был напечатан и получил распространение» (Письмо. Комитет защиты литературного наследия при Генеральной Конференции (*General Conference, Defense Literature Committee letter*). 4 декабря 1951 г.). Позиция Генеральной Конференции состояла в том, что покаяние церкви не обязательно и неуместно ввиду огромного числа крещений на программе «удвоения членов нашей церкви» в 1950-х годах, и ввиду всемирного процветания наших общин и учреждений.

Авторы не намеревались бунтовать против руководства Генеральной Конференции. Они всегда были твёрдыми сторонниками принципов церковной организации и порядка. Но они не могли сознательно отказаться от своих глубоких убеждений, основанных на вдохновенных свидетельствах Эллен Уайт. Поэтому они обратились с этим вопросом к более высокой инстанции, чем Генеральная Конференция — к самому Господу, доверившись Его следственному суду и «судьбе Его провидения. Они продолжили свою миссионерскую деятельность в Африке (Письмо чиновникам Генеральной Конференции. 5 февраля 1952 г.).

Так или иначе, одна из копий этой рукописи каким-то образом вышла за пределы главного офиса. Пока авторы трудились миссионерами в Африке, некоторые члены церкви и служители в Северной Америке старательно копировали и размножали её. Без содействия самих авторов эта рукопись распространилась на нескольких континентах.

1952 год

С 1 по 13 сентября 1952 года в церкви Слиго (штат Мэриленд) проходила эпохальная библейская Конференция. Доклады на конференции «представляли собой наиболее яркие плоды трудов искренних, честных, серьёзных, преданных и верных людей», то есть лидеров церкви, как сказал об этом Д. Э. Ребок в предисловии к двухтомному отчету о конференции, под названием «*Наше твёрдое основание*» (*Our Firm Foundation*) (Издательство «Ревью энд Геральд» (*Review and Herald Publishing Association*). 1953 г. Т.1 стр. 13).

Перед закрытием Конференции президент Генеральной Конференции признал ошибки, допущенные в 1888 году, а затем сделал поразительное заявление:

> В значительной степени церковь не смогла созидать на основании, заложенном на Генеральной Конференции 1888 года. В результате мы многое потеряли. Наш духовный рост замедлился, и мы отстали на много лет. Мы уже давно должны были быть в обетованной земле.
>
> Но весть о праведности через веру, представленная на Конференции 1888 года, повторилась здесь. Практически каждый выступающий с самого первого дня уделял большое внимание этой важнейшей доктрине, хотя заранее это не планировалось. Это произошло стихийно и спонтанно. Нет сомнения, что направлял их в этом Божий Дух. Воистину эта тема «поглотила все остальные» на этой конференции.
>
> И эта великая истина была раскрыта здесь, на Библейской Конференции 1952 года, и была раскрыта с гораздо большей силой, чем на Конференции 1888 года, поскольку выступавшие здесь имели преимущество в виде обильного дополнительного света, сияющего от сотен заявлений на эту тему в трудах Духа пророчества, чего не имели говорившие на той конференции. ...
>
> Больше не будет задаваться вопрос: «Каково отношение служителей нашей церкви и нашего народа к вести о праведности через веру, посланной нам в 1888 году, и что сделали они по этому вопросу?» Отныне главный вопрос должен звучать так: «Что сделали мы с тем светом о праведности через веру, который открыт на Конференции 1952 года?» (Уильям Генри Брэнсон. там же. Т.2 стр. 616, 617).

Он ещё раз повторил это заявление при закрытии конференции: «Братья, на всех собраниях служителей церкви нам следует обратить их внимание на огромную важность вести, посланной нам на Конференции в Миннеаполисе в 1888 году, вести, которая повторилась здесь на этих встречах всеми выступавшими на этой конференции» (там же. стр. 737, 738).

Эта Библейская Конференция проводилась почти сорок лет тому назад. На ней было сказано, что все выступавшие были полностью согласны с «доктриной о праведности через веру», и утверждалось, что они проповедовали эту весть ещё более ясно и с большей силой, чем это делали вестники в 1888 году, в дни начала позднего дождя и громкого клича.

Если так всё и было, то из этого логически следует, что проповеди 1952 года были «значительно большими» проявлениями позднего дождя и громкого клича из 18-й главы книги Откровение, чем сама весть 1888 года. Более того, *эти вести были полностью приняты без всякой оппозиции, как со стороны Генеральной Конференции, так и во всём мире*.

Но если то, чего нам так не хватало в 1888 году, было принято во всём изобилии в 1952 году, то разве не должна была земля осветиться славой вести громкого клича ещё при жизни того поколения? Ведь если бы шестьдесят лет до этого послание 1888 года было принято, то это приготовило бы народ Божий для завершения евангельской миссии в том же поколении. Пришло ли это благословение в том поколении?

[167] Внимательное чтение материалов двухтомного отчёта об этой конференции обнаруживает проблему. Ни один из выступавших не продемонстрировал уникальные основы вести 1888 года. Проповеди Эдварда Хеппенсталя о двух заветах были живыми и гармонирующими с реалиями 1888 года, и несколько других выступавших не стали этому противоречить. Не подлежит сомнению, что все выступавшие были «искренними, честными, серьёзными, преданными, верными людьми» и что их выступления были содержательными.

Но проблема заключается в том, что большинство из них, если не все, показали свою искреннюю неосведомлённость в реальном содержании вести 1888 года. Ни один из них не предоставил доказательств того, что он хотя бы прилежно ознакомился с оригинальными источниками этой «самой драгоценной вести», которые, конечно же, не публиковались. Никто из них, по всей видимости, не видел чёткой разницы между вестью 1888 года и общепринятым протестантским учением о «праведности через веру».

До боли очевидно, что вестники 1888 года, которых поддержала Эллен Уайт, были «*персонами нон грата*» на этой конференции (смотри, например, там же. Т.1 стр. 256). Всё происходило так, будто «по заранее составленному плану» не должны были признаваться ни вестники, ни их уникальная весть. В проповедях 1952 года отсутствовали ключевые элементы вести 1888 года и поэтому они в принципе не могли послужить духовным источником силы, возрождения и реформации, основанных на этой вести.

Несомненно, конференция принесла много пользы. Но поздний дождь и громкий клич так и не получили нового «начала» 35 лет тому назад.

Между тем, продолжалось спонтанное и широкое распространение книги «*Новый взгляд на 1888 год*» (*1888 Re-examined*). К 1958 году вопросы от рядовых членов по всему миру, приходящие в адрес Генеральной Конференции, вызвали ещё одну реакцию.

1958 год

Итак, Генеральная Конференция подготовила новый ответ и в сентябре 1958 года опубликовала его для членов церкви. Он был озаглавлен «*Повторная оценка рукописи «Новый взгляд на 1888 год»*» (*A Further Appraisal of The Manuscript "1888 Re-examined"*). В нём данная книга подвергалась резкой критике. Отметим сделанное там заключение:

> Очевидно то, что авторы проявили в значительной мере любительский подход как в методике исследований, так и в трактовке фактов.[1] При чтении всей рукописи обнаруживается, что авторы часто вырывают цитаты из контекста. Сам тезис «Новый взгляд на 1888 год» вызывает серьёзные размышления по поводу литературной этики авторов. … Обнаруживая свою виновность в искажении фактов и ложном толковании утверждений из Духа Пророчества, авторы «Нового взгляда на 1888 год» создали рукопись, которая вредна для церкви, оскорбительна для её руководства, и опасна для тех неосведомлённых людей, который могут её прочесть (стр. 47–49).

Когда авторы рукописи прочли «*Повторную оценку...*», они, разумеется, были глубоко встревожены. Неужели они и в самом

---

[1] В первоначальном тексте сообщения Комитета по защите литературы утверждалось обратное: «Рукопись ясно свидетельствует о серьёзной, усердной и кропотливой работе».

деле виновны в «использовании цитат в отрыве от их контекста», в «искажении фактов», и написании «рукописи, наносящей ущерб церкви»? Чтобы найти ответ, необходима была искренняя молитва, самоисследование, и дальнейшее изучение использованных цитат Эллен Уайт, а также поиск других.

[168]

Находясь в отпуске в Америке в сентябре 1958 года, авторы подготовили ответ на 70 страницах, под названием «*Ответ на повторную оценку*» (*An Answer to "Further Appraisal"*), в котором рассматривался каждый пункт предъявленных им обвинений. Не имея возможности проводить исследования в архиве трудов Эллен Уайт, они воспользовались доступом к частным коллекциям многих на то время неопубликованных документов Эллен Уайт в библиотеках отставных служителей, знавших Эллен Уайт лично. Эти обнаруженные ими документы, подтверждающие их точку зрения, были включены в «Ответ». После этого «Повторная оценка» была отозвана обратно и больше не издавалась. ²

1962 год

На протяжении последующих четырёх лет от членов церкви продолжали поступать серьёзные вопросы. В книге «*Повторная оценка...*» в 1958 году было сказано: «предполагалось, что ответ, данный семь лет назад в докладе (Комитета по защите литературы, 1951 г.) положил конец этому делу» (стр. 3). Но, похоже, провидению не было угодно, чтобы интерес к событиям 1888 года пропал. Святой Дух будет подогревать этот интерес до тех пор, пока не наступит покаяние.

В 1962 году на тему 1888 года была опубликована книга автора по имени Н. Ф. Пиз под названием «*По вере только*» (*By Faith*

---

²Чтобы доказать позицию о принятии вести, «*Повторная оценка...*» использовала, к примеру, отдельно взятый отрывок, состоящий из одного предложения из Письма 40 (1893 г. пункт 14): «Почти три года мы вели эту битву, но за это время в нашем народе произошли решительные изменения и, благодаря милости Божьей, мы одержали решительные победы» («*Повторная оценка...*». стр. 44). В 1893 году данное письмо было опубликовано полностью, и контекст отрывка стал доступен людям (Выпуск № 996). Вышеуказанный отрывок был взят из дискуссии по поводу потребления сыра, где говорилось о том, как доктор Келлог закупил весь запас сыра в бакалейной лавке на летних сборах, а также о том, какое признание получают у членов церкви принципы здорового образа жизни. В контексте вообще не упоминается ни весть 1888 года, ни вопросы её принятия.

Alone). Предисловие к этой книге написал президент Генеральной Конференции, где он отметил:

> Сессия Генеральной Конференции 1888 года, и вопросы оправдания верой, поднятые на ней, обсуждаются и обильно комментируются целым рядом людей, особенно в последние месяцы. Некоторые даже предположили, – совершенно ошибочно, – что Церковь Адвентистов Седьмого Дня отступила, поскольку не осознала это великое фундаментальное христианское учение. Данная книга сообщает истинное положение вещей (стр. vii).

Доктор Пиз – весьма компетентный и добросовестный исследователь, и Генеральная Конференция одобрила его работу. Но в его книге есть проблемы, связанные с отсутствием сбалансированного взгляда на всю эпоху 1888 года:

(а) Данная книга почти абсолютно не признаёт весть 1888 года как таковую, а именно, не признаёт её «началом» позднего дождя и громкого клича, или вестью, посланной для приготовления народа к переселению.

(б) Неоднократно весть 1888 года приравнивается к «доктрине об оправдании через веру» или «доктрине о праведности через веру» популярных протестантских церквей. В книге даже утверждается, что вестники позаимствовали свою весть из учений протестантских церквей того времени (стр. 138, 139). Но сами вестники заявляли, что получили этот свет исключительно из Библии (Ежедневный Бюллетень Генеральной Конференции. Т.5. 1893 г. стр. 359). Не стоит даже пытаться найти в книгах современных популярных протестантских богословов уникальные элементы, составляющие весть 1888 года.

(в) Отсюда логически следует вопрос: Если протестантские церкви 19-го столетия уже знали главные истины посланной нам вести 1888 года, то как же эту весть можно назвать «вестью третьего ангела в своей подлинной сущности»? В чём же тогда уникальность евангелия Адвентистов Седьмого Дня?

(г) Церковь Адвентистов Седьмого Дня представляется как церковь, которая «с годами становится всё более евангелической», и которая «последние сорок лет всё больший акцент делает на доктрине оправдания через веру» (Н. Ф. Пиз. «По вере только» (*By Faith Alone*). стр. 227, 239, 240). Остаётся тот же вопрос: Какая доктрина «оправдания через веру» имеется в виду: популярное протестантское учение или весть 1888 года?

[169]

(д) В книге мы сталкиваемся с некоторой аномалией. В ней утверждается, что «мы сохранили духовный подъём движения возрождения 1890-х годов», а затем говорится, что «возрождение девяностых было потеряно» (там же. стр. 164, 177). Последнее выражение обескураживает. Такая точка зрения логически отрицает пророчество из книги Откровения (18:1–4). Когда весть громкого клича будет по-настоящему принята руководством церкви, она уже *никогда не «будет потеряна»*, но согласно пророчеству, «осветит всю землю своей славой». Это и есть то самое величественное событие, которое согласно пророчеству наступит в будущем. Сам факт, что «возрождение» 1890-х «было потеряно», самым очевидным образом свидетельствует о том, что весть громкого клича в действительности так и не была принята руководством церкви. Это обстоятельство требует ясного понимания, иначе нас ожидает печальная перспектива того, что всякое подлинное возрождение будет точно также обречено на «отмирание», даже в случае принятия вести. Неужели слова из книги Откровение (18:1–4) никогда не исполнятся?

Вопросы от членов церкви продолжали поступать.

1966 год

Появилась ещё одна книга о 1888 годе, написанная А. В. Олсоном, вице-президентом Генеральной Конференции. После его неожиданной смерти 5 апреля 1963 года его «фактически законченная» рукопись осталась в руках комитета хранителей наследия Эллен Уайт, который и издал эту книгу объёмом в 320 страниц в 1966 году под заглавием «*Через кризис к победе: 1888–1901*» (*Through Crisis to Victory, 1888–1901*).

Автор книги искренне пытался бороться с «ложными выводами» относительно реалий 1888 года. В предисловии говорится, что «тринадцать лет, прошедшие от сессии в Миннеаполисе 1888 года до сессии Генеральной Конференции 1901 года, стали периодом ... который провидение называет *победой*» (стр. 7). Но такой взгляд вновь порождает серьёзные проблемы:

(а) Эти тринадцать лет были отмечены не знаком победы, а поразительным неверием со стороны руководства церкви. Именно в этот период звучали пророческие призывы к реформации и реорганизации, и в итоге суды Господни уничтожили неугасимым огнём санаторий в Батл-Крике и издательскую ассоциацию «Ревью энд Геральд». Произошло это вскоре после 1901 года, так называемого «победоносного» года. Многочисленные письма Эллен Уайт из Австралии, отправленные в этот период, говорят о чём угодно, только не о «годах прогресса», если иметь в виду духовность и веру, и если брать за критерий весть 1888 года и связанный с ней опыт.

(б) Книга пытается сформировать законное основание для доказательств того, что весть 1888 года «не отвергалась официально», поскольку никакого решения посредством голосования в сторону принятия либо отвержения этой вести не принималось (стр. 36). Тем не менее, хоть и не существует каких-либо «официально» *зарегистрированных данных* о голосовании против вести в Миннеаполисе, всё же голосование состоялось. Об этом можно прочесть в *Бюллетене* 1893 года. Эллен Уайт также подтверждает этот факт.

Несколько однозначных упоминаний о голосовании в пользу отвержения вести звучат так:

> Что же братья, придерживающиеся той ужасной позиции, отвергли в Миннеаполисе? Они отвергли поздний дождь – громкий клич вести третьего ангела (А. Т. Джоунс. Ежедневный Бюллетень Генеральной Конференции. Т.5. 1893 г. стр. 183.5).
>
> Некоторые из тех ... кто открыто выступал против в то время [во время «встречи в Миннеаполисе»], и голосовали поднятыми руками против... (там же. стр. 244.1).
>
> Неважно, как принимается та или иная позиция, – написана ли она на бумаге, или выражена кем-то в устной форме, с просьбой принять её голосованием на Генеральной конференции – это не имеет никакого значения. ... Здесь находятся люди, которые помнят то время и то место, – Миннеаполис, – когда три прямых попытки были предприняты для принятия такой позиции относительно вести третьего ангела, с помощью голосования на Генеральной Конференции. Взгляды человеческие попытались назвать дорожными указателями, независимо от того, знаете вы эти указатели, или нет, а затем попытались пойти дальше и согласиться друг с другом о соблюдении заповедей Божьих, и о многих других вещах, которые вы должны будете делать, и всё это назвать оправданием верой (там же. стр. 265.3).

Как мы с вами увидели, Эллен Уайт упоминает о голосовании против вести (Рукопись 24. 1888 г. пункт 15). Более того, в Рукописи 15 (1888 г. пункт 6; Олсон. стр. 294–302) она сильно обеспокоена неверным поведением братьев, пытавшихся силой «протолкнуть» такой результат голосования.

Вопреки ясным историческим доказательствам существуют по крайней мере пять современных публикаций, отрицающих факт этого голосования:
- Предисловие «*Свидетельств для проповедников*», написанное комитетом хранителей наследия Эллен Уайт (стр. xxiv);
- «*Через кризис к победе*» (Through Crisis to Victory) (стр. 36);
- «*Движение судьбы*» (Movement of Destiny) (стр. 233, 370);
- «*Одинокие годы*» (The Lonely Years) (стр. 395, 396);
- «*Вера, которая спасает*» (The Faith That Saves) (стр. 41)

Уместно спросить, почему все «три попытки» зафиксировать такой результат голосования закончились неудачей? Почему ничего так и не зафиксировали? Ответ можно найти в том же «*Бюллетене*» 1893 года. Оказавшись в полном одиночестве, Эллен Уайт настояла на том, чтобы не заносить результаты этого голосования в протокол:

> Разве не говорили нам тогда, что ангел Господа, сказал: «*Не делайте этого, так как вы не знаете, что за этим стоит*». «*У меня нет времени, чтобы объяснить вам, что же именно за этим стоит, но ангел сказал: не делайте этого*». В этом поступке было само папство. Вот что пытался сказать нам Господь, чтобы мы поняли это. ... Есть ли среди присутствующих здесь хоть один человек, который был там тогда, и который сейчас не понимает, что тогда произошло? (А. Т. Джоунс цитирует Эллен Уайт. Ежедневный Бюллетень Генеральной Конференции. Т.5. 1893 г. стр. 265.4).

Итак, единственной причиной, по которой результат голосования не был *записан*, является мудрая и настоятельная просьба Эллен Уайт. Совершенно ясно, что делегаты конференции намеревались занести в протокол результат голосования против вести. И это решение было бы принято подавляющим большинством голосов, ибо Эллен Уайт сказала там же в Миннеаполисе, что «дух и влияние этих служителей в целом, тех, кто собрался на этот съезд, стремится отвергнуть свет» (Письмо 21. 1888 г. пункт 2); «наши братья-служители ... явились сюда только затем, чтобы отдалить Духа Божьего от народа» (там же. Рукопись 9. 1888 г. пункт 2; Олсон. стр. 291); и «задача этого собрания сводится ... скорее к противодействию, чем к исследованию» (там же. Рукопись 15. 1888 г. пункт 35; Олсон. стр. 301). *Регистрация* такого голосования стала бы для нашей церкви фактическим самоубийством. Слава Богу, что Его вестница спасла нас от нас самих!

Автор Пиз признаёт эту силу почти единогласной оппозиции: «Можно с уверенностью сказать, что у Ваггонера и Джоунса не было ни единого шанса там устоять без её поддержки» («Вера, которая спасает» (*The Faith That Saves*). стр. 41). Если бы не её прямая поддержка, сессия Генеральной Конференции 1888 года вынесла бы официальный приговор их вести.

(в) Олсон преуменьшает влияние оппозиции 1888 года, говоря о том, что всего лишь «двадцать три служителя ... оказались в той или иной мере к этому причастными. ... Предполагать существование массового сговора и организованной оппозиции было бы неверно» (стр. 84). Но опять же, эти утверждения противоречат многочисленным заявлениям вестницы Божьей, а также свидетельствам очевидцев событий Честера МакРейнолдса и Р. Т. Нэша (смотри 15-ю главу).

(г) В конце книги автор ставит нас перед мучительной и запутанной дилеммой. Он утверждает, что руководство и священнослужители оказались верными, а рядовые члены церкви – нет: «Адвентистские пасторы и евангелисты провозглашали эту жизненно важную истину с церковных кафедр и с общественных мест с сердцами, преисполненными любви ко Христу». Но «для многих членов церкви весть об оправдании через веру стала сухой теорией. ... *Они* пренебрегли светом. ... *Они* потерпели неудачу. ... Их бедные души наги и нищи. ... *Они* вскоре будут отвергнуты Господом (выделено нами – Р.В. и Д.Ш.)» (стр. 238, 239). Логическим завершением этого тезиса будет концепция Римской католической церкви о верной иерархии и неверных прихожанах.

Когда «ангел церкви», или её руководство, ответит на призыв Христа для этих последних дней, тогда народ Божий «в день силы Твоей будет готов во благолепии святыни» (Псалтирь 109:3). Тезис о верных священниках и неверных прихожанах использовался для обвинения Божьего народа не только в наше время, но и на протяжении всей истории церкви. Это обвинение не даёт никакой надежды ни на что, кроме постоянного противления неверного народа церковной иерархии. Но такого не будет и быть не может.

1969 год

Вскоре Норвал Ф. Пиз издал продолжение к книге «*По вере только*» (*By Faith Alone*) под названием «*Вера, которая спасает*»

(*The Faith That Saves*) (1969 г.), посвящённое опять же вопросу вести 1888 года. Эта книга также порождает много вопросов:

(а) В книге снова не признаётся эсхатологическое значение вести 1888 года как начала громкого клича из книги Откровение (18-я глава). Вместо этого автор представляет весть как «общее наследие протестантских церквей», как «прежний свет в надлежащем контексте», как не более чем «ещё один акцент на оправдании», как «то же вечное евангелие, которым христиане спасались во все века» (стр. 25, 39, 45, 54). В книге мы не видим никакого признания уникальности истины, составляющей «весть третьего ангела в своей подлинной сущности», и никакого намёка на особую связь этой истины с очищением святилища.

(б) В этой книге нам снова говорят, что «делегаты [Конференции 1888 года] разделились на три группы», подразумевая, что оппозиция не была серьёзной. Опровергая утверждения, которые говорят, что «эта деноминация отвергла оправдание через веру в 1888 году»[3], автор опирается на предположение о том, что отсутствие официальных записей о голосовании означает, что «никаких официальных мер в этом отношении не предпринималось», и что большинство из тех, кто не смог увидеть свет в 1888 году, раскаялись в своей слепоте и оказали ревностную поддержку» (стр. 41). Однако в книге не приводятся доказательства этой «поддержки, полной энтузиазма».

Снова мы вспоминаем о печальном письме Эллен Уайт к своему племяннику 5 ноября 1892 года, спустя длительный срок после так называемых «исповеданий» главных руководителей. В этом письме говорится, что «ни один» из первоначально отвергавших весть не «пришёл к свету» и не распознал этой вести (Письмо 2а. 1892 г. пункт 15). Пастор Пиз признаёт в одном из своих трудов, что к концу этого десятилетия ни один «Елисей» не мог эффективно проповедовать эту весть, кроме Джоунса, Ваггонера и Эллен Уайт («По вере только» (*By Faith Alone*). стр. 164). В чём же тогда заключалась их предполагаемая поддержка?

(в) Пытаясь возразить на просьбу авторов данной книги к церкви «переиздать труды Ваггонера и Джоунса, чтобы мы смогли из-

---

[3]Непонятно, о ком здесь идёт речь. Авторы книги «*Новый взгляд на 1888 год*» (*1888 Re-examined*) никогда не утверждали, что «церковь» отвергла начало позднего дождя. Они цитировали свидетельства Эллен Уайт, в которых сказано, что *руководство* церкви отвергло весть, и «в большой степени» скрыло её от церкви в целом, и потому церковь ещё не имела возможности принять это послание (см. Избранные вести. Т.1. стр. 234.6).

влечь пользу из их учения», Пиз заявляет, что в работах Ваггонера и Джоунса нет ничего такого, о чём Эллен Уайт не сказала бы «лучше». ... «Она могла раскрывать то же самое вечное евангелие так красиво и ясно, как никто другой из её современников» (стр. 53).

Отсюда возникает серьёзный вопрос: Зачем Господь послал нам в 1888 году Своих вестников, если они не были способны должным образом раскрыть Его весть? Не разумнее ли было бы использовать саму Эллен Уайт в качестве посредника для проповеди вести позднего дождя и громкого клича? Священная история свидетельствует о том, что Господь всегда избирает вестников по определённым причинам.

Эллен Уайт никогда не относилась к вести Джоунса и Ваггонера как к чему-то излишнему и ненужному; более 300 раз она одобрила её, используя выражения, полные непревзойдённого энтузиазма. Она поддерживала и самих посланников как людей особым образом «назначенных», «посланных», «уполномоченных» самим Господом, чтобы совершить работу, которая ей самой не поручалась.[4]

Труды вестников 1888 года основаны исключительно на Библии (например, «*Христос и Его праведность*» (*Christ and His Righteousness*), «*Евангелие в творении*» (*The Gospel in Creation*), «*Радостные вести*» (*The Glad Tidings*), «*Освящённый путь к христианскому совершенству*» (*The Consecrated Way to Christian Perfection*), которые не содержат ни одного из утверждений Эллен Уайт). Их весть была великолепным проявлением силы, содержащейся в чистом Библейском учении о праведности через веру. Отрицать это означает игнорировать такую мощную поддержку со стороны Эллен Уайт.

---

[4]Некоторые из тех, кто утверждает, что принимают «праведность через веру», придерживаются мнения о том, что нам не нужна «самая драгоценная весть», которую «Господь ... послал ... через пасторов Ваггонера и Джоунса» поскольку у нас есть труды Эллен Уайт. Но такая позиция неверна по следующим причинам: (а) Церковь в 1888 году также располагала трудами Эллен Уайт, и более того, могла видеть и слушать её лично. (б) Она утверждала, что её труды представляют собой «малый свет», ведущий нас к «большому свету» – Библии. Поэтому Эллен Уайт не говорит о праведности по вере ничего такого, чего не было бы сказано в Библии лучше. (в) Если далее продолжить такую логику, то получится, что нам не нужен и Новый Завет, поскольку и Иисус, и Павел позаимствовали идею праведности через веру исключительно из Ветхого Завета, а никто не может отрицать того, что *они*

(г) В заключение автор делает вывод, что Генеральная Конференция 1926 года в Милуоки рассматривала вести более важные, чем весть 1888 года. По его словам, материалы этой конференции являются убедительным доказательством того, что весть 1888 года была принята:

> Я твёрдо убеждён, что следовало бы обращать меньше внимания на 1888 и больше на 1926 год. Сессия Генеральной Конференции 1926 года практически стала тем, чем могла стать Конференция 1888 года, если бы там было больше единства по вопросу о сути евангелия.
> Некоторые предлагают, чтобы официальное признание ошибок, сделанных в 1888 году, было зафиксировано документально. Но невозможно получить более конкретные доказательства нашего духовного роста и зрелости, чем проповеди 1926 года (стр. 59).

[173] Но в действительности такая точка зрения по логике вещей вводит церковь в заблуждение. Заметьте, что она подразумевает следующее: (1) Материалы 1926 года имеют большее значение, чем весть 1888 года; но (2) «большее единодушие» по вопросу о сути евангелия, проявленное в 1926 году, означает, что в этом году противления не было, в отличие от 1888 года; (3) с 1926 года прошло уже более 60 лет, а Эллен Уайт ясно заявила, что если бы послание 1888 года было принято, то проповедь евангелия была бы завершена за несколько лет после этого (Ежедневный Бюллетень Генеральной Конференции. Т.5. 1893 г. стр. 419). (4) Если мы согласимся с данным пониманием, то тем самым мы признаем, что «большее единодушие» и *принятие* вести не приводит к успешному завершению евангельской миссии. Может ли что-либо приносить большее разочарование, чем такой вывод?

понимали её. (г) Из этого также следует, что нам не нужны даже большие и малые пророки, так как Авраам был «оправдан через веру» и стал «отцом верующих», ничего не зная, кроме того, что описано в первых одиннадцати главах книги Бытие.

Всё это, разумеется, абсурд. Единственный логичный вывод – *нам нужен весь свет, который Господь сочтёт необходимым нам дать*. Эллен Уайт никогда не говорила о том, что она послана провозглашать весть позднего дождя и громкого клича, но признала эту весть в проповедях Ваггонера и Джоунса. Невозможно по-настоящему признавать Эллен Уайт как вестницу Божью, отвергая её многочисленные высказывания в поддержку вести 1888 года, возвещаемой Джоунсом и Ваггонером в течение этих самых лет её вдохновенной поддержки.

В действительности же праведность через веру, которую проповедовали в 1926 году, судя по тексту *Бюллетеня Генеральной Конференции* того года, не содержит основных истин вести 1888 года. То же самое произошло и позже, в 1952 году. Эти проповеди были вдохновлены учением о «побеждающей жизни» из газеты «*Воскресная школа таймс*» (*The Sunday School Times*) и других распространённых в то время доктрин известных протестантских течений. Этим и объясняется отсутствие устойчивого возрождения и реформации как после сессии 1926 года, так и после конференции 1952 года.

Далее мы обратимся к наиболее значительным событиям этого столетия, которые имели место при растущем интересе к 1888 году.

ГЛАВА ПЯТНАДЦАТАЯ

[174]

ОТ 1971 ДО 1987 ГОДА И ДАЛЕЕ

До 1971 года было опубликовано в общей сложности около 700 страниц, которые отрицали необходимость покаяния церкви. К ним в 1971 году добавилось ещё 700 страниц, когда вышла книга автора по имени Ле Рой Фрум «*Движение судьбы*» (*Movement of Destiny*). По словам самого автора, «ещё ни один труд в истории адвентизма не пользовался такой мощной поддержкой ещё до своего выхода в свет» (стр. 8). 1500 экземпляров первого издания этой книги были разосланы в качестве подарка руководителям церкви по всему миру. Такое признание данного труда делает его, пожалуй, самым авторитетным изданием на тему 1888 года.

> Книга была написана в ответ на инициативу и поручение президента Генеральной Конференции А. Г. Даниэльса от 1930 года, и по мере исследований на эту тему она была одобрена пятью президентами Генеральной Конференции, а также многими консультантами. ... Она была критически прочитана примерно шестьюдесятью нашими самыми талантливыми учёными, специалистами в области истории церкви, адвентистского богословия и Духа Пророчества, а также ведущими библейскими учителями, редакторами, работниками средств массовой информации, учёными и врачами (стр. 8).

Очевидно, что книга «*Движение судьбы*» (*Movement of Destiny*) представляет собой тщательное изложение позиции Генеральной Конференции и ответственных церковных руководителей относительно событий 1888 года. Автор уверяет своих читателей в своей максимальной верности в исполнении поручения пастора А. Г. Даниэльса:

> ... и особое внимание уделил событиям «1888 года» и тому, что за ними последовало. Даниэльс настаивал, чтобы я изложил результаты своего исследования просто и понятно, чтобы эта книга прославила Бога и возвеличила истину, ... была прямой и последовательной, документально подтверждённой, пригодной для серьёзного всемирного изучения нашими ра-

ботниками. ... Даниэльс убеждал меня быть честным и придерживаться фактов, выбирать методологию, обеспечивающую полноту исследования и беспристрастность, и представить сбалансированную картину во всём её объёме ... избегая поверхностных методов исследования. ... Совершенно обязательным требованием было создание правдивой и достоверной картины. Правду, настаивал он, нельзя возвеличить, умалчивая или скрывая что-либо. ... Проникайте вглубь, ... пишите объективно (стр. 17, 18).

Другие «лидеры-ветераны» настоятельно советовали ему:

... ответить на некоторые сложные вопросы ... И прежде всего придерживаться фактов, быть непоколебимым в своей верности полной правде, ... исследовать все факты до конца, не скрывать полученных результатов, быть искренним и прямым в своём изложении (стр. 22).

Книга «*Движение судьбы*» (*Movement of Destiny*) представляет собой результат большого труда самого авторитетного историка церкви. Автор был одарён Богом множеством больших талантов. Его фундаментальные труды по истории толкования пророчеств и кондиционализму представляют собой серьёзный вклад в литературу адвентистского движения. И всё же, по меньшей мере один критик не осмелился назвать его последнюю книгу «достоверным историческим источником» («*Обучение в семинарии*» (*Seminary Studies*). Университет Эндрюс. Январь 1972 г. стр. 121).

[175]

Книга порождает серьёзные проблемы:

(а) Взгляд на события 1888 года противоположен точке зрения, изложенной в работе Даниэльса «*Христос – наша Праведность*» (*Christ Our Righteousness*), хотя именно Даниэльс поручил Фруму написать книгу. Это особенно хорошо видно при сравнении следующих отрывков:

Эпохальная сессия в Миннеаполисе возвышается, как горная вершина, выделяясь среди других своей уникальностью и значимостью. Она стала отчётливым поворотным пунктом. ... Она стала началом новой эпохи. ... Поэтому 1888 год стал началом нового времени, новой эпохи. ... 1888 год стал не поражением, а поворотным событием на пути к окончательной победе. ... Битва 1888 года была трудной, и победа в ней дорого стоила (Л. Фрум. Движение судьбы (*Movement of Destiny*). 1971 г. стр. 187, 191).

Эта весть никогда не была ни принята, ни провозглашена, она не получила свободного распространения, необходимого для того, чтобы донести до церкви те безмерные благословения, которые она содержит. ... За оппозицией скрывались хитрые замыслы родоначальника зла, врага всякой праведности, ... с целью обесценить эту весть. ... Насколько же ужасной должна быть любая его победа в борьбе с этой вестью! (А. Г. Даниэльс. Христос – наша Праведность (*Christ Our Righteousness*). 1926 г. стр. 47, 53, 54).

(б) До сих пор ещё никому не удалось увидеть собранные Фрумом «свидетельства», которые якобы доказывают принятие руководством этой вести, ибо по сей день они всё ещё недоступны для изучения. Автор утверждает, что все эти «показания» были взяты у «действительных участников конференции в Миннеаполисе в 1888 году» и из «достоверных пересказов, к которым обращались, начиная с 1930 года», а также из «подписанных заявлений, сделанных весной 1930 года» (Л. Фрум. Движение судьбы (*Movement of Destiny*). 1971 г. стр. 8, 237–239).

Но в двух главах книги, в которых говорится об этих «заявлениях» (там же. стр. 237–268), читателю ни разу не предоставляется случай увидеть хотя бы одно из них. А из трёх *действительных* сообщений «очевидцев» данных событий не приводится ни одной цитаты. А ведь эти сообщения противоречат тезису автора. Таким образом, читателя убеждают на основании показаний неких «*невидимых*» свидетелей в том, что весть была принята руководством церкви, в то время как трое «*видимых*» свидетелей утверждают обратное (мы приведём ниже их свидетельства).

«Заявления» были сделаны «двадцатью шестью мужчинами и женщинами, которые были действительными участниками, наблюдателями или протоколистами на этой решающей сессии в Миннеаполисе» (там же. стр. 239). Из всего этого числа всего тринадцать человек были фактическими участниками этих событий, поэтому только их можно считать очевидцами. Тщательный подсчёт показал наличие 64 ссылок на письма и интервью этих 26 человек. Одно из них цитируется 14 раз.

Но по загадочным причинам автор после таких впечатляющих заявлений не позволяет этим свидетелям сказать самим за себя. За одним-единственным исключением он не приводит *ни одного предложения ни одного из 64 свидетельств очевидцев или других людей*.

Здравый смысл требует, чтобы свидетельства, обладающие такой важностью, были предъявлены и опубликованы в поддержку сделанных заявлений. Фрум заявляет решительно, выделяя свои слова курсивом: «*Не было никакого отвержения вести в масштабах деноминации или в масштабах руководства*, как об этом говорят указанные свидетели» (там же. стр. 256). И далее нам не приводится ни единой фразы, сказанной кем-либо из этих свидетелей в поддержку такого утверждения.

Ни один суд присяжных в мире не согласился бы с подобным выводом без наличия доказательств. Если же предполагаемые свидетельства столь явно противоречат свидетельствам Эллен Уайт, то в этом случае членам Церкви Адвентистов Седьмого Дня следует настоятельно требовать доступа к таким свидетельствам.[1]

Одно из двадцати шести писем, на которые ссылается автор (там же. стр. 248), всегда хранилось в комитете наследия Эллен Уайт. Это письмо, объёмом в пять страниц, написано Честером МакРейнолдсом (1853–1937) и озаглавлено «*Опыт на Генеральной Конференции в Миннеаполисе, в 1888 году*» (*Experiences While at the General Conference in Minneapolis, Minn. in 1888*). Оно хранится под

---

[1] Доктор Фрум написал нам (Р. Виланду и Д. Шорту) 4 декабря 1964 года, ещё до публикации его книги «*Движение судьбы*» (*Movement of Destiny*), требуя, чтобы мы отреклись от позиций, изложенных в книге «*Новый взгляд на 1888 год*» (*1888 Re-examined*). От нас требовалось «публично отказаться от некоторых заключений (о том, что руководство в 1888 году отвергло начало позднего дождя и громкого клича) ... Вскоре несомненно будет напечатана полная документированная история событий 1888 года. Не изменив ваше изложение фактов, вы можете оказаться в очень незавидном положении. Противоречие будет явным». 16 апреля 1965 года он ещё раз написал нам следующее: «По моему мнению, Вам следует действовать первыми и, желательно, без промедлений. ... Ваши утверждения выделяются на общем фоне как белая ворона, и находятся в противоречии с фактически единогласным мнением наших учёных. ... Надо быть безрассудным, чтобы противоречить открытиям такой большой группы людей. ... Я ... более не чувствую себя обязанным предоставлять вам дальнейшие доказательства. ... Ваше незавидное положение заставляет меня вспомнить о случившемся с Илией пророком. ... Он тоже резко разошелся во взглядах с историками и экспертами древнего Израиля. Он тоже думал, что прав и что остальные ошибаются. Его все как один оставили, а затем злословили и преследовали только из-за его притязаний и выводов. ... Фактически Илия оклеветал и опорочил Израиль, представлял всё в искаженном свете, и вводил в заблуждение. Он приводил ложные свидетельства, бросая обвинение на Израиль и его руководство [Ахава и Иезавель?]. ... Вы должны всё это прекратить, отступить и отречься». Фрум утверждал, что говорит от лица руководства Генеральной Конференции, которая поддержала его позицию; и это действительно вскоре было подтверждено беспрецедентным одобрением его книги.

индексом «*D File* 189», и приводится в «*Рукописях и воспоминаниях о Миннеаполисе*» (*Manuscripts and Memories of Minneapolis* – MMM) стр. 338–342). Письмо заканчивается следующими двумя предложениями:

> Я сожалею о том, что некоторые из тех, кто присутствовал на Конференции в Миннеаполисе в 1888 году, не признают факт существования там оппозиции и отвержения вести, которую послал Господь Своему народу. Ещё не поздно покаяться и получить великое благословение.

Работа Р. Т. Нэша «*Отчёт очевидца Генеральной Конференции 1888 года*» (*Eyewitness Report of the 1888 General Conference*) принадлежит также к числу доступных источников. Это свидетельство изложено прямым и понятным языком:

> Автор этой брошюры, будучи молодым человеком, присутствовал на сессии 1888 года, где видел и слышал многое из того, что было сделано и сказано против представленной вести. ... Когда выступавшие там возвысили Христа как единственную надежду для церкви и для всех людей, то они встретили объединённое противодействие со стороны почти всех руководящих служителей. Они попытались прекратить эти выступления пасторов Джоунса и Ваггонера. Они хотели, чтобы дискуссия по этому вопросу прекратилась.

Один из нас написал ему ответ 10 мая 1965 года: «Отречься из-за страха и без каких-либо вдохновенных доказательств ... это отречение вряд ли будет правильным. ... Господь никогда не просил никого сделать что-либо подобное. Фактически человек может погубить свою душу, сделав уступку под давлением страха и беспокойства, малодушно, без доказательств отрекаясь от того, что хранил в себе с чистой совестью». 10 ноября 1965 года тот же автор написал доктору Фруму: «Я ещё раз повторяю, что я готов отречься, если Вы предъявите мне ясное свидетельство из Духа Пророчества. Вы категорически отказали мне в этом. ... Мне и другим кажется странным, что Вы требуете «отречься» и в то же время не даёте возможность ознакомиться с неопубликованными свидетельствами Эллен Уайт, которые, по Вашим словам, есть у Вас, и которые могут привести к отказу от подобного рода убеждений любого честного человека. ... Я прошу в молитве, чтобы в результате всего этого дела имя Божье не было обесславлено».

Когда книга «*Движение судьбы*» (*Movement of Destiny*) была издана, упоминаемое автором якобы существующее документальное «доказательство» в ней отсутствовало.

Третье сообщение «очевидца событий» находится также в «Хранилище трудов Эллен Уайт» и написано оно А. Т. Джоунсом: «Всё это время среди членов Комитета Генеральной Конференции и среди других постоянно действовал тайный антагонизм, который ... завладел этой деноминацией, распространяя дух Миннеаполиса, дух противления и человеческого превозношения» (Письмо Клоду Холмсу. 12 мая 1921 г.).

Ни одно из этих свидетельств очевидцев не встретишь на страницах «*Движения судьбы*» (*Movement of Destiny*). Вместо этого читателя постоянно уверяют в противоположных свидетельствах неких невидимых и *загадочных* очевидцев.

«Несравненный свидетель»

(в) Две главы в своей книге Фрум посвящает доказательству того, что в оценке событий 1888 года главный приоритет принадлежит Эллен Уайт (стр. 443–464). Её труды, «*особенно, написанные после 1888 года*», должны «ответить на вопросы каждого здравомыслящего человека» относительно этих событий (выделено в оригинальном тексте – стр. 444). И это совершенно правильно. Но на одиннадцати страницах, посвященных свидетельствам Эллен Уайт (стр. 443–453), не содержится ни одной её цитаты, подтверждающей позицию автора.

(г) В следующей главе (стр. 454–464) приводится список из более 200 пунктов, взятых из её работ за период с 1888 по 1901 годы, которые, по словам автора, «образуют фундаментальную позицию этой книги» (стр. 456). Но внимательное чтение этих «заголовков» в их последовательности год за годом вызывает удивление. Эти названия никак не связаны с заголовками изданных статей, а представляют собой всего лишь комментарии автора в поддержку своих предположений.

(д) Начиная с 221 страницы и далее, на 12 страницах книги приводится множество отдельно взятых слов и фраз, принадлежащих Эллен Уайт, и снова без указания источников. Более 100 приведённых отрывочных слов, фраз и словосочетаний приводятся в отрыве от важных и значимых высказываний. Таким образом, упускается контекст, который бы открыл совсем другое значение и опроверг бы теорию о «победе». Слова и фразы, взятые из её проповедей в Миннеаполисе, даются в окружении искажающих и нивелирующих авторских вставок, что оставляет подлинную весть всего высказывания нераскрытой.

[177]

(е) Из «сотен бесценных документов», которые, по словам автора, взяты из надёжных источников, *ни один* не используется для поддержки его тезиса. И при этом книга содержит 700 страниц.

(ж) Даже если бы «личные показания» были бы нам доступны (чего мы не имеем), цитирование высказываний искренних братьев, утверждающих, что, *по их мнению* весть 1888 года была принята, не доказывает, что это действительно было так. Прошедшее столетие показало, что поздний дождь не был принят, невзирая на эти якобы существующие заявления об обратном. Но Фрум и другие упомянутые им авторы ставят воспоминания обычных наблюдателей выше вдохновенного свидетельства вестницы Божьей и Духа пророчества, которым она обладала. Даже тысяча свидетельств о «принятии вести» из уст обычных наблюдателей не сравнится с одним вдохновенным свидетельством вестницы Божьей.

(з) Как и Олсон, Фрум оправдывает служителей церкви и церковное руководство после 1888 года, и обвиняет рядовых членов в задержке исполнения евангельского поручения: «Святой Дух, полный решимости и силы, не смог выполнить возложенную на Него работу из-за неподготовленности членов церкви» (стр. 582). «Народу Божьему остаётся только полностью принять полное обеспечение Бога для завершения великого поручения» (стр. 613).

На самом же деле принять весть необходимо руководству, ибо именно руководство отвергло весть громкого клича, как свидетельствует Эллен Уайт, в чём и заключается первоначальная причина такой долгой задержки (см. Избранные вести. Т.1. стр. 234.6).

(и) Читателя убеждают в том, что Эллен Уайт «радовалась растущему принятию» вести 1888 года (стр. 605) и что «девяностые годы были отмечены мощным возрождением церкви» и «огромными достижениями» (стр. 264). Мы должны взглянуть на интересный пример контраста между тем, что она в действительности сказала о руководстве Генеральной Конференции в период после 1888 года, и тем, что Фрум пытается изобразить.

Он правильно замечает, что: «Основные тенденции данного движения в период после 1888 года главным образом определялись новым президентом Генеральной Конференции. Следовательно, для получения решающих доказательств нужно внимательно присмотреться к его личности». Другими словами, отношение пастора О. А. Олсена как президента Генеральной Конференции должно «главным образом» и определить правду в вопросе о принятии или отвержении вести руководством церкви. *И это правда*. Продолжим цитату Фрума:

> О. А. Олсен, согласно записям, проявил себя как верный и добропорядочный руководитель. … Похоже, он хорошо понимал духовную значимость данных вопросов, и его тихое, но эффективное руководство способствовало их решению. …
>
> Годы работы Олсена на президентском посту стали годами возрождения и реформации, … временем пробуждения от Лаодикийского самодовольства … под действием всё более широкого принятия вести о праведности по вере. …
>
> Поэтому совершенно несправедливым будет утверждение, что Олсен лично отверг эту весть, либо как-то смягчал её содержание, либо действовал в этом направлении как руководитель, помощник или вдохновитель. …
>
> Очевидно, что Олсен не отвергал эту весть (стр. 359–364).

[178]

В доказательство своих утверждений Фрум не приводит ни одного свидетельства Эллен Уайт. Читатель может только предполагать, что эти выразительные заявления основаны на вдохновенных свидетельствах. *И таких свидетельств нет на протяжении всей его книги*. Причина же этому заключается в том, что таких свидетельств в трудах Эллен Уайт просто не существует. И этого «шестьдесят наших наиталантливейших учёных», поддержавших издание данной книги, просто не заметили.

Взгляд Эллен Уайт на руководство церкви в период после 1888 года

Теперь же мы должны прочесть совершенно противоположный взгляд Эллен Уайт в ретроспективе, спустя восемь лет после того, как Олсен стал президентом:

> Я весьма опечалена за брата Олсена. … Он не действовал в согласии с посланным светом. Это представляется загадочным. … Несмотря на свет по этому поводу, который был ему доступен годами, он действовал совершенно противоположно свету, который Господь ему посылал. И всё это притупляет его духовную проницательность, и делает его в отношении общей направленности и целостного продвижения работы неверным стражем. Он идёт путём, ухудшающим его духовное зрение, и под его влиянием другие люди видят многое в искажённом свете. Он предоставил безошибочные доказательства того, что он не принимает во внимание свидетельства, которые Господь считает нужным дать Своему народу, не считает их достойными уважения и достаточно значимыми, чтобы повлиять на его образ действий (Э. Уайт. Письмо А. О. Тэйту. 27 августа 1896 г.).

Расхождение позиции Фрума с позицией Эллен Уайт вызывает тревогу, особенно во свете официального одобрения его книги. Контекст же сказанного Эллен Уайт предельно ясен:

> Никакими словами нельзя описать моё отчаяние. Совершенно ясно, что пастор Олсен действовал подобно Аарону в отношении тех, кто противодействовал работе Божьей со времени сессии в Миннеаполисе. Они до сих пор не покаялись в том, что пошли по пути сопротивления свету и свидетельствам. ...
>
> Эта болезнь, зародившаяся в самом сердце нашей работы, отравляет кровь, и таким образом передаётся далее тем «органам», которые они [руководители Генеральной Конференции] посещают (там же).

Эллен Уайт не действовала «за спиной» пастора Олсена; ранее, 26 ноября 1894 года она писала ему о том же. И снова она пишет ему 31 мая 1896 года:

> В течение года и даже двух лет я писала вам письма, но чувствовала, что пока их не нужно вам посылать ради вас же самих, пока рядом с вами не будет человека, который мог бы совершенно чётко отличить библейские принципы от принципов человеческого изобретения, и который, имея острую проницательность, смог бы отделить чрезвычайно искажённые человеческие представления, действующие многие годы, от того, что обладает божественным происхождением. ...
>
> Брат Олсен, Вы говорите о моём возвращении в Америку. Три года в Батл-Крике я отстаивала истину [1888–1891]. Те, кто отказались принять свидетельство, которое Бог открыл им через меня, и отвергли доказательства, которые им сопутствовали, не получат никакой пользы от моего возвращения. ...
>
> Генеральная Конференция в значительной степени потеряла своё посвящение, потому что определённые служители, связанные с ней, ни в какой степени не изменили своего отношения с тех пор, как прошла конференция в Миннеаполисе.. ...
>
> Мне было показано, что большинство людей не знает о том, что болезнь и гниение поразили самое сердце нашей деятельности в Батл-Крике.[2]

---

[2] Эти документы были переданы доктору Фруму 21 февраля 1965 года перед тем, как он опубликовал книгу. Они также были предоставлены руководству Генеральной Конференции в 1973 году перед вторым изданием книги Фрума. Один из президентов Генеральной Конференции в результате отказался от своего одобрения пересмотренного издания книги.

Позднее Эллен Уайт писала И. Х. Эвансу, что жалеет лишь о том, что доверила столь важную информацию президенту Олсену вместо того, чтобы послать свидетельства членам церкви, чтобы люди узнали о том, что происходило в Батл-Крике. Пастор Олсен «отверг» оказанное ему доверие, по данным копии оригинального подписанного письма, которое находится в хранилище трудов Эллен Уайт (Письмо. 21 ноября 1897 г.). В другой копии этого письма, из частной коллекции, она вычеркнула слово «отверг» и своей рукой написала слово «пренебрёг». Каковы же были загадочные причины этого продолжающегося сопротивления и пренебрежения Святым Духом?

Напомним, что Фрум по просьбе Даниэльса намеревался следовать высоким этическим стандартам. Его работа должна была стать книгой, которая «прославит Бога и возвеличит истину» (Л. Фрум. Движение судьбы (*Movement of Destiny*). стр. 17):

> Жалкие приёмы восстановить историю: Историю порой восстанавливают избирательно, то есть, используя вырванные из своего контекста цитаты, или толкуя их определённым образом, чтобы подтвердить своё предположение или теорию. Но такой подход и неэтичен, и нечестен. … Как честные и порядочные люди, мы не должны принимать какое-либо участие в подобных манипуляциях историческими событиями. Слуги Бога истины должны всегда использовать цитаты, свидетельства и аргументы таким образом, чтобы почтить истину и её Автора (там же. стр. 364, 365).

Вышесказанное, разумеется, не подлежит сомнению. Сама по себе критика книги доктора Фрума никакой пользы не принесёт. Но покаяние поможет всем нам извлечь уроки. Множество христиан из популярных церквей полагаются на предвзятые мнения, которые не выдерживают испытания истиной. Как же мы, Адвентисты Седьмого Дня, сможем помочь им, если сами не будем верны правде, даже если эта правда будет означать для нас определённые личные жертвы и потерю своей репутации?

1972 год

Доктор Фрум потребовал от авторов данной книги публично отказаться от своих заявлений о том, что руководство церкви отвергло весть 1888 года. Его требование было официально признано верным в отношении данных авторов. («Уроки семинарии» (*Seminary Studies*). Университет Эндрюса. Январь 1972 г. стр. 121). Сформулировано это было так:

[180]

> Те, кто распространяют ложные обвинения в адрес руководителей церкви периода после 1888 года, которых уже нет с нами, должны покаяться перед церковью. Более того, подробное исповедание необходимо и перед теми, кто на сегодняшний день был введён в такое заблуждение. В конце концов, такие заявления обвиняют мёртвых. Это очень серьёзно (Л. Фрум. Движение судьбы (*Movement of Destiny*). стр. 358).

Авторы сочли за долг ответить на это официальное требование со стороны одного из наиболее известных ученых адвентизма, учитывая то, что оно получило поддержку официальных представителей Генеральной Конференции. В 1972 году они подготовили ответ под названием «*Подробное исповедание ... перед церковью*» (*An Explicit Confession ... Due the Church*). В нём они вновь повторили своё убеждение в том, что факты нашей истории подробно призывают к корпоративному покаянию всей церкви. Копии этого ответа были лично доставлены руководителям из Генеральной Конференции, которые затем настояли на том, чтобы не публиковать этот документ, и назначили серию заседаний специального комитета в Такома-Парк для рассмотрения приведённых в этом ответе доказательств. Заседания этого комитета проходили на протяжении нескольких лет. Официальные представители и комитеты рассмотрели данные свидетельства Эллен Уайт, которые произвели на них впечатление. Однако они вновь настояли на том, чтобы «*Подробное исповедание...*» не было опубликовано. Затем, после запрета на издание «*Подробного исповедания...*», они переиздали книгу «*Движение судьбы*» (*Movement of Destiny*), без изменений её главного содержания.

Затем, в результате повышения интереса к событиям 1888 года произошли два значительных события.

1973–1974 годы

В течение двух лет после окончания работы этих комитетов ежегодный совет обратился к всемирной церкви с серьёзными призывами к возрождению, реформации и покаянию. Эти призывы были необычайно искренними и торжественными. Однако, следует признать, что результаты были разочаровывающими.

Призывы этих комитетов редко оказывались эффективными в вопросе возрождения и реформации как среди служителей церкви, так и среди рядовых членов, потому что административными методами невозможно достичь примирения со Христом. Однако эти призывы Ежегодного совета характерны ложным толкованием фактов истории нашей церкви, что делало невыполнимыми поставленные цели. Внешне эта проблема кажется незначительной, но на деле она действительно важна. Приведём цитату из «*Призыва*» 1973 года:

> В течение четырёх лет после исторической сессии Генеральной Конференции в Миннеаполисе был сделан новый и убедительный акцент на «праведности через веру». *Это пробудило адвентистскую церковь* так, что Эллен Уайт заявила о начале «громкого клича» (выделено нами – Р.В. и Д.Ш.).

Ошибка здесь не просто в словах. Эллен Уайт никогда не говорила, что весть 1888 года «пробудила Адвентистскую церковь». Она говорила обратное: «Сатане удалось в значительной мере *сокрыть от нашего народа* особую силу Святого Духа» (Избранные вести. Т.1. стр. 234.6). Этой вести так никогда и *не позволили* пробудить церковь.

Но это ещё не самая серьёзная логическая ошибка в данном «*Призыве*». В нём даётся неправильное определение понятию «громкий клич». Мы упоминаем об этом не для того, чтобы отыскивать недостатки этих серьёзных и искренних стараний, а потому, что у нас уже нет времени на повторение подобных ошибок.

«Началом» позднего дождя и громкого клича было не субъективное пробуждение, как принято считать, которое якобы «возродило Адвентистскую церковь», а *сама объективная весть*. Это очевидно даже из приведённой в «*Призыве*» цитаты Эллен Уайт:

> Громкий клич третьего ангела уже начался *в откровении о праведности Христа, Искупителя, прощающего грех. Это и есть начало излития света того ангела, чья слава наполнит всю землю* (выделено нами – Р.В. и Д.Ш.) («Ревью энд Геральд». 22 ноября 1892 г. пункт 7).

Важность сказанного нетрудно увидеть:

(а) Если началом громкого клича было «пробуждение церкви», то его скорое затухание становится очень плохой вестью. Это значит, что истинное возрождение не стабильнее курса лечения рака, и что когда Святому Духу позволили действовать (предполагают, что так и было в 1890-х годах), то Он Сам устаёт и оставляет это возрождение. Почему «возрождённая» церковь не смогла провозгласить громкий клич и завершить порученное Господом?

(б) Но когда мы признаем «началом» клича то, чем оно было на самом деле, то есть *самой вестью 1888 года*, то мы сразу же

[181]

обретаем надежду, *ибо мы можем восстановить и возвестить эту объективную весть, какой она записана в существующих источниках*. Сила Святого Духа проявляется в «истине евангельской» (Галатам 2:14, Римлянам 1:16).

Тем не менее, ежегодные советы Генеральной конференции 1973 и 1974 годов не сделали ничего практического и эффективного для того, чтобы возродить и распространить саму весть 1888 года. Вместо этого они, хоть и неумышленно, но допустили, чтобы этот вакуум был наполнен влиянием кальвинистских «реформаторских идей». Весть же 1888 года так никогда не проповедовалась всемирной церковью ясно и свободно, при полной поддержке Генеральной Конференции.

Второе событие, вызванное интересом к вести 1888 года 1973–1974 годов, было следствием её неправильного толкования, о котором говорилось выше. Признав, что церковь нуждается в «праведности через веру», Генеральная Конференция созвала в 1976 году конференцию в Палмдейл, где определённые богословы доминировали в дискуссии и требовали поддержки их «реформаторских взглядов» кальвинистского происхождения на «праведность по вере».

[182] Они объявили, что их взгляды, собственно, и были подлинным содержанием возрождающей вести 1888 года, когда на самом деле эти взгляды отрицали каждую из основных идей этой «самой драгоценной вести». Однако их авторитет в Австралии и Северной Америке обеспечил им широкое влияние по всему миру. Всеобщее незнание основных пунктов вести вместе с антипатией к «законничеству» создали вакуум, который и заполнили эти «реформаторские» идеи.

Время вскоре показало, насколько эти взгляды несовместимы с адвентистской истиной об очищении святилища. Если бы Генеральная Конференция и наши издательства оценили уникальное содержание самой вести 1888 года, и прилежно публиковали, и поддерживали его, то эти взгляды никогда бы не укоренились в Северной Америке, Европе, Африке, на Дальнем Востоке и в южной части Тихого океана. Неправильное толкование событий 1890-х годов привело к повторению этих событий с ещё более трагическими последствиями. Можно документально подтвердить, что наша церковь потеряла сотни служителей, и никто не знает, сколько ушло рядовых членов и молодёжи.

Причины распространения в церкви кальвинистских взглядов на оправдание через веру можно проследить: десятилетиями Генеральная Конференция и комитет наследия Эллен Уайт настаивали на том, что весть 1888 года была всего лишь повторным акцентом на популярном протестантском учении. Наши же богословы 1970-х годов всего лишь строили на основании, которое закладывалось для них, начиная с 1920-х годов.

1984 год

Ещё одна публикация затрагивала вопрос 1888 года: биография Эллен Уайт, написанная Артуром Л. Уайт, под названием «*Одинокие годы*» (*The Lonely Years, 1876–1891*). Вклад пастора Уайта в церковь Адвентистов Седьмого Дня невозможно переоценить. В течение долгих лет своего служения он был инструментом Господа в созидании доверия всемирной церкви к Духу Пророчества. Как внук Эллен Уайт он является крупнейшим специалистом по её трудам. Его уважают во всём мире.

В трёх главах своей книги он обсуждает историю 1888 года. Вначале автор утверждает, что нам надо «рассмотреть исторический фон и развитие предшествующих событий» (стр. 394). Далее следует 14 пунктов, некоторые из которых изучают основы миссии нашей церкви (стр. 394–397). Мы здесь кратко приведём несколько отдельных пунктов из этой части книги:

«(1) Тема праведности через веру … была всего лишь одним из многих срочных вопросов, требовавших внимания делегатов». В 10-м пункте эта мысль продолжается: «Создаётся впечатление, что событиям сессии Генеральной Конференции в Миннеаполисе уделяют слишком большое внимание». Нам хотелось бы спросить: каково истинное эсхатологическое значение вести 1888 года? Разве начало позднего дождя и громкого клича не является событием первостепенной важности?

«(4) Хотя повестка данной сессии … включала в себя широкий спектр важных вопросов, чувства и настроения присутствующих формировали именно богословские дискуссии». Стоит ли говорить, что именно в этом и заключалась значимость той сессии для того времени, и её ценность для сегодняшней церкви? Пока наши «богословские дискуссии» не будут здоровыми, наши деловые мероприятия не смогут исполнить евангельского поручения, и не будут иметь благословений.

«(6) Информация о том, что произошло в Миннеаполисе … взята в основном из документов Эллен Уайт и из свидетельств тех немногих, кто там присутствовал». Наша текущая проблема как народа обуславливается тем, что мы не придаём должной весомости тому вдохновенному видению, которое открывается через служение Эллен Уайт, и безмерно полагаемся на мнения обычных людей, чем на вдохновенные свидетельства.

«(7) Никаких официальных действий не было предпринято в отношении обсуждаемых богословских вопросов». Таким образом, это часто повторяемое утверждение подразумевает, что никакого отвержения со стороны ответственных лиц не было. Но, как мы уже увидели ранее, такое голосование всё-таки состоялось «поднятием рук» (Ежедневный Бюллетень Генеральной Конференции. Т.5. 1893 г. стр. 244.1, 265.3), но не было зафиксировано по настоятельному требованию Эллен Уайт.

Следующий пункт мы приводим целиком:

> (8) Идея о том, что Генеральная Конференция, а значит, и деноминация, отвергла весть о праведности через веру в 1888 году, не имеет под собой оснований и появилась лишь спустя сорок лет после съезда в Миннеаполисе, и спустя тринадцать лет после смерти Эллен Уайт. Данные, которыми мы располагаем на сегодняшний день, не содержат ни единого намёка на то, что данная весть была отвергнута церковью. Не существует ни одного утверждения Эллен Уайт, которое бы об этом свидетельствовало. Концепция о таком отвержении выдвигается отдельными личностями, из которых ни один не присутствовал на сессии в Миннеаполисе. Она противоречит свидетельствам ответственных руководителей, присутствовавших там (А. Л. Уайт. «Одинокие годы» (*The Lonely Years*). 1984 г. стр. 396).

Объективные доказательства показывают, что:

(а) Истинным предметом спора является вопрос о принятии или отвержении позднего дождя и громкого клича, а не протестантской «доктрины», которую исповедовали отвергшие весть 1888 года.

(б) Эллен Уайт лично заявляла в Миннеаполисе, что весть была отвергнута «почти всеми служителями, которые приехали на этот съезд»; «они приехали на это собрание, чтобы отвергнуть свет»; «противление ... стоит на повестке дня» (Письмо 21. 1888 г.; Рукописи 9, 15. 1888 г.).

(в) В *Бюллетене* 1893 года содержится целый ряд заявлений «современников» этого съезда, которые признавались в том, что весть была отвергнута ответственными руководителями церкви, и продолжала отвергаться даже четыре года спустя. На сессии 1893 года никто не возразил на эти признания, и не заявил о том, что весть была принята или уже принималась на тот момент. Никто не опротестовал эти заявления. Аналогичные заявления содержатся и в *Бюллетене* 1901 года.

Но и это ещё не всё. Последнее издание «*Свидетельств для проповедников*» было дополнено разделами «Исторический обзор» и «Примечания», которых не было в предыдущих изданиях. Это было сделано для того, чтобы увести читателя от ясного убеждения, которое приносит простое чтение свидетельств Эллен Уайт: «Эти заметки помогут читателю правильно понять намерения автора в отношении представленных здесь заявлений» (Комитет наследия Эллен Уайт. Свидетельства для проповедников, предисловие к третьему изданию. 10 мая 1962 г. стр. xi.1).

Мы рассмотрим пример действия таких дополнений. На 468-й странице мы находим заявление, датируемое 1890 годом: «Неверие всё больше проникает в наши ряды. Стало модным отступать от Христа. ... Многие говорят от сердца: «Мы не хотим, чтобы этот человек царствовал над нами». ... Праведность через веру Сына Божьего унижают, подвергают нападкам, насмешкам и отвержению» (см. там же. стр. 467.2–468.1). В примечаниях читателя просят быть внимательным. По-видимому, читатель не должен так быстро верить тому, что сказано в тексте: «Хотя некоторые воспротивились этой вести, как здесь об этом сказано, многие приняли её и получили огромное благословение в своём личном опыте» (там же. стр. 533.4). Но это прямо противоречит частым высказываниям Эллен Уайт в самом тексте.

Такая ситуация может только смутить мыслящих членов церкви, которые имеют право ожидать чёткой литературной точности, ибо они могут сами ознакомиться с противоречивыми свидетельствами в полном контексте слов Эллен Уайт.

Ещё одно прямое свидетельство Эллен Уайт о событиях 1888 года, за 16 марта 1890 года гласит: «Христос... имеет для нас благословение. Оно было у него ещё в Миннеаполисе, и оно было приготовлено для нас также и здесь, на этой генеральной конференции (1889 года). *Но оно не было принято* (курсив добавлен)». Это высказывание можно прочесть в «Выпуске № 253» (Release No. 253).

Целостный контекст данного документа совершенно ясно подтверждает, что мысль сформулирована в этой фразе правильно, и никакой неточности в формулировке нет. Когда Эллен Уайт говорит о «некоторых», принявших весть, она имеет в виду подавляющее меньшинство минимальным влиянием, а говоря о «многих», отвергнувших её, подразумевает более влиятельное большинство.

Но и это ещё не всё. В 1980 году вышел третий том книги «*Избранные вести*», в который вошла глава под названием «Отчёт Эллен Уайт о конференции в Миннеаполисе» (33 страницы). Снова целых семь страниц занимает вставленное дополнение в виде «исторического фона» событий. Согласно этому дополнению, за «трагической задержкой» последовало «постепенное улучшение ... в течение пяти или шести лет после Миннеаполиса» (Избранные вести. Т.3. стр. 162 – пункты 1, 2). Однако самые строгие упрёки Эллен Уайт, порицающие неверие периода после 1888 года, написаны через семь-восемь лет после Конференции в Миннеаполисе.

Мы должны просить Господа руководить нами в поисках жизненно важной истины. Похоже, что проблема, связанная с событиями 1888 года, уникальна в долгой истории борьбы Бога со Своим собственным народом. Эта проблема связана с драгоценной правдой, которая кажется самой неуловимой, чем любая другая за всю прошлую историю. Иначе чем объяснить то, что учёные и руководители, обладающие самыми благоприятными возможностями для исследования и познания за все времена, не могут увидеть столь очевидные доказательства? Долг покаяния лежит на всех нас. И каждый из нас должен задать вопрос: «Не я ли, Господи?»

Между прочим, те, кого смущают обвинения в адрес Эллен Уайт по поводу того, что она заимствовала высказывания у других авторов, смогут найти подлинную историю 1888 года полезной в разрешении своих сомнений. Её честность и соответствие как орудия дару пророчества уникальным образом раскрыты в том, какую роль она сыграла в этой истории. Без всякой человеческой помощи она безошибочно прошла верным путём через богословские ловушки, которыми была усыпана вся эта сложная борьба. Её смелость, позволившая ей выстоять в одиночестве против «почти всех высокопоставленных служителей» на этой генеральной конференции просто феноменальна.

Её импровизированные проповеди, которые она говорила без подготовки, были застенографированы и расшифрованы для нас сегодня. Кто ещё, кроме неё, мог бы без заготовленного текста произнести десять проповедей в эмоциональном накале богословских дискуссий, когда записывалось каждое слово, а кроме этого, написать множество сохранившихся до настоящего времени подробных писем и заметок в дневнике, не давая повода к малейшему недопониманию читателей даже спустя сотню лет? В этих документах нет ни одного неудачного выражения. Её вдохновенная поддержка данной вести, невзирая на великие искажения со стороны других, чудесным образом гармонирует с самой точным и компетентным богословием наших дней. Эта маленькая женщина нигде не оказывалась на такой высоте, как в истории 1888 года.

1888 год является испытанием последнего времени

Чем объяснить почти сверхчеловеческие усилия, предпринятые руководством церкви после 1950 года, чтобы опровергнуть вдохновенные свидетельства Эллен Уайт о 1888 годе? Не замешан ли в этом враг плана спасения, который заинтересован в том, чтобы скрыть эту важную правду? Может ли знание подлинной истины играть решающую роль в наших личных и корпоративных отношениях с Иисусом Христом, о чём сатана хорошо знает?

Наше неверное обращение с этими доказательствами представляет более серьёзную проблему, чем финансовые кризисы. Если бы наши враги изучили этот вопрос, мы бы сильно смутились. Наше пренебрежение истиной продолжает держать нас вдали от раскаяния, в тёплом лаодикийском состоянии. Простым решением этой проблемы является искренняя вера, включающая согласие с истиной и открытое смиренное признание правды. Времени уже совсем мало, но, слава Богу, ещё не слишком поздно, чтобы обрести новый дух верности.

Нам было сказано, что непадшие миры наблюдают за нами. На карту поставлена честь Самого Господа. Мы знаем, что однажды появится народ, в устах которого «нет лукавства» (Откровение 14:5).

Считать учение «праведности по вере» общепринятым протестантским учением означает не заметить самого главного. Однако именно таков постоянный официальный подход к вопросу 1888 года. Примером такой распространённой духовной слепоты является следующая цитата из книги А. У. Спалдинга («Происхождение и история» (*Origin and History*). Т.2. стр. 281). Обратите внимание на противоречие между его позицией и сутью самой вести 1888 года:

> Оправдание через веру, основная истина о спасении через Христа, является самой трудной из всех истин, которым христианин должен следовать в своей жизни. О ней легко говорить, но её не так легко воплотить (цитируется по книге «Одинокие годы» (*The Lonely Years*). стр. 415).

Никто из понимающих весть 1888 года не мог бы выразить подобную мысль, ибо она противоречит словам Господа: «Ибо иго Моё благо, и бремя Моё легко» (От Матфея 11:30). Если утверждение Спалдинга всё же справедливо, то мы сталкиваемся с огромной проблемой. Весть об «оправдании верой … и есть весть третьего ангела в своей подлинной сути» («Ревью энд Геральд». 1 апреля 1890 г. пункт 8). Итак, по словам Спалдинга перед нами лежит задача провозгласить миру «самую трудную из всех истин», самую «сложную в применении», а это – плохая весть! Однако весть третьего ангела – это прежде всего «вечное евангелие», *радостная весть*, которая является «силой Божьей ко спасению» (Римлянам 1:16).

Именно это искаженное понимание вести 1888 года и делает нас «современным древним Израилем».

«В наставление нам»

История нашей церкви занимает в священной истории борьбы между истиной и заблуждением такое же значимое место, как, к примеру, переход Израиля через Красное море, или избиение камнями Стефана их потомками много веков спустя. Ключевые факты истории нашей церкви сегодня отражаются на состоянии всемирной церкви. Вопрос сегодня заключается в следующем: «Признаем ли мы нашу историю такой, какая она есть, или мы также «побьём Стефана камнями»?»

Сегодня, после столетней задержки, пора бы уже увидеть, в какой опасности находится дело Божье. Мы уже стали свидетелями первых «плодов» отвержения вести 1888 года, наблюдая в начале двадцатого века развитие «альфы» пантеистической ереси. Теперь же настало время возникновения «омеги». «Альфа» была «принята даже теми … кто имел большой опыт в вере, … теми, кого мы считали стойкими в вере» (Рукопись 117а. 1903 г. пункт 6). «Омега непременно придёт, и будет принята теми, кто не желает внять предостережению, данному Богом» (Избранные вести. Т.1. стр. 200.1; 1904 г.). Великая борьба продолжается, и дракон рассвирепел на «жену», и приложит все силы, чтобы победить.

Во времена кризиса «альфы» нам было сказано, что истина будет отвергнута, будут написаны книги нового типа, распространится новая система интеллектуальной философии. Суббота будет пренебрегаться. Руководители, соглашаясь с тем, что добродетель лучше порока, при этом будут полагаться на человеческую силу (см. Избранные вести. Т.1. стр. 204.2; 1903 г.).

Мы видим, как эти слова сегодня исполняются.

«Если Господь не созиждет дома, напрасно трудятся строящие его» (Псалом 126:1). Господь сказал нам: «Мои мысли – не ваши мысли, ни ваши пути – пути Мои» (Исаия 55:8). Начало позднего дождя и громкого клича не было стратегией и демографией, придуманной на Мэдисон Авеню; оно было ясным пониманием благой вести – *самой реальной вестью*, которую каждый верующий, каким бы скромным он ни был, мог использовать в полной мере.

В этой прекрасной, обращённой к сердцам людей «благой вести» заключён опыт окончательного примирения. Кровь Христа должна очистить совесть от мёртвых дел. Цель вести заключается в приготовлении народа не просто к смерти, а к переселению на небеса, и сила для достижения этой цели содержится в самой вести. Миллиарды долларов, потраченные на электронные средства связи последнего поколения, никогда не осветят землю славой, пока «*свет* ангела, от славы которого должна осветиться вся земля», не будет принят всем сердцем, смиренно и с благодарностью.

Избранный Господом метод стабильного и надёжного роста церкви идеально прост. Заметьте, как истинная весть о праведности по вере будет «светом», обеспечивающим эту задачу:

[187]

> Мы должны все прийти в единство веры и познания Сына Божия, мы должны стать зрелым народом, достигающим полного возраста Христова. Тогда мы уже не будем детьми, носимыми волнами, бурями и всяким ветром учения обманчивых людей, которые введут других в заблуждение своими хитросплетениями. Вместо этого, говоря истину в духе любви [люби «агапе»], мы должны возрастать во всём до возраста Христа, Который является Главой. Под Его водительством все различные части тела соединяются вместе, и всё тело удерживается вместе всякими связями, которые оно имеет. Итак, когда каждая отдельная часть тела действует так, как ей должно, то и всё тело растёт и созидается любовью [агапе]» (Ефесянам 4:13–16, современный перевод).

А между тем добрые ангелы выполняют порученное им задание удерживать бурные ветры страстей, которые однажды будут отпущены. Они бросают свои силы на то, чтобы отдалять неминуемую гибель человечества, которую несут в себе наркомания, алкоголизм, сексуальная аморальность и неверность, преступность, идолопоклонство материализма, коррупция, и масштабные эпидемии. Самая важная работа поручена тому ангелу, который запечатлевает слуг Божьих, приготовляя их к пришествию Христа (Откровение 7:1–4). То малое время мира и благополучия, которое у нас осталось, дано только для того, чтобы мы завершили Его работу. И даже стабильность в мире зависит от преданности народа Божьего истине, своей вести и своей миссии.

Что-то должно произойти в это «последнее время», чего не случалось ранее. Поражения, имевшие место в течение целых тысячелетий, должны обратиться в победу. Только так может завершиться очищение небесного святилища. Согласно пророчеству Даниила, *это будет* сделано (8:14, KJV). Господь очистит Свою церковь, чтобы она могла возвестить последнюю весть, которая осветит всю землю славой.

Работа Господа может быть завершена в невероятно короткие сроки. Но это требует покаяния всех веков, и такого понимания истины, которого мы в своём воображаемом процветании и успехе ещё не «алкали и не жаждали». Это потребует исправления богословской путаницы и смирения сердец. Нужно будет оставить мирские методы и человеческие стратегии. В результате возникнет истинное единство и гармония среди верующих. Угаснет смущающий плюрализм и всякого рода законничество. Фанатизм дискредитирует себя и также уйдёт.

Наконец, церковь пройдёт опыт, подобный тому, который пережил Христос в Гефсимании. Только Его собственная воля, принятая ими, будет согласна принять этот опыт. Но Он поставил в зависимость от их согласия честь Божьего престола и Его доверие.

До своего обращения Пётр не мог принять опыт креста. Он отрёкся от своего Господа. Современное отречение от Христа связано с эгоцентричной мотивацией, которая постоянно выражает озабоченность: «Как бы мне попасть на небо?» Христос же оставил небо без всякой уверенности в Своём возвращении, чтобы грех и смерть могли быть удалены из вселенной. Истинная вера в Него не обуславливается нашей надеждой на небесную награду.

Теперь на сцену вышла последняя, седьмая церковь, и мы, безусловно, живём в последние часы отпущенного ей времени. Восьмой церкви не будет.

Когда народ Божий с радостью примет всю истину, которую Бог желает открыть, они исполнят ту же роль, что и Христос исполнил, когда был на земле. Тот «непродолжительный срок в три года оказался нестерпимо долгим для мира – он больше не мог выносить присутствие своего Искупителя» (Желание веков. стр. 541.1).

Когда влияние сатаны потеряет свою силу над народом Божьим, тогда неверующий мир уже не сможет терпеть присутствия этих людей. Они ведь наглядно продемонстрируют праведность через веру — эту тесную связь со Спасителем мира, которую Он всё ещё предлагает, продолжая стучать в нашу дверь.

Как долго Он ещё будет стучать?

ПРИЛОЖЕНИЕ А

[189]
ПРОПОВЕДОВАЛ ЛИ А. Т. ДЖОУНС ЕРЕСЬ О «СВЯТОЙ ПЛОТИ»?

В настоящее время весть А. Т. Джоунса о праведности через веру пытаются представить как приводящую к ереси о «святости плоти». Утверждают, что он проповедовал эту ложную доктрину уже через несколько месяцев после сессии 1888 года. Приведём пример такого утверждения, основанного на исследовательской работе, выполненной, несомненно, при содействии Генеральной Конференции:

> Существует поразительная схожесть между опытом народа Божьего в 1888 году и нашим временем. Например, Ваггонер и Джоунс в 1888 году были инструментами Господа, но уже в 1889 году проповеди Джоунса стали склоняться к ереси о «святости плоти» («*Адвентист Ревью*». 6 августа 1981 г.).

Это обвинение должно быть рассмотрено со всей прилежностью. Если это правда, то следующие выводы непременно возникнут у здравых и мыслящих людей:

(1) Если это так, то этот факт обесценивает саму весть 1888 года. Если Джоунс либо Ваггонер отступили от истины и учили ереси и фанатизму в эпоху 1888 года, то церковь поступала бы глупо, обращая серьёзное внимание на их весть. Дэвид П. МакМахон и Дэзмонд Форд попытались дискредитировать Ваггонера именно на этом основании, несмотря на многочисленные высказывания Эллен Уайт в его поддержку. В своих «*Документах (номер 32)*» (*Documents* No. 32) Форд говорит, что в 1892 году Ваггонер уже не был адвентистом седьмого дня. МакМахон в книге «*Эллет Джозеф Ваггонер: миф и человек*» (*Ellet Joseph Waggoner: The Myth and the Man*) (1979 г.) пытается доказать, что Ваггонер отступил от протестантского взгляда на оправдание через веру спустя несколько недель после Конференции 1888 года и после этого проповедовал римско-католическое понимание. Ошибочность этих обвинений показал доктор Лерой Мур в приложении к своей работе «*Богословие в кризисе*» (*Theology in Crisis*) (1979 г.). Однако любой читающий труды Джоунса и Ваггонера самостоятельно, может убедиться в этом сам.

(2) Если проповеди Джоунса «уже в 1889 году ... стали склоняться к ереси о «святости плоти», то это дискредитирует также и Эллен Уайт, которая в этом случае выглядит наивной и фанатичной. В течение своего долгого и выдающегося служения в церкви она ничто так часто и с таким восторгом не поддерживала, как проповеди и труды Джоунса в период с 1888 по 1896 год.

Невзирая на то, что Джоунс был человеком, имеющим слабости, как и любой из нас, всё-таки она никогда бы не поддерживала его так сильно, если бы имела хоть малейшее подозрение, что его учение «склоняется» к такому сильному фанатизму, который поколебал целую конференцию в Индиане на рубеже веков. В этом случае нельзя оправдать Эллен Уайт на том основании, что она искренне ошибалась относительно учения Джоунса. Она обладала даром пророчества и имела видение от самого Бога. И если она ошиблась относительно Джоунса, то мы вообще не имеем права доверять ей и прислушиваться к ней.

(3) Единственной вестью, которую Эллен Уайт называла истинным началом излития позднего дождя Святого Духа и громкого клича, была весть, проповедуемая вестниками 1888 года. И если эта весть почти сразу же начала «склоняться» к фанатизму «святой плоти», то как же мы в будущем можем вообще доверять какой-либо подобной вести, вдохновенной Святым Духом? В таком случае можно быть уверенным в том, что сатана каждый раз будет стараться отвлечь церковь от повторного принятия любого подлинного духовного благословения, посланного с небес.

[190]

Доказательства в пользу обвинения Джоунса

Основанием для обвинений являются некоторые фразы, предположительно сделанные Джоунсом, когда он проповедовал на лагерном собрании в Оттаве (штат Канзас), весной 1889 года. Сообщения об этом собрании и конспекты проповедей были напечатаны в газете «*Ежедневные столичные новости Топики*» (*Topeka Daily Capital*). Проповеди не приведены дословно, они сильно сокращены и содержат множество опечаток. Кроме того, в некоторых местах встречаются бессмысленные выражения, вызванные неполным представлением репортажей. Нам предлагают почитать газету, которая не издавалась адвентистами, и была примером плохой журналистики, пытаясь опорочить человека, который, по словам Эллен Уайт, имел уникальные «небесные верительные грамоты» и принёс нам «самую драгоценную весть». Сто лет спустя мы делаем то, на что не осмелились даже самые решительные противники вести Джоунса и Ваггонера.

В этих якобы «еретических» заявлениях Джоунса в действительности нет и следа так называемой «святости плоти». Джоунс всего лишь доказывал возможность преодоления греха путём достижения совершенства *характера* через веру. Прочтём же его слова из самой газеты «*Topeka Daily Capital*»:

> Мы обретаем праведность благодаря послушанию Христа, а не нашему послушанию. Поэтому давайте не будем пытаться исполнить волю Божию своими силами. Не делайте этого вовсе. Прекратите эти попытки навсегда. Позвольте послушанию Христа сделать всё это за вас, и дать вам силу натянуть ваш лук так, чтобы попасть в цель. …
>
> В том, что закон требует совершенства, заключена надежда для человечества; ведь если бы закон хоть в малейшей степени соглашался с грехом, то никто не освободился бы от греха, на который закон бы не указал. Этот грех никогда бы не был прощён, а прощение — единственное средство спасения человека. Наступит день, когда закон откроет нам последний наш грех, и мы станем совершенными перед Ним, и обретём вечное спасение … Так проявляет себя любовь Бога к нам, поэтому всякий раз, когда вы осознаёте свой грех, помните, что это и есть проявление Божьей любви к вам, поскольку Спаситель всегда готов простить и удалить его (14 мая 1889 г.).

Право называть себя христианами даёт нам только вера во Христа. Только будучи едиными с Ним мы можем быть христианами, и только посредством Христа в нас мы соблюдаем заповеди — и всё это мы говорим и делаем верой во Христа. В день, когда мы на самом деле будем соблюдать заповеди Божьи, мы уже никогда не умрём, поскольку соблюдение заповедей — это праведность, а праведность и жизнь неразделимы. «Здесь терпение святых, соблюдающих заповеди Божьи и веру Иисуса» (Откровение 14:12, KJV). И каков же результат? Эти люди живыми будут взяты на небо. Поэтому жизнь и соблюдение заповедей взаимосвязаны. Если мы умрём сейчас, то праведность Христа вменится нам, и мы воскреснем. Те же, кто доживёт до конца, станут безгрешными ко дню Его пришествия, и будут исполнены Христом в такой степени, что будут «попадать в цель» всегда, и будут стоять беспорочными без ходатая, поскольку Христос оставит святилище прежде Своего возвращения на Землю» (18 мая 1889 г.; газета приписывает эту проповедь Уильяму (Вилли) Уайт).

Отметим следующее:

(а) При внимательном изучении проповедей Джоунса, напечатанных в данной газете, не обнаруживается идея о «святости плоти». Заявления, истолкованные некоторыми как «склонность» к этому, связаны всего лишь с совершенствованием *характера* через веру при приготовлении ко второму пришествию Христа.

(б) Не существует никаких записей, говорящих о том, что после 1889 года Джоунс делал заявления, которые имеют что-либо общее с этой ересью. Если бы он учил этому в 1889 году, то эти мысли появились бы снова. Проповедовать же о том, что Христос «осудил грех во плоти», как проповедовал сам апостол Павел, не значит проповедовать о «святости плоти».

(в) Приведённое выше высказывание от 18 мая приводится в качестве главного доказательства этой фатальной «склонности». Но газета приписывает это высказывание Уильяму (Вилли) Уайт. Впрочем, кто бы ни высказал эту идею, она верна и совершенным образом гармонирует с адвентистской истиной об очищении небесного святилища.

(г) И Джоунс, и Ваггонер решительно боролись с фанатизмом «святой плоти» в конце прошлого столетия. В номере «*Ревью энд Геральд*» от 18 апреля 1899 года Джоунс опубликовал статью, раскрывающую ошибочность этого учения. С 11 декабря 1900 года по 29 января 1901 года он опубликовал ещё одну серию статей, продолжая противостоять этому учению. Лидер фанатичного движения в Индиане Р. С. Доннелл выступил против мнения Джоунса в «*Индиана Репортер*», издав статью, в которой говорится, что он воспринимает статьи Джоунса как направленные против его учения. Ваггонер также выступил против ереси о «святости плоти» в своих проповедях на сессии Генеральной Конференции 1901 года (см. Бюллетень Генеральной Конференции. Т.4. 1901 г. стр. 403–408).

Итак, перед нами ещё один пример столетнего настойчивого противления «самой драгоценной вести», которую по замыслу небес нужно было принять в качестве «начала» позднего дождя и громкого клича. Такова таинственная глубокая река неверия, возможно, самая странная и самая сильная, текущая через все тысячелетия многочисленных попыток Бога помочь Своему народу. Эллен Уайт с горестью заявила: «Сердце моё глубоко опечалено, потому что я вижу, с какой готовностью критикуются слова и действия пастора Джоунса или пастора Ваггонера» (Письмо 19д (*Letter* 19d). 1892 г. пункт 30). Но на этот раз не было даже никакого «слова или действия» с их стороны. Был всего лишь плод воображения.

ПРИЛОЖЕНИЕ Б

[192]
СРАВНЕНИЕ УЧЕНИЙ О ПРАВЕДНОСТИ ПО ВЕРЕ

Общепринятая точка зрения	Концепция вести 1888 года
1. Всё начинается с желания человека обеспечить своё вечное благополучие. Таким образом, сам принципиальный подход основан на эгоцентризме, и никогда не выходит за пределы человеческой заботы о себе.	1. Сначала посылается откровение о любви Божьей, явленной на кресте, которое, в свою очередь, вызывает более высокие мотивы: веру, признательность и благодарность, далёкие от эгоцентризма.
2. Вера определяется как простое «доверие» и средство обретения личной безопасности, спасения от гибели, обеспечения своего личного благополучия и уверенности в нём.	2. Вера — это сердечный отклик на жертвенную любовь Бога. Она не зависит от надежды на награду или от страха погибели. Такая вера побеждает эгоцентризм и «теплоту».
3. Иисус якобы учил, что себялюбие является добродетелью, необходимым условием для любви к другим людям. Данное учение путает себялюбие с надлежащим уважительным отношением к себе как к Божьему творению.	3. По учению Иисуса, обращённый человек будет любить ближнего так же естественно, как до обращения он любил самого себя. Когда наше «я» распято вместе со Христом, мы находим в Нём подлинное самоуважение. Вера же изгоняет себялюбие, изобретённое сатаной.
4. Жертва Христа на кресте — это всего лишь благоприятный шанс для грешника, который не приносит ему никакой пользы, пока грешник со своей стороны не проявит инициативу «принять Христа». Отсюда и распространённая идея о том, что спасение совершается благодаря инициативе грешника, а гибель происходит по инициативе наказывающего Бога.	4. Жертва Христа — это нечто большее, чем просто «благоприятный шанс». Бог совершил нечто изумительное для каждого человека. Даже физическая жизнь «каждого человека» является заслугой и приобретением крови Христовой. Каждый ломоть хлеба несёт на себе отпечаток Его креста. Таким образом, Его жертва *в юридическом смысле* оправдала «всех людей». Именно Бог в Своей любви проявляет инициативу.

5. Евангелие является «доброй вестью» о том, что сделает для вас Бог, если вы первыми выполните определённые условия. Он ждёт, пока вы сделаете этот первый шаг своей инициативы. Машина небесного спасения не заработает, пока грешник не нажмёт эту кнопку стартера.

6. Бог не считает вас членом «семьи Божьей» до тех пор, пока вы не «приняли Христа». Таким образом, принятие вас Богом зависит от первого шага с вашей стороны. Такое впечатление производит неверное толкование Писания.

7. Бог будет мучить и уничтожать нечестивых в адском огне. Акцент делается на Его мстительном характере, Его желании наказывать.

8. Прощение – это Божье снисхождение или извинение самого греха, принятие Богом греха как неизбежного и неминуемого («мы всего лишь люди»). Многие не имеют ясного представления о разнице между прощением грехов и очищением от греха.

9. Спастись трудно, а погибнуть легко. Поскольку лишь немногие попадут на небеса, стало быть, следовать за Христом очень тяжело. Акцент делается на препятствия и трудности на этом пути.

5. Евангелие является «благой вестью» о том, что Бог уже сделал и делает для вас прямо сейчас. Он «привлекает» вас к Себе в течение всей вашей жизни (Иер. 31:3, Ин. 12:32). Не сопротивляйтесь Ему, и вы будете спасены. Чистое евангелие пробуждает сердечный отклик веры.

6. Бог уже принял вас во Христе. Он считает того, кто никогда не слышал евангелия, Своей заблудшей овцой, но не волком; считает его потерянной драгоценностью, но не отбросами; считает его блудным сыном, но не чужестранцем.

7. Сам грех приносит с собой своё возмездие – смерть. Вторая же смерть милостиво положит конец страданиям нечестивых. Божья любовь открывается даже в их судьбе.

8. Божье прощение фактически устраняет грех, который Бог продолжает ненавидеть и никогда не станет оправдывать. Прощёный человек тоже ненавидит грех. «Окончательное искупление» совершает «устранение греха» в процессе очищения небесного святилища.

9. Тот, кто понял и оценил чистое истинное евангелие как подлинно «благую весть», тот знает, что спастись легко, а погибнуть трудно. Иго Христа благо, бремя Его легко.

[193]

10. Грешника необходимо стимулировать к принятию Христа, используя главным образом эгоцентричные мотивы надежды на награду или страха наказания. Типичный подход отвечает на вопрос грешника: «Какая мне от этого польза?»

11. Грешник не получает юридического оправдания до того, как «примет Христа» и станет послушным. Свидетельства Эллен Уайт толкуются неверно.

12. Оправдание верой – это некий юридический акт, с помощью которого Бог юридически объявляет ещё необращённого человека праведным на основании «принятия им Христа». Данный правовой акт не изменяет сердце человека.

13. Можно быть оправданным верой и оставаться «тёплым», формальным и голословным исповедником христианства.

14. Высшая цель жизни – спасение своей собственной души. А для этого нужно делать «необходимое для своего спасения».

[194] 15. Грех определяется как нарушение закона, но поверхностно воспринимается только как нарушение явных моральных запретов. Основное внимание уделяется «явному» греху; отсутствует понимание неосознанного, скрытого греха.

10. Всякое давление, уловки и устрашающие манипуляции выдают отсутствие подлинного евангелия в данной проповеди. Но как только истина будет открыта в любви, ничто не сможет остановить искателя правды от взаимности.

11. Все люди уже были юридически оправданы, когда Христос умер «за всех». Когда же грешник верует в эту весть, он оправдывается верой.

12. «Объявляя» человека праведником, Бог не лжёт. Оправдание через веру есть нечто большее, чем просто юридическое заявление. Оно делает верующего послушным всем заповедям Божьим.

13. Истинная, зрелая вера устраняет «теплоту» пустого формального христианства и приготавливает к переселению в небеса.

14. Высшая цель жизни есть прославление и оправдание Христа. Прежде всего Он должен получить Свою награду, а не мы.

15. Грех есть нечто большее, чем просто нарушение запретов и общепринятых норм; это есть нежелание оценить истинный характер Божьей любви, открытой на кресте. В этот день искупления Дух Святой откроет все неосознанные грехи.

16. Выражение «*Родился под законом*» в Послании к Галатам (4:4, KJV) означает, что Христос родился согласно церемониальному закону древних иудеев (см. *Библейский комментарий АСД*. Т.6. стр. 966)	16. Фраза «родился под законом» указывает на нравственный закон. Христос не был «свободен» от нашей генетической наследственности, и всё же Он не согрешил. Чтобы исполнить волю Своего Отца, Он должен был отвергать собственную волю; Он отрицал своё «я».
17. Плоть и природа Христа при воплощении отличались от нашей. Он был «свободен» от нашей генетической наследственности и принял безгрешную природу Адама, которая была у него до его грехопадения (см. «*Вопросы по учению*» (*Questions on Doctrine*). стр. 383 и заголовок 650-й страницы).	17. Христос «принял» падшую, греховную природу человека, которой она стала после грехопадения, пришёл «в подобии плоти греховной», а не в природе, отличной от нашей. Он не был ни от чего «освобождён». Не согрешил же Он по той причине, что пользовался своим выбором. Он был самой Любовью Воплощённой. Он является для нас как Заместителем, так и Примером.
18. Христос понёс нашу вину опосредованно (имеется в виду не буквальное принятие вины)	18. Христос принял на себя нашу вину фактически. Он истинно стал одно с нами и осудил грех «во плоти», то есть, в нашей плоти.
19. Для Христа было «невозможным», «бесполезным» и «излишним» подвергаться всем искушениям, которые проходим мы (Журнал «*Ministry*», январь 1961 г.)	19. Отрицать полноту искушений Христа означает отрицать полноту Его воплощения. В отличие от безгрешного Адама до его грехопадения, Он был так же искушаем изнутри, как и мы, однако не согрешил. Поэтому и не существует такого грешника, которому Он не смог бы помочь

20. Таким образом, лишённый нашей генетической наследственности, Христос был праведным «по своей природе». Его воля всегда естественно совпадала с волей Отца. Не было никакой внутренней борьбы и конфликта. Следовательно, Его праведность нельзя назвать праведностью по вере.

21. Поскольку Христос не принимал на Себя нашу падшую, греховную природу, то Он и не мог подвергаться сексуальным искушениям, а значит и противостоять им.

[195]

22. Постоянные согрешения людей неизбежны до тех пор, пока человек живёт в греховной природе. Народ Божий будет продолжать грешить вплоть до момента вознесения на небо. Отсюда логически требуется, чтобы Христос не прекращал Своего служения Первосвященника в качестве нашего Ходатая. Поэтому платите свою «страховку», поддерживая «взаимоотношения» с Ним, и вы будете «покрыты».

23. Многие из верующих нашей церкви не имеют чёткого представления об очищении небесного святилища и о его уникальной связи с праведностью через веру.

20. Праведность Христа была праведностью через веру. Он сказал: «Я ... не ищу Моей воли». Он нёс Свой крест всю жизнь, в отличие от безгрешного Адама, которому этого не нужно было делать. Христос постоянно отвергал Своё «я».

21. Писание не даёт нам права самовольно освобождать Христа от какого-либо человеческого искушения. Текст Евреям 4:15 на этот счёт совершенно ясен.

22. Постоянные согрешения «осуждены во плоти» жизнью Христа. Грех потерял свою необходимость и неизбежность во свете Его евангелия. Праведность достигается через веру, потому что вера действует любовью. Все наши трудности – либо от незнания евангелия, либо от неверия в него. Второе пришествие невозможно до тех пор, пока Христос не перестанет быть нашим Ходатаем.

23. Весть 1888 года является откровением, которого не знали ни Лютер, ни Кальвин, ни Уэсли. Оно связало евангелие с очищением небесного святилища.

24. Проповеди об отношении между служением Христа в небесном святилище и духовным опытом христиан сегодня практически отсутствуют.

24. Подлинное оправдание верой сегодня связано со служением Христа во Святом Святых небесного святилища (Ранние произведения. стр. 254). Это уникальная истина, посланная нашей церкви.

25. «Дешёвая благодать» — это неизбежный результат неверного понимания природы Христа, предубеждённости в отношении совершенства христианского характера, недопонимания сути креста и пренебрежения истиной об очищении небесного святилища.

25. Праведность через веру направляет к самому высокому стандарту — характеру самого Христа. Он наш Пример, посылающий всю необходимую благодать верующим. Он вернётся, когда увидит Свой характер, в совершенстве отражённым в Его народе. И эта цель достигается верой, а не делами.

26. Апостол Иоанн (1-е Иоанна 2:1) советует нам не грешить, подобно тому, как страховая компания советует нам избегать несчастных случаев. Но рано или поздно вы согрешите, а поэтому позаботьтесь о том, чтобы у вас была «страховка» от вашего Адвоката, Который убедит Отца простить вас. Мы же не можем ожидать большего, чем победы над «осознанным грехом». Совершение неосознанных грехов считается неизбежным и непреодолимым до возвращения Христа.

26. Апостол Иоанн (1-е Иоанна 2:1) говорит нам, что Христос умер на кресте именно для того, чтобы народ Божий перестал грешить. Жертва Христа не оправдывает увековечивание греха. Она становится действенной при принятии принципа корпоративной вины — когда народ Божий поймёт свою общность с «грехами всего мира». Небо поможет верующим преодолеть грех так же, «как и (Христос) победил» его (см. Откр. 3:21).

27. Превалирующая эгоцентричная мотивация затрудняет восприятие принципа покаяния в каких-то других грехах кроме своих собственных. Основной мотив – своё собственное спасение. Истинное сочувствие Христу невозможно, пока надежда на спасение или страх перед адом остаются главными сердечными побуждениями.

27. Покаяние и крещение самого Христа раскрывают нам новые глубины: мы видим себя потенциально виновными в «грехах всего мира», и понимаем, что совершили бы все эти грехи, если бы не Его благодать. Вера делает возможным сочувствие Христу в Его завершающем служении, как жена сопереживает своему мужу. Корпоративное покаяние, которое испытывал и Он, делает это возможным.

[196]

28. Поддержание «взаимоотношений» со Христом есть трудный и мучительный процесс. Всё зависит от вашей способности удержаться за руку Божью. «Не уменьшайте скорость», иначе «сила тяжести» опустит вас, и вы разобьётесь. Всё зависит от ваших усилий.

28. Всё зависит от вашей веры в то, что сам Бог держит вас за руку. Жизнь верующего христианина кажется такой трудной только из-за незнания евангелия о праведности Христа. «Любовь Христова ведёт нас».

29. Теологические разногласия среди членов церкви неизбежны вплоть до второго пришествия Христа. Полное и истинное единство невозможны.

29. Идеальное единство является нормой для церкви истинной веры. Нет необходимости в разногласиях, например, по поводу разного истолкования пророчеств.

30. Можно много десятилетий верить, показывать пример и проповедовать истинную праведность через веру, но дело Божье на земле при этом не завершится (мы делаем это уже сто лет).

30. Верить и проповедовать праведность через веру и её связь с очищением небесного святилища означает пробудить церковь и весь мир в одном-единственном поколении, и закончить евангельское поручение (чего до сих пор ещё не сделано).

31. Время второго пришествия Христа окончательно предопределено независимой волей Бога, и Его народ не может ни ускорить, ни замедлить наступление этого события.

32. Второго пришествия Христа жаждут, в основном, люди старые, больные, бедные и страдающие. В основе этого желания большей частью лежит наша нужда. Пусть Он придёт, «чтобы мы все пришли домой во славе».

33. Консенсус важнее истины. Если ваши убеждения отличаются от убеждений большинства, измените их.

34. Понимание о двух заветах, изложенное в «*Библейском комментарии АСД*» и «*Библейском словаре*», идентично с точкой зрения тех, кто с самого начала противился вести 1888 года.

35. В основе вести 1888 года лежали «вероучения протестантских церквей того времени» (Н. Ф. Пиз. «*По вере только*» (*By Faith Alone*). стр. 138, 139). У нас нет своего, отличного от других, евангелия.

31. Христос с нетерпением желает вернуться, как жених с нетерпением ждёт свадьбы. Он придёт, как только Его «невеста» приготовит себя. Промедление зависит от её выбора.

32. В основе желания ускорить Его возвращение лежат следующие мотивы: сочувствие Христу, желание, чтобы Он получил Свою награду и оправдание, стремление увидеть конец агонии мира. Эти новые мотивы являются плодом истинной веры.

33. Истинная вера даёт мужество, позволяющее не испытывать страха перед большинством и перед властью большинства. Вера помогает нести крест.

34. Ветхий завет – это лишённое веры обещание Израиля о послушании; он «рождает в рабство» посредством «сознания нарушенных (нами) обещаний». Новый же завет основан на вере в обетования Божии, данные нам.

35. Весть 1888 года резко отличается от вероучений популярных церквей. «Трёхангельская весть в своей подлинной сути» есть библейская истина о «Христе, и притом распятом».

[197]

36. Наш народ, и особенно служители церкви, правильно понимают принцип праведности через веру. Всё, что нам нужно – это больше дел. «Забудем про 1888 год и будем трудиться ещё прилежнее».

36. Именно в этом отношении мы особенно «несчастны, жалки, нищи, слепы и наги». Никакие «программы дел» не смогут завершить работу Божию. «Вот дело Божие, чтобы вы веровали в Того, Кого Он послал». Мы нуждаемся в вести 1888 года, которую нам послал Бог.

ПРИЛОЖЕНИЕ В

ОДИН ИЗ ИСТОЧНИКОВ МИФА О ПРИНЯТИИ ВЕСТИ

[198]

Широко распространённая точка зрения о том, что весть 1888 года была принята ещё столетие назад, исходит от серьёзных, искренних и благонамеренных людей. Их преданность церкви и её прежнему руководству достойна хвалы и выявляет высокий энтузиазм и командный дух.

Тем не менее, такая точка зрения находится в явном противоречии с исторической действительностью, с многочисленными заявлениями Эллен Уайт и, что наиболее серьёзно, со свидетельством Верного Свидетеля, пролившего Свою кровь за эту церковь. Миф о принятии вести, даже после столетней задержки Его пришествия, настаивает на том, что мы «богаты, разбогатели и ни в чём не имеем нужды» в вопросе принятия и понимания праведности через веру. Господь же говорит, что мы «нищие». Это противоречие во взглядах имеет огромное значение, влияя на духовное состояние всемирной церкви, а также на честь самого Бога.

Почему подавляющее большинство наших служителей, учителей и членов церкви, несмотря на заявления Эллен Уайт, ясно свидетельствующие о том, что начало позднего дождя и громкого клича «в большой степени» было отвергнуто, верят в то, что весть была принята руководством того поколения?

Отчасти проблема усугубляется постоянной путаницей в мыслях, которая выглядит почти осознанной. Мы как народ *разделяем* общепринятую протестантскую «доктрину» о праведности по вере в точно таком же виде, в каком её проповедуют протестанты. Поэтому наши апологеты настаивают на том, что эта доктрина не была отвергнута ни в 1888 году, ни позже. Но полная правда о нашей истории открывает нечто другое. Наши братья «в большой степени» *отвергли* весть, которая была началом позднего дождя и громкого клича. Этот очевидный факт и объясняет такую долгую отсрочку, которую ничто иное объяснить не может.

Откуда исходит это распространённое и настойчивое, хотя и неверное понимание? Несомненно, это выводы и суждения добрых людей, обладающих Лаодикийским мышлением. Мы все по своей природе склонны к этому образу мыслей. Любой из нас болезненно воспринимает слова Верного Свидетеля о том, что действительность нашей истории показывает нас «несчастными и жалкими». События периода 1888 года являются повторением истории древних евреев, когда Иисус был распят на Голгофе. Эти события указывают нам на нашу великую нужду – нужду в покаянии всей церкви.

Эта суровая правда будет любой ценой отвергаться заверениями о том, что мы «богаты, разбогатели и ни в чём не имеем нужды». Отсюда и миф о принятии вести. Один из основных источников этого мифа пользуется таким доверием, что кажется невероятным подвергать его сомнению.

В книге «*Одинокие годы*» (*The Lonely Years, 1876–1891*) Артур Л. Уайт утверждает: «Концепция о том, что Генеральная Конференция, а значит и вся наша церковь отвергла весть о праведности по вере, не имеет никакого основания и появилась не ранее, чем через сорок лет после сессии в Миннеаполисе, и спустя тринадцать лет после смерти Эллен Уайт» (стр. 369). Автор книги – внук Эллен Уайт.

Как отмечалось прежде, факт отвержения вести 1888 года совершенно ясно признавался Эллен Уайт и её современниками в период с 1893 года по 1901 год (см. 4-ю главу этой книги).

[199] «Сорок лет после съезда в Миннеаполисе» – это примерно 1928 год. Именно в это время Тейлор Дж. Банч из Пасифик Юнион Колледж публично уподобил события 1888 года событиям истории Израиля в Кадес-Варни, когда были отвергнуты слова Халева и Иисуса Навина. Уильям (Вилли) Уайт, сын Эллен Уайт, возразил Банчу, убеждая его, что весть 1888 года не была отвергнута. Он говорил, что знает это, потому что лично присутствовал на конференции в Миннеаполисе. Он, естественно, передал эту точку зрения своему сыну Артуру Л. Уайту, который много лет проработал секретарём в «Комитете наследия Эллен Уайт». Под его руководством и при его поддержке после 1950 года были опубликованы примерно 1500 страниц о событиях 1888 года.

Как сын, так и внук Эллен Уайт по праву пользовались большим уважением в Церкви Адвентистов Седьмого Дня. Они были совершенно искренними, когда пытались убедить несколько поколений верующих в том, что весть 1888 года не была отвергнута. Мы относимся к ним обоим с большим уважением, признавая их уникальную роль в нашей истории. И всё же мы должны признать, что миссия Эллен Уайт ещё более уникальна, поскольку она была вдохновенным посланником Господа; её служение является выражением свидетельства Иисуса, Духа Пророчества. Её пророческий дар наделил её такой проницательностью, которая давала возможность видеть более глубокие и сокрытые вещи. Даже если тысяча очевидцев, не обладающих таким вдохновенным суждением, противоречат словам вдохновенного пророка, мы должны верить вдохновенному слову, ибо оно подразумевает, что «так говорит Господь». Свидетельства Эллен Уайт настолько ясны и просты, что обыкновенный человек без труда понимает их. Будущее этой церкви зависит от верного отношения к данному пророческому водительству.

По высказываниям Вилли Уайт, сделанным им во время проповеди, произнесенной в Линкольне (штат Небраска), 25 ноября 1905 года, можно судить, каким образом идея принятия вести получила официальное признание. Он описывает случай, который произошёл в Авондале, Австралия, когда туда десятилетием ранее приехал У. У. Прескотт. Вилли Уайт вместе с Прескоттом читал Эллен Уайт письма от руководителей из Генеральной Конференции, из далекого Батл-Крика. В письмах говорилось о якобы большом прогрессе нашего дела в Америке и об удивительных духовных победах в отношении вопросов вести 1888 года. Вот как вспоминает этот случай Вилли Уайт:

> Годами я чувствовал, что именно мне следовало делать всё возможное, чтобы обращать внимание своей матери на наиболее радостные успехи в нашей работе. ... Я полагал, что поскольку Господь избрал её в качестве Своего посланника для исправления ошибок в нашей церкви, ... и поскольку бремя этих откровений оказалось почти невыносимым для её сердца, то не будет ничего плохого, если я подберу для неё все слова ободрения и хорошие новости, которые утешат её, расскажу ей обо всех случаях, когда сила Христа действует в нашей церкви, покажу ей с лучшей стороны труды тех, кто несёт тяжелое бремя служения Господу, чтобы обратить её внимание на светлую сторону происходящего. ...
>
> Однажды, когда мы жили в Куранбонге, Новый Южный Уэльс, мы получили несколько писем от президента Генеральной Конференции, полных радостных сообщений о лагерных собраниях, а также о том, что те бизнесмены, действия которых ранее осуждались в её «Свидетельствах»[1], теперь высту-

[200]

---
[1] Хармон Линдсэй и А. Р. Генри «противостояли работе Божьей ещё со времени сессии в Миннеаполисе» (Э. Уайт. Письмо 100. 27 августа 1896 г. пункт 4).

пают на лагерных собраниях в разных штатах; о том, что они существенно помогли нам с этими собраниями, и сами приобрели новый духовный опыт ...

Мы [Вилли Уайт и Прескотт] были очень счастливы, читая эти письма. Они доставили нам много радости, и мы в один голос возносили хвалу Господу за хорошие вести. Представьте себе моё удивление, когда на следующий день мама сказала мне, что она пишет письма этим людям, от которых мы получили такие хорошие новости, а затем прочла мне строки, полные такой строгой критики, таких глубоких упрёков за воплощение неверных планов и применение ложных принципов в своей деятельности, которые этим людям ещё никогда не писали.[2] Для меня это было большим уроком (Коллекция Спалдинга и Магана (*Spalding-Magan Collection*). стр. 470).

Эллен Уайт изливает печаль своего сердца, которая и проливает точный свет на этот инцидент. Нельзя назвать неуважением к памяти Вильяма Уайта и пастора Прескотта упоминание о том, что ни один из них не обладал той глубокой проницательностью, которая наделялась с божественным даром пророчества. Этот дар не передаётся по наследству. Поэтому для них, как и для нас сегодня, было естественным верить и радоваться письмам от президента Генеральной Конференции с такими хорошими новостями. Наша церковь всегда отличалась духом оптимизма и постоянной радости достижениям и победам.

Но сердечное отношение всех человеческих существ в их естественном состоянии противоборствует «свидетельству Иисуса» до тех пор, пока Святой Дух особым образом не озарит наши сердца. В письме к президенту Генеральной Конференции Эллен Уайт описывает свои переживания, в то время как её сын и пастор Прескотт пытаются убедить её в том, что представленные в радужном свете доклады из Батл-Крика объективны:

Дорогой брат Олсен:

В октябре прошлого года я написала вам большое письмо ... Я очень переживаю о вас и о вашей работе в Батл-Крике. Я понимала, что вы связаны по рукам и ногам, и покорно подчинялись этому. Это настолько обеспокоило меня, что в разговоре

---

[2]Примеры таких сообщений можно найти в «*Свидетельствах для проповедников*» (стр. 63–77, 89–98).

с братом Прескоттом я сказала ему о своих чувствах. И Прескотт, и У.С.У. [Вилли Уайт] попытались рассеять мои страхи, представляя всё в наиболее благоприятном свете. Но слова их вместо того, чтобы поддержать, встревожили меня. Если эти люди не в состоянии увидеть последствия текущих событий, то насколько же бесполезно пытаться помочь увидеть это тем, кто был в Батл-Крике. Эта мысль пронзила моё сердце подобно удару ножа. Я сказала себе, что ничего не стану писать пастору Олсену.

... Ещё около двух недель я чувствовала абсолютную беспомощность. Я была похожа на сломанную тростинку. Я не могла заставить себя выйти из комнаты, не могла говорить с братом и сестрой Прескотт. Я уже не надеялась на выздоровление. ... Но ... постепенно силы вернулись ко мне (Письмо. 25 мая 1896 г.).

[201]

Ввиду чрезвычайной важности вопроса о позднем дожде и громком кличе, наша церковь и её руководство просто обязаны полностью довериться вдохновенному свидетельству Духа Пророчества. Когда человеческие мнения противоречат вдохновенным свидетельствам, то, независимо от величины человеческих авторитетов Духу Пророчества необходимо отдавать первое предпочтение.

Больше половины столетия мы как народ проявляем склонность наслаждаться ложным оптимизмом. Трагическим последствием этого является широко распространённое недоверие к совету Верного Свидетеля. Но разве полное признание правды не приведёт к великим духовным благословениям? Наша история в её верном истолковании представляет собой иллюстрацию слов Христа, записанных в книге Откровение (3:14–21), и призыв к должному покаянию.

Верное или неверное толкование прошлого определяет будущее. Состояние «теплоты» и духовная слабость – это последствия неверного толкования нашей истории.

ПРИЛОЖЕНИЕ Г

[202]

КАКОВО БУДУЩЕЕ ЦЕРКВИ АДВЕНТИСТОВ СЕДЬМОГО ДНЯ?

Верно то, что Церковь Адвентистов Седьмого Дня отсрочила проповедь миру вечного евангелия в его чистоте.[1] Мы все несём ответственность за эту проблему. Существует коллективная вовлечённость. Эллен Уайт часто уподобляла наши проблемы падениям древнего Израиля, где каждое новое поколение разделяло вину своих отцов, поскольку они не только имели такую же падшую человеческую природу, но и проявляли то же неверие.[2] Существует много печальных свидетельств нашего ожесточения, непослушания Духу Пророчества, и даже отступничества. Все события нашей истории за прошедшие с 1888 года сто лет известны.

Означает ли это, что Господь отказался от этой церкви и от её руководителей? А если даже Он не сделал этого до сих пор, то поступит ли Он так в будущем? Означает ли это, что Церковь Адвентистов Седьмого Дня обречена на неудачу?

Когда выбирающие путь Христа протестуют против того, что они считают отступничеством и неверным курсом церкви, и при этом встречают сопротивление, должны ли они считать эту ситуацию безнадёжной? Следует ли им прекратить поддерживать эту церковь и выйти из неё?

В книге Эллен Уайт «*Деяния апостолов*» на 11-й странице говорится, что истинная церковь всегда состояла из «верных душ». Будет ли образована какая-то новая группа или независимая организация из «верных душ», которая завершит евангельскую миссию и оставит организованную ранее Церковь Адвентистов Седьмого Дня прозябать в окончательном отступничестве?

Если уподобить церковь кораблю, обречён ли он на кораблекрушение, как *Титаник*? Или же он должен быть захвачен командой бунтовщиков? Должны ли «верные души» покинуть этот корабль и броситься в холодные воды, каждый сам по себе? Неужели в последние дни не будет никакого «корабля», и каждый из

---

[1] Евангелизм. стр. 694–697.
[2] См. 4-ю главу этой книги.

этих пассажиров будет спасаться в одиночку, цепляясь за обломки? Возможно ли, что каждый из них станет членом этой команды и под руководством Христа как своего Капитана они приведут целый и невредимый корабль в порт?

Эллен Уайт уподобила Церковь Адвентистов Седьмого Дня «прекрасному кораблю, несущему народ Божий», и заявила, что корабль этот благополучно придёт в порт.[3] Что есть истинная церковь? Остаётся ли организованная церковь *остатком от семени её* (женщины из Откровения), сохраняющим заповеди Божии и свидетельство Иисуса Христа» (Откровение 12:17, KJV)? Или же истинный «остаток» представляет собой лишь разрозненное, разобщённое неорганизованное рассеяние «верных душ»? Эти вопросы бросают вызов нашему существованию как народа на протяжении почти 150 лет.

Ни один разумный человек не осмелится заявить, что членство в организованной церкви может гарантировать личное спасение. Отнюдь нет. Но вопрос не в этом. Важный вопрос заключается в том, является ли принадлежность к церкви и её поддержка почётным долгом, который Господь возлагает на «верные души»? Как «ум Христов» относится к церкви Адвентистов Седьмого Дня? Если мы ответим на этот вопрос, мы сможем определить, каким должно быть наше собственное отношение.

На этот счёт существуют полезные указания в Священном Писании, а также многочисленные высказывания Эллен Уайт:

(1) Бог всегда желал, чтобы Его народ на земле был организованной, чётко выделенной, видимой «семьёй». Причиной этого является Его желание сделать этих людей Своими свидетелями, Своими посредниками в завоевании душ в этом мире. Древним эквивалентом церкви в древнее время было «семя» Авраама. Господь сказал Аврааму: «и благословятся в тебе все племена земные ... семени твоему отдам Я землю сию». «И поставлю завет Мой между Мною и тобою и семенем твоим после тебя в роды их, ... и семенем твоим после тебя. ... завет Мой поставлю с Исааком» (Бытие 12:3, 7; 17:7, 21).

[203]

(2) Бог никогда не менял этот завет, и Он *не может* его изменить. На протяжении многих лет отступничества древнего Израиля и Иуды Господь оставался верным Своему обещанию. Во времена пророка Илии и отступившего царя Ахава с его злобной царицей Иезавелью Израиль продолжал оставаться Израилем. Во

---

[3] Избранные вести. Т.2. стр. 390; 1892 г.).

времена пророка Иеремии и крайнего упадка Иудеи, когда Господь позволил вавилонянам забрать евреев в плен, они всё ещё оставались Божьим избранным народом. Они так никогда и не *стали* Вавилоном, хотя и были в плену *в* Вавилоне. Только те, кто отказался вернуться из Вавилона по окончании Вавилонского плена, потеряли своё место в истории. Завет же продолжал распространяться на тех, кто сохранил свою связь с избранным народом. В конце концов, в эту среду пришёл Мессия.

(3) Это не означает, что плотское родство с Авраамом делало человека наследником завета. Сказано: «*в Исааке* наречётся тебе семя». И так было всегда. «*Верующие* суть сыны Авраама». (Римлянам 9:7, Галатам 3:7). Истинным Израилем всегда были те, кто имел веру Авраама. Но они всегда должны были быть отдельным народом, отличным от других, чтобы согласно Божьему плану эффективно открывать евангелие миру. Даже маленькая девочка, служанка жены Неемана, находясь в рабстве, сохранила эту принадлежность и завоёвывала души.[4]

(4) Ранняя христианская церковь не была придатком или ответвлением от древнего Израиля. *Она и была истинным Израилем*, потому что члены этой церкви хранили веру Авраама.[5] С самого её зарождения, когда Христос призвал Своих первых учеников, Его церковь была организованной, составляла одно целое.[6] В годы земного служения Христа она оставалась организованной и подчинялась Ему как своему Руководителю.

Новый Завет свидетельствует, что и в апостольские времена церковь была организованной и отделённой, в ней были апостолы, старейшины, евангелисты, учителя, дьяконы, дьяконицы и другие верующие с различными дарами, содействующими дисциплине и взаимозависимости под руководством Святого Духа.[7] Когда был обращён Савл из Тарсиса, Господь тотчас привёл его в Свою организованную церковь.[8] «Верные души» действительно составляли раннюю церковь, но она ни в коем случае не была неорганизованной. Существуют многочисленные свидетельства наличия в ней дисциплины. Те, кто хочет доказать, что организованная церковь не может быть истинной, употребляют упомяну-

---

[4] См. 4-ю Царств, 5-я глава.
[5] Галатам 3:7–9, 29.
[6] Деяния апостолов. стр. 18; Желание веков. стр. 29.
[7] 1-е Кор. 12:1–28; Еф. 4:8–16; 1-е Тим. 3:1–15; Титу 1:5–11.
[8] Деяния 9:10–19; Деяния апостолов. стр. 122, 163

тое высказывание из книги «*Деяния апостолов*» (стр. 11) о «верных душах» в отрыве от контекста.

(5) Забота Бога о «жене, *которая* убежала в пустыню ... на тысячу двести шестьдесят дней» указывает на то, что преследуемая во времена средневековья церковь соблюдала Новозаветные принципы дисциплины и организации.[9] Истинные верующие всегда действовали в рамках организации, хотя менялись отдельные детали методов организации.

(6) В первые дни существования Церкви Адвентистов Седьмого Дня было много столкновений по поводу организации церкви, и фанатичные приверженцы анархии часто восставали против порядка.[10] Святой Дух поставил Свою несомненную печать одобрения на нужде в организации. Наши пионеры расценивали существование организованной церкви как исполнение пророчеств из книги Откровение (12:17 и 14:12). Они видели в ней движение, предначертанное Богом, чтобы нести весть миру и подготовить народ к пришествию Господа.[11]

Любое движение, возглавляемое Святым Духом, должно быть организованно и дисциплинировано, потому что «Бог не есть Бог неустройства».[12] Вот уже сто лет Церковь Адвентистов Седьмого Дня существует во многих странах с разными культурами, что явно свидетельствует о работе Святого Духа. Нет ни одного другого всемирного движения или организации верующих, которое даже отдаленно можно было бы считать исполнением пророчества из книги Откровение (14:6–12). Эллен Уайт никогда не сомневалась в нашем историческом предназначении.[13]

Это организация, чудно сотворённая Господом, для завершения задачи провозглашения «вечного евангелия». Ни одно ответвление или независимое движение не в состоянии в течение одного поколения развиться в такой потенциально эффективный инструмент для спасения человеческих душ. Истинных Адвентистов Седьмого Дня более волнует честь и оправдание Христа, чем

[204]

---

[9] Великая борьба стр. 62, 63, 67–69.
[10] Свидетельства для проповедников. стр. 26–29.
[11] Принципы христианского воспитания (*Fundamentals of Christian Education* – FE) стр. 254; Свидетельства для церкви. Т.1. стр. 271, 413; Свидетельства для церкви. Т.3. стр. 501.
[12] 1-е Кор. 14:33.
[13] См. например Свидетельства для церкви. Т.9. стр. 19; Свидетельства для церкви. Т.1. стр. 186–187; Избранные вести. Т.1. стр. 91–93; «Библейский комментарий АСД» Т.7. стр. 959–961.

личная награда. Они озабочены больше завершением Его евангельского поручения в этом мире, чем своим собственным спасением. У этих людей любовь к себе уступила место духовному опыту распятия своего «я» со Христом. Они находятся «под благодатью», или под властью новой мотивации, возникшей из признательности к Его жертве, а не «под законом», или под властью старой мотивации беспокойства о своём духовном состоянии.

Они подвергаются тем же испытаниям, которым подвергался Моисей. Когда Бог предложил ему оставить Свой организованный народ Израиль, чтобы ему стать руководителем ответвления их наследников, Моисей предпочёл, чтобы имя его было вычеркнуто из книги жизни, только чтобы имя Божье не было подвергнуто такому бесчестию.[14] «Просеивание» последних дней отделит от народа Божьего всех тех, чьей единственной сердечной мотивацией является только стремление к личному спасению.

(7) Наше состояние «под законом», когда мотивом наших действий является забота о личной безопасности, вызвано тем, что мы не понимаем праведности через веру. Это непонимание осквернило наши принципы церковной организации. Джеймс и Эллен Уайт настаивали на признании Христа истинным Руководителем нашей церкви:

> Во время Своего земного служения Христос ни разу не упоминал о том, что кто-либо из Его учеников и последователей должен быть назначен руководителем. ... Нет никаких указаний на то, чтобы апостолы Христовы поставили кого-либо из их числа над другими в качестве своего руководителя. ... В таком случае, единственным руководителем Своего народа на все времена является сам Христос ... Христос поведёт Свой народ, если они этого пожелают (Джеймс Уайт. «Ревью энд Геральд». 1 декабря 1874 г.).
>
> Бог не планировал, чтобы в христианской церкви существовала какая-то организационная система, которая отняла бы руководство у Христа.
>
> Служитель, который обращается любому Комитету Конференции за руководством, тем самым вырывается из рук Христа. Да сохранит Бог для нас нашу организацию и наш церковный порядок в его первоначальном виде (там же. 4 января 1881 г.).

[205] Но признание Христа Главой церкви, направляющим эту организацию, требует покорности, исходящей от сердца, а это не-

---

[14] Исход, 32-я глава.

возможно до тех пор, пока евангелие о праведности через веру не понято таким, какое оно есть. Мотивация «под законом» вытесняет мотивацию «под благодатью», в результате чего страдают и руководители, и рядовые члены церкви. Начинает проявляться «царская власть», служители и народ привыкают к ожиданию руководящих указаний от людей, склонных к ошибкам, начинают следовать их указаниям и превозносить их. Тонкая форма поклонения Ваалу питает наше себялюбие, выдавая себя за преданность Христу. (Всеобщая практика работников конференции, называющих своего президента «начальником», является примером прямого нарушения заповеди Христа из Евангелия от Матфея 20:25–28). Мотивация «под законом» может настолько глубоко пропитать церковь, что искренние души будут считать почти невозможным существование любого вида эффективного руководства.[15]

(8) Важной истиной, помогающей нам понять отношение Христа к Церкви Адвентистов Седьмого Дня, являются события 1888 года. Невзирая на царившее десятилетиями состояние «теплоты», Господь послал церкви «начало» последнего позднего дождя через делегатов сессии Генеральной Конференции. Он почтил этот народ «откровением о праведности Христа», послав эту «самую драгоценную весть», которая должна осветить всю землю славой.

(9) Реорганизация 1901 года должна была принести с собой возрождение и реформацию, и вернуть руководящую роль Христу, который совершал бы Свою работу через тех, кто верил Его словам: «Вы все братья». Но духовное возрождение так и не наступило. Оно так и осталось мечтой, «которая могла исполниться». То неверие, которое было характерным для 1888 года, никуда не делось.[16]

Сессия Генеральной Конференции 1903 года расценивалась некоторыми как шаг назад. Позиция, занятая Джоунсом и Ваггонером по отношению к пересмотренной конституции, уже рассматривалась в 10-й главе этой книги. Их убеждения разделили с ними всего несколько человек:

> Любой, кому довелось ознакомиться с теми историческими сведениями [Неандер, Мошейм], могли прийти только к одному выводу: принципы, которые должны быть реализованы

---

[15] См. Свидетельства для проповедников. стр. 359–364.
[16] Свидетельства для церкви. Т.8. стр. 104–106; Э. Уайт. Письмо судье Джесси Артуру. 15 января 1903 г.

введением предлагаемой конституции [1903 года] ... это те же самые принципы, выраженные таким же образом, что и сотни лет тому назад при формировании папства. ... Те, кто голосуют за них, голосуют за возвращение на два года назад, и к ещё более ранним позициям (П. Т. Маган. Бюллетень Генеральной Конференции. Т.5. 1903 г. стр. 150).

Братья, нам необходимо вернуться к тому, что было два года назад, — к проблеме реорганизации, обсудить её, довести это дело до конца и дать ей честную оценку, потому что те, кто занимал ответственные посты, уже признают, что не довели этого дела до конца, потому что не верили, что это возможно. Но я верю, что это возможно (Эдвард А. Сазерленд. там же. стр. 168, 169).

(10) Если Эллен Уайт и полагала, что пересмотр конституции в 1903 году был ошибкой, она не высказывалась об этом публично, хотя некоторые из её более поздних замечаний и можно истолковать как неодобрение. Более существенным и примечательным является то, что она не лишила организованную церковь своей поддержки после 1903 года и оставалась лояльной по отношению к этой церкви вплоть до своей смерти в 1915 году. И это несмотря на её глубокое разочарование духовными *последствиями* сессии Генеральной Конференции 1901 года.[17] Господь почтил эту церковь в течение всех этих лет служением Своего вестника.

Решение нашей проблемы заключается не в разрушении или в изменении структуры нашей организации, а в том, чтобы обрести покаяние и примирение со Христом внутри неё. Все усилия тщетны до тех пор, пока секира не будет положена при корне этого дерева. Все слабости и ошибки нашей организации можно преодолеть почти за одну ночь, если мы откликнемся на призыв Святого Духа к покаянию.

(11) Буквально миллионы людей сегодня могут засвидетельствовать, что единственной организацией, приведшей их к познанию вечного евангелия из 14-й главы книги Откровение, является Церковь Адвентистов Седьмого Дня, несмотря на все её неудачи. Лучшее, что может произойти для окончательного и успешного провозглашения последней вести — это покаяние этой церкви, которая в таком случае не только будет с кристальной ясностью проповедовать весть, но и явит плоды этой вести. Таково было убеждение Эллен Уайт. В период неверия эпохи 1888 года она надеялась на реформацию:

---

[17] там же.

Эту работу возглавляет Бог, и Он всё устроит. Если понадобится внести какие-то коррективы в руководстве, Бог позаботится об этом и исправит существующие недостатки. ... Бог благополучно доведёт в безопасную гавань этот прекрасный корабль, на борту которого находятся дети Божьи (Избранные вести. Т.2. стр. 390.2; 1892 г.).

Хотя в церкви есть пороки, и они останутся до конца истории мира, в эти последние дни церковь должна быть светом миру, оскверненного и развращенного грехом. Эта церковь, ослабленная и несовершенная, нуждающаяся в порицании, предупреждениях и советах, является единственным предметом самого пристального внимания и заботы Христа на земле. ... Пусть никто не осмелится критиковать единственный народ, исполняющий описание церкви остатка, соблюдающей заповеди Божьи и имеющей веру в Иисуса, возвышающий стандарты праведности в эти последние дни. У Бога есть Свой особый народ, церковь на земле, не имеющая равных себе, но превосходящая всех своим умением преподавать истину и отстаивать Закон Божий. ... Пусть же все объединятся с этими избранными сосудами ... (Свидетельства для проповедников. стр. 49.1, 57.3, 58.1; 1893 г.).

Когда кто-то отделяется от организованной Божьей церкви соблюдающих заповеди, когда церковь начинают взвешивать на своих человеческих весах, и осуждать её, тогда вы можете знать, что Бог не ведёт этих людей (Избранные вести. Т.3. стр. 18.4; 1893 г.).

Весть третьего ангела ожидает победа. Подобно тому, как Вождь воинства Господнего сокрушил стены Иерихона, так восторжествует и народ, соблюдающий Господни заповеди, а все противящиеся Ему потерпят поражение (Свидетельства для проповедников. стр. 410.1; 1897 г.).

Никогда ещё в своей жизни я так не изумлялась такому повороту событий, какой произошёл здесь [на сессии 1901 года]. Это не наша заслуга. Бог совершил всё это. ... Я желаю, чтобы каждый из вас помнил об этом, особенно о том, что Бог сказал, что Он исцелит раны Своего народа (Бюллетень Генеральной Конференции. Т.4. 25 апреля 1901 г. стр. 463, 464; События последних дней. стр. 54.2).

[207]

Были или не были эти «раны» исцелены в 1901 году или позже, нас должны ободрить слова о том, что «Он излечит» их. После 1901 и 1903 года Эллен Уайт сделала самые яркие из её заявлений, дающие определение этой организованной церкви как церкви истинной, и уверяющие нас в конечном успехе служения этой церкви, *когда покаяние охватит всю церковь:*

> Мы не можем сойти с основания, которое заложил Сам Бог. Нам нельзя сейчас создавать новую организацию, потому что это будет означать отступление от истины (Избранные вести. Т.2. стр. 390.1; 1905 г.).
>
> Мне велено сказать Адвентистам Седьмого Дня по всему миру: Бог призвал нас как народ, чтобы мы являли собой Его бесценное достояние. Он предначертал, чтобы Его церковь на земле пребывала в совершенном единстве Духа и твердо стояла в совете Господа воинств до конца времён (Избранные вести. Т.2. стр. 397.3; 1908 г.).
>
> Страх Божий, осознание Его благости, наполнят атмосферу в каждом учреждении [Адвентистов Седьмого Дня]. Дух любви и мира проникнет в каждый отдел. Каждое слово, каждый поступок будут распространять влияние, подобное влиянию небес. ... И тогда дело Божье будет продвигаться вперёд неуклонно и с удвоенной силой. Работники всех направлений обретут новую силу. ... Земля осветится славой Божьей, а мы будем свидетельствовать о скором пришествии нашего Господа и Спасителя в силе и славе (Медицинское служение. стр. 184.6, 185.1; 1902 г.).
>
> Я воодушевляюсь и испытываю блаженство, когда сознаю, что Бог Израилев всё ещё направляет Свой народ и что Он пребудет с ним до самого конца (Выступления к сессии Генеральной Конференции 1913 г.; События последних дней. стр. 56.3; 1913 г.)[18].

Она ясно отождествляла «народ Божий» с «этой деноминацией». Вилли Уайт за несколько недель до смерти Эллен Уайт написал следующее:

> Я рассказал [миссис Лиде Скотт] об отношении мамы к опыту церкви остатка и о её определённом мнении о том, что Бог не позволит отступничеству церкви достигнуть таких размеров, чтобы появилась необходимость в создании новой церкви (Письмо. 23 мая 1915 г.).

Больница является местом, где людям оказывают медицинскую помощь, чтобы восстановить их здоровье. Жизнь пациента – наивысшая ценность. Церковь, которая должна стать Невестой Христа, больна, и нуждается в лечении. Верность Христу потребует и верности Его будущей Невесте, совместных усилий, чтобы

---

[18] Это вторая весть Э. Уайт к Церкви Адвентистов Седьмого Дня. Эти слова были прочитаны на сессии Генеральной конференции 27 мая 1913 года президентом А. Г. Даниэльсом.

обеспечить её выздоровление.

Мы работали миссионерами в Африке и знаем, как проявляет себя в сердцах человеческих верность Христу (или её отсутствие). Некоторые номинальные[19] христианские нанятые работники неосознанно демонстрируют свой подлинный дух, называя нашу церковь местоимениями «вы» или «они». Невозможно проявить более неуважительное отношение к её репутации и процветанию. Но истинные верующие во Христа проявляют своё единство с церковью, неосознанно упоминая её местоимением «мы». Они, как представители Христа, больше заинтересованы в состоянии церкви, чем в своей собственной награде.

(12) Что означают Божьи обещания, данные на определённых условиях? Следует ли нам занять пассивную, выжидательную позицию и воздержаться от проявления верности и активной поддержки церкви, пока мы не получим доказательств выполнения этой церковью данных условий? Вот высказывания, делающие акцент на этих условиях:

> Мы находимся далеко не там, где могли бы быть, если бы наш христианский опыт гармонировал со светом и возможностями, данными нам ... Если бы мы ходили в данном нам свете, ... тогда наша стезя становилась бы всё светлее и светлее.
>
> Господь взвесит Церковь Адвентистов Седьмого Дня на весах святилища, Он будет судить её сообразно преимуществам и возможностям, которые она имела. ... Если посланные благословения не сделают её способной совершать доверенную ей работу, ей будет вынесен приговор: «Найдена лёгкой» (Свидетельства для церкви. Т.8. стр. 247).

Все обещания Бога, данные древним евреям, были не менее условны, чем нынешние. Поколение за поколением было «найдено лёгким», и умирало в отступничестве. Много раз повторялась история, случившаяся в Кадес-Варни, когда целое поколение, за исключением двух человек, должно было погибнуть в пустыне. И всё-таки Бог, сохраняющий завет, оставался верным Израилю, в то время как они предавали Его. Он всегда начинал заново с новым поколением. Никогда Он не поручал другому народу занять место «семени Авраама».

---

[19]Имеются в виду те обращённые в христианство, которые приняли крещение не на основании своих убеждений, а ради материальных благ и других преимуществ.

Тот факт, что как древний Израиль, так и современная церковь многократно терпели неудачи, ещё не означает, что подобная модель отступничества и отказа от веры будет продолжаться вечно. Неудачи народа Божьего всякий раз приводили к осквернению небесного святилища, ведь у сатаны появлялся случай присваивать Богу ответственность за неудачи Его народа.

Основание Церкви Адвентистов Седьмого Дня — это вера в слова пророка Даниила, которые несут добрую весть: «И тогда святилище очистится» (Даниил 8:14). Тогда и рассеются эти постоянно сгущающиеся тучи неудач, которые преследовали Божий народ. Тогда будет прославлено имя Божье, поскольку Его народ продемонстрирует успех Его плана спасения. Тогда жертва Христа будет оправдана. Циничное отношение, гласящее: «Предположим, что церковь так и не выполнит условий...» можно приравнять к выражению: «Предположим, что святилище так и не очистится». Честь Бога требует того, чтобы оно *было* очищено!

В этом заключается итоговый вопрос великой борьбы. Нам дана привилегия остаться абсолютно верными Христу и Его будущей Невесте.

Свидетельство, процитированное выше, называется «Будем ли мы найдены очень лёгкими?». В конце главы Эллен Уайт сама отвечает на поставленный вопрос:

> Когда в наших рядах произойдет очищение, мы уже не будем почивать на лаврах ... Если церковь, в настоящее время заражённая отступничеством, не покается и не обратится, она продолжит вкушать плоды своих деяний, пока не проникнется отвращением к самой себе. Когда же она воспротивится злу и изберёт добро, когда она взыщет Бога со всяким смирением и достигнет своего высокого призвания во Христе, укоренившись на основании вечной истины, ... тогда она исцелится. Тогда она явится в своей данной Богом простоте и чистоте, отделённая от земных уз, свидетельствуя о том, что истина сделала её воистину свободной. Тогда её члены станут воистину избранными Божьими, Его представителями.
>
> Настало время для основательной реформы. Когда она начнётся, дух молитвы приведёт в движение каждого верующего, и изгонит из церкви дух раздора и вражды. ... Не останется места никакому замешательству, ибо все будут иметь те же мысли, что и Дух. ... Все будут осознанно молиться молитвой, которую Христос дал Своим слугам: «Да придёт Царствие Твоё; да будет воля Твоя и на земле, как на небе» (там же. стр. 250, 251).

Долг наш сейчас в том, чтобы удалить препятствия внутри церкви, мешающие наступлению «полной реформации», и научиться молиться молитвой Господней.

ПРИЛОЖЕНИЕ Д

[210]

КРАТКИЙ ОБЗОР ПУБЛИКАЦИЙ, ВЫШЕДШИХ В 1987–1988 ГОДАХ

По провидению Божьему в 1988 году праздновалось столетие со дня сессии Генеральной Конференции в Миннеаполисе. То, что раньше было практически неизвестным, либо запретным предметом обсуждений, теперь превратилось в обыденный предмет для разговоров во всём мире. Слава Богу за этот возросший интерес! Многие из членов нашей церкви уже не успокоятся, пока не узнают всю правду.

После первого издания данной книги в августе 1987 года ещё несколько значимых публикаций вышли в рамках празднования этого «столетия»:

(1) «*Материалы 1888 года*». Эллен Уайт. (*The Ellen G. White 1888 Materials*). Опубликовано комитетом наследия Эллен Уайт в 1987 году. Издание комитетом наследия Эллен Уайт этой обширной коллекции высказываний в полном контексте на 1812 страницах заслуживает одобрения. Очевидно, цель издания такого большого количества материалов заключалась в том, чтобы не упустить ничего значительного. Наконец, со страниц этого издания Эллен Уайт позволили говорить беспрепятственно по этим вопросам. Если бы этот материал был опубликован несколько десятилетий тому назад, многие неясные вопросы, касающиеся событий 1888 года, уже были бы разрешены. Поскольку Дух Святой всегда подтверждал правоту «свидетельств» Эллен Уайт, эта публикация должна по Его провидению стать большим шагом вперёд к последнему возрождению и реформации.

Чтение этих документов приносит чувство удовлетворённости. У читателя не останется ни сомнений, ни открытых вопросов относительно того, что может скрываться под тем или иным многоточием, ибо таких многоточий уже не осталось.

Здесь раскрывается тот факт, что руководство церкви и в самом деле «в большой степени» отвергло начало позднего дождя и громкого клича, в то же время упорно заявляя о своём принятии «праведности через веру». Более того, становится очевидным, что «исповеди», сделанные после Миннеаполиса, не изменили нашего трагичного положения. Оказалось, что в поддержку доктринального содержания вести существует гораздо больше высказываний Эллен Уайт, чем предполагалось ранее. Число этих многочисленных одобрительных высказываний на данных 1812 страницах составляет добрую долю от целой тысячи.

Чтение этих неизменённых документов, которые часто являются фотокопией отпечатанных на машинке оригиналов, с правками, сделанными рукой автора, связано с особыми переживаниями. Как смогла эта маленькая женщина одна выстоять против почти всего церковного руководства, как смогла она написать такое огромное количество писем, и в то же время не сказать ни единого слова в пылу спора, которое, столетие спустя, вызвало бы смущение? Она прошла эпоху 1888, занимая верную позицию, и при этом проявляла истинно христианский дух. Ничто другое, когда-либо опубликованное комитетом наследия Эллен Уайт, не делает ей такой чести, как эти потоки её сердечного рвения.

С её стороны никогда не было никаких критических замечаний в адрес учения о праведности через веру, которое проповедовали Джоунс и Ваггонер, начиная с, 1888 года, и вплоть до 1895 и даже 1896 года. Те, кто столетие спустя очерняют весть 1888 года, опираются исключительно на одну фразу, которая кажется критическим замечанием, но вполне возможно, что она просто вырвана из контекста, а может даже и искажена при цитировании. В этой единственной застенографированной фразе, якобы сказанной в 1888 году, Эллен Уайт говорит: «Некоторые толкования Святого Писания, сделанные доктором Ваггонером, я не считаю точными» (Рукопись 15. 1888 г. пункт 5).

[211]

Стенографистка не могла зарегистрировать акцент, сделанный Эллен Уайт на слове «я», но по контексту становится ясным, что она не находит никаких доктринальных ошибок в вести проповедника. Она, скорее, выражает желание отказаться от своего мнения, чтобы принять свет послания, которое принёс Ваггонер: «Я бы хотела смириться и научиться смирению ума, принимая все наставления, как ребёнок. Господу было угодно послать мне великий свет, но я знаю, что Он руководит и другими, открывая им тайны Своего Слова, и я хочу принять каждый луч света, который Бог пошлёт мне, даже если он будет послан через самого смиренного из Его слуг [очевидно, что она имела в виду Ваггонера]. ... Некоторые толкования Святого Писания, сделанные доктором Ваггонером, я не считаю точными. Но ... я вижу красоту истины, изложенной доктором Ваггонером в проповеди о праведности Христа и её отношении к закону, как доктор раскрыл это перед нами. ... *То, что было представлено, полностью согласуется со светом, который Бог милостиво открывал мне за все годы моего служения. Если бы наши братья-проповедники приняли это учение, которое было изложено так ясно, ... то их предубеждения не имели бы над ними такой силы. ... Будем же молиться, подобно Давиду: «Открой очи мои»* (выделено нами — Р.В. и Д.Ш.) (Письма и рукописи. Т.5. Рукопись 15. 1888 г. пункты 3, 5, 7, 8).

В течение десяти лет Эллен Уайт с постоянством, и часто с радостью признавала, что Святой Дух одобряет богословскую весть Джоунса и Ваггонера, а неразумная оппозиция, которая приносила им страдания, изолировала их, и временами вынуждала их применять непродуманные выражения, как и древние евреи вынуждали Моисея прибегать к резким словам и действиям. В её известном письме от 9 апреля 1893 года она определённо поддерживает богословие Джоунса, и предостерегает его не использовать под давлением этой оппозиции крайние высказывания в защиту данного богословия.

Несмотря на то, что вестники 1888 года, как и все мы, были всего лишь людьми, Эллен Уайт никогда не говорила о том, что они в чем-то проявили нехристианский дух по отношению к братьям в те годы, что именно резкость и грубость в их поведении вызывали оппозицию со стороны братьев. Эти четыре тома явно подтверждают тот факт, что книги с критикой в адрес Джоунса и Ваггонера, напечатанные сто лет спустя после Миннеаполиса, увековечивают неверие 1888 года. Это феноменальное неверие, которому уже более ста лет, похоже на постоянное отвержение евреями Христа и Его апостолов на протяжении двух тысяч лет.

Но «правда» «проливает свет». С публикацией этих четырёх томов мы, наконец, встали на правильный путь, и можем надеяться, что Господь продолжит Свою работу, начиная с этой точки отсчёта. Любой богослов теперь подумает, прежде чем публиковать неверно истолкованные слова Эллен Уайт на тему 1888 года, поскольку самый смиренный член церкви может самостоятельно проверить источники.

[212] (2) «*Рукописи и воспоминания о Миннеаполисе 1888 года*» (*Manuscripts and Memories of Minneapolis 1888*), опубликовано «Пасифик пресс» (1988 г.). Это ещё одно собрание документов на 591 странице, написанных другими современниками Джоунса и Ваггонера. Там показано, что многие «братья» проявили духовную

слепоту и противодействовали Святому Духу во времена беспрецедентной эсхатологической возможности. Все они были людьми, трудившимися не покладая рук, преданными делу церкви, заявляющими о своей вере в евангелие; и в то же время все они, за небольшим исключением, были нечувствительными к учению и руководству Святого Духа в «истине евангельской». А самые известные из них противостояли даже Эллен Уайт.

Если судить по этим документам, ни один из исповедовавшихся в отвержении вести 1888 года не говорит, пытаясь оправдать свои действия, что личности Джоунса и Ваггонера побудили их сделать это. Человеческая природа склонна к самооправданию, и они непременно воспользовались бы возможностью указать на недостатки своих оппонентов, если бы имели для этого основания.

Двое из братьев, которые критически высказались по поводу личности Джоунса, почему-то сделали это только через 42 года после сессии, к тому же один из них (Вилли Уайт) выражая в 1889 году своё тёплое одобрение, странным образом противоречит своим же критическим замечаниям, высказанным позже, в 1930 году. В 1931 году А. Т. Робинсон вспоминал о резком замечании Джоунса в адрес Урии Смита в Миннеаполисе относительно «десяти рогов», но в то время это замечание, очевидно, не произвело на Эллен Уайт достаточного впечатления, чтобы упомянуть о нём в своих дневниках или в подробных отчётах о событиях в Миннеаполисе; не сделали этого и другие авторы документов этого сборника.

Этот единичный инцидент, очевидно, произвёл очень мало впечатления в 1888 году на фоне постоянной и явной поддержки Святого Духа. Необходимо выбрать одно из двух: либо в результате того, что прошло много времени, образ «позднего Джоунса» (после 1903 года) запечатлелся в воспоминаниях Робинсона о нём, либо дух, в котором Джоунс произнёс это замечание, был не таким резким, каким тот его преподал.[1]

Чтение этой обширной переписки лидеров церкви, занимавшихся своими обычными делами во времена беспрецедентной эсхатологической возможности, вызывает чувство жалости.

---

[1] Дж. С. Уошборн рассказал авторам настоящей книги об этом инциденте в 1950 году. Его рассказ ещё раз подтверждает, что Джоунс обладал «небесными верительными грамотами». Смотри копию интервью от 4 июня 1950 года, напечатанную в «The Gospel Herald» http://www.gospel-herald.com/j_s_washburn/interview.htm

(3) Книга Джорджа Р. Найта «*С 1888 года до отступничества – Дело А.Т. Джонса*» (*From 1888 To Apostasy—The Case of A.T. Jones*), опубликовано в «*Ревью энд Геральд*» (1987 г.). Эта книга из «Серии книг, изданных в честь столетней годовщины со дня сессии 1888 года» оставляет впечатление явной попытки дискредитации как самого Джоунса, так и вести, посланной этой церкви через него. В книге явно признаётся факт отвержения вести в Миннеаполисе и в последующие годы, а это уже шаг к признанию реальности; но затем картина искажается, когда Бог представляется неумелым и ошибающимся на основании плохого выбора вестника, а Его пророк – наивным, проявившим слишком много энтузиазма по поводу вести и вестника.

Концентрируясь на всех возможных недостатках личности Джоунса, мнимых или реальных, зацикливаясь на его служении, часто приписывая злые мотивы без всяких оснований, автор изображает его как человека «невыдержанного и грубого в высказываниях», использующего «язык сенсаций», «напыщенного», «самодовольного», «эгоистичного», человека, «который никогда не умел ... проявлять христианскую доброту» и был «жёстким и самоуверенным». По словам Найта молодой Джоунс, получив крещение в Уалла-Уалла, уже с того времени был обременён «вечной проблемой экстремизма». Почему же Господь избрал именно такого человека?

Евангельская весть Джоунса отвергается как «содержащая ошибки»; тем самым автор даёт понять, что принимать его весть опасно. Джоунс особенно сильно обвиняется в том, что он является автором ереси о «святости плоти» и пантеизма, популярных на рубеже веков.

Многие из читателей, не имеющих доступа к первоисточникам, придут к выводу, что всё сказанное таким донкихотским персонажем как Джоунс не достойно нашего внимания сегодня. Похоже, основная мысль книги заключается именно в этом.

При внимательном рассмотрении оценок, которые Эллен Уайт как современник давала характеру Джоунса и его вести, взгляд Найта становится проблематичным. Она говорит о Джоунсе, как о «несущем слово от Господа», как об «избранном посланнике Христа», как о человеке, которого «Бог избрал, ... и Дух Божий свидетельствует об этом», как «избранного слугу ... которого использует Бог». Он является одним из двух адвентистских служителей, которые, по её словам, имели «небесные верительные грамоты».[2] Не странно ли, что такое поношение Джоунса опубликовано и одобрено именно на юбилей его служения? Разве нормально для какого-то народа или церкви поносить героев, которых они почитают на юбилей?

Автор поддерживает популярное заблуждение о том, что сама весть 1888 года утеряна и неизвестна. Но полные энтузиазма высказывания Эллен Уайт в поддержку вести, а также манеры преподавания вести Джоунсом продолжаются почти десятилетие вслед за 1888 годом, доказывая то, что «весть» представляла собой нечто гораздо большее, чем якобы утерянные проповеди в Миннеаполисе. Спустя годы она выражается в настоящем времени: «Весть, которую проповедует А. Т. Джоунс ... есть послание Бога к Лаодикийской церкви». «Бог поддержал [его] ... давая [ему] драгоценный свет» (Письмо 24. 1892 г. пункт 36; Письмо 51а. 1895 г. пункт 28).

В течение упомянутого десятилетия она высказывалась с энтузиазмом и о личных качествах Джоунса, и о его манере проповедовать, что прямо противоречит представлению о нём, как о неуклюжем грубияне: он «излагал весть, неся доброту и красоту», «неся свет, благодать, и силу». Слушающие его люди «видели истину, милосердие, доброту и любовь Бога, как никогда прежде». Она считает «привилегией находиться рядом и свидетельствовать вместе с тем [Джоунсом], кто проповедует истину для настоящего времени» («Ревью энд Геральд». 27 мая 1890 г. пункт 6; 12 февраля 1889 г. пункт 7; 18 марта 1890 г. пункт 7; Письмо. 9 января 1893 г.). Очень неверно было бы отнести эти слова к «грубой» и «самоуверенной» личности, каким его представляют наши современные авторы, празднующие столетие его служения. Разве не было бы ей стыдно «находиться рядом» с таким человеком?

Характерное для этой книги негативное отношение к Джоунсу основывается не на воображении современных авторов. Существуют и исторические источники с критическим отношением к Джоунсу. Были у него враги и при жизни, насмехавшиеся над ним, называя его «фанатиком, экстремистом и пустым энтузиастом», «те, кто критиковали и принижали его, и даже опускались до такой степени, что высмеивали вестника, через которого Господь явил Свою силу» (см. Свидетельства для проповедников. стр. 96.2; Рукопись 48. 1891 г. пункт 46). *Но все они были неверующими*

---

[2]Цитируется по книге «*A. T. Jones: The Man and the Message*» (опубликовано «*1888 Message Study Committee*»; 1988 г.).

оппонентами, противящимися руководству Святого Духа. Почему же их мнение должно стоять выше свидетельств Эллен Уайт?

[214] Поддержка Джоунса со стороны Господа достаточно серьёзна, так как Эллен Уайт говорила: «Те, кто обвиняет и критикует Джоунса … тем самым обвиняют и критикуют Господа, пославшего его». Этих противников спросят на суде: «Кто просил вас поднимать руку против вести и вестника, посланного Мной Моему народу со светом, благодатью и силой?» (Свидетельства для проповедников. стр. 466.2; Письмо 77. 1893 г. пункт 32).

Обвинение в том, что Джоунс был автором ереси о «святости плоти», основано буквально на одном слове, которое он использовал в передовой статье в 1898 году, и которое оказалось прямой цитатой апостола Павла. Контекст этой статьи от 22 ноября представляет собой реформу здоровья, и не имеет никакого отношения к «святости плоти». Так же и обвинения в том, что Джоунс исповедовал или проповедовал пантеизм, основаны на предположениях или предубеждениях людей. В доказательство того, что Джоунс исповедовал и проповедовал пантеизм, не приводится ни одной его цитаты.

Это может показаться несущественным, но на деле это затрагивает «самую драгоценную весть», которую Бог послал Своему народу. Если эта весть вела своих приверженцев к пантеизму, Эллен Уайт серьёзно ошибалась, называя её «самой драгоценной вестью», а не «самой опасной вестью». Но самого Джоунса эта весть не привела к пантеизму, и это доказывает, что она не способствовала и тому, что Ваггонер якобы стал исповедовать пантеистические идеи. Проблема пантеизма (или пан-энтеизма) возникла именно из-за отвержения их вести, а не из-за её принятия.

Чтобы оправдать своё обвинение, Найт предлагает новое определение пантеизма. Согласно известному определению, Бог безличностен, и обитает в траве и деревьях. Согласно Найту, опасным источником пантеизма является появившаяся в 1888 году концепция о *личностном* Боге, находящемся в тесной связи с нами, и соединении духовного опыта оправдания через веру *в сердце верующего* с «доктриной о небесном святилище и его очищении». «Концепция о пребывающей внутри силе Христовой … присуща вести 1888 года … при её чрезмерном развитии … легко переходит в пантеизм».

Но это изощрённое определение порождает множество неразрешимых проблем, ибо оно логически подразумевает, что автор Послания к Евреям также был пантеистом, что можно сказать и об Эллен Уайт. И даже Иисус допускает такое «чрезмерное развитие», убеждая Своих последователей в том, что Святой Дух, Его Наместник, те только «пребудет с вами вовек», но «в вас будет». Итак, данное доказательство приводит к слишком крайним выводам, а значит, оно ничего не доказывает.

Действительно, существует доказательство того, что в какой-то период своей жизни Джоунс стал грубым и резким. Он утратил свою былую благость и кротость, и стал обижаться и критиковать своих бывших братьев. *Но это случилось не ранее, чем через десять лет после событий в Миннеаполисе.* Поэтому существует «два» Джоунса: Первый — это «слуга Божий» периода 1888–1903 годов, исполнивший своё поручение, и в целом оправдавший своё призвание и «небесные верительные грамоты», хотя и проявлявший иногда человеческие слабости. Второй — это Джоунс после 1903 года, трагически сбившийся с пути. Современные оппоненты Джоунса всё время путают этих «двух» Джоунсов друг с другом. А ведь самыми критическими годами были 1888–1893, ибо в то время оппозиция Джоунсу усилилась настолько, что после 1893 года наше долгое странствование стало неизбежным. В течение же этого периода Джоунс не совершил ничего достойного осуждения.

В книгах, опубликованных в честь юбилея, теряется важный элемент из всей этой захватывающей истории. В период его верности он пережил суровое «нехристианское преследование», выражаясь языком Эллен Уайт (Ежедневный Бюллетень Генеральной Конференции. Т.5. 1893 г. стр. 184). Это нарастающее противодействие подрывало и подтачивало его духовные силы. Господь не мог ошибиться, выбирая его на эту уникальную миссию возвестить «начало» вести громкого клича. Не ошиблась и Эллен Уайт, поддерживая его. «В большой степени» последующее его падение является следствием «нашего» безжалостного отвержения его вести, которое Эллен Уайт часто уподобляла духу древних евреев, отвергших Христа. [215]

Таким образом, неудача Джоунса в определённой степени, выражаясь словами Эллен Уайт, является следствием того, что Святой Дух был оскорблён нашими братьями. Когда Он приходит под видом благословения позднего дождя, и Его «оскорбляют», то Он в этом уникальном смысле вынужден удалиться. Благословение позднего дождя было отвергнуто в тот самый час, когда оно было более всего необходимо. Но ход времени нельзя остановить, история движется вперёд, и в результате этого отвержения происходит много плохого. Это и есть история нашей церкви.

Джордж Найт настаивает на том, что Эллен Уайт не интересовали доктринальные и богословские аспекты вести Джоунса и Ваггонера. Но её труды, наоборот, свидетельствуют об острой заинтересованности этими вопросами. Джордж Найт призывает к тому, чтобы церковь «*начала жить действенной христианской жизнью сегодня*», но только без преимуществ «самой драгоценной вести», посланной Господом, которая только и в состоянии сделать эту реформацию реальностью. Таким образом, его позиция логически переводит стрелки часов реформации назад и сводит на нет все уроки нашей столетней истории.

Ещё до Миннеаполиса Эллен Уайт часто призывала церковь начать «действенную христианскую жизнь сегодня». Но она же с сожалением говорила о том, что её призывы не имели должного эффекта. Когда же пришла весть Джоунса и Ваггонера, то она обрадовалась этому, потому что увидела, как эта весть может превратить адвентистские призывы в радостную реальность. Позиция Джорджа Найта логически повторяет оппозицию 1888 года, прибегая к популярным законническим воззваниям, и при этом принижая данные Богом евангельские средства достижения этой цели, заключённые в самой вести 1888 года.

(4) «Юбилейный выпуск» издания «*Адвентист Ревью*» от 7 января 1988 года на первый взгляд признаёт весть 1888 года, но в то же время упраздняет её значимость, утверждая, что «в послание Джоунса и Ваггонера вкрались заблуждения». Другими словами, «опасайтесь их проповеди!» Примечательно также и то, что во всём этом выпуске не было предоставлено слова самому Джоунсу и Ваггонеру, что автоматически сделало их *персонами нон грата*, причём сделано это более эффектно, чем это сделал главный редактор «*Ревью*» сто лет назад. Для уникальной сути самой вести в этом выпуске места не нашлось. В то же время в нём напечатаны статьи Лютера, Пола Тернера и даже Урии Смита, главного оппонента вести.

(5) Журнал «*Служение*» (*Ministry Magazine*), февраль 1988 года, «Специальный выпуск, посвящённый праведности по вере». Основное содержание выступлений различных авторов приведено ниже и выделено курсивом. Следующие за ними наши комментарии, выделенные абзацами, не следует считать критичными или придирчивыми. Публикация этого выпуска является благословением, потому что она привлечёт множество пытливых умов к

изучению затронутых там вопросов. Мы приводим наши комментарии, исходя из того, что осталось совсем немного времени, хотя Господь всё ещё не отменил Своего поручения четырём ангелам удерживать четыре ветра земных страстей:

(а) *1888 год ознаменовался открытым противостоянием многих наших служителей против Эллен Уайт. Она однажды даже стала думать о том, не желает ли Бог организовать другое движение, но затем она вновь обрела уверенность в том, что Бог руководит этой церковью. Большинство делегатов, «в основном, служители», а точнее «почти все» противостояли этой славной вести громкого клича* (см. стр. 4, 6).

[216]

Взгляд первой статьи выпуска радикально отличается от утверждений, десятилетиями повторявшихся руководством церкви, о том, что почти все делегаты 1888 года приняли весть. Можно возрадоваться тому, что правда о событиях 1888 года сегодня начинает получать признание, и когда наступит полнота времени, Господь добавит к этому Свои благословения. Мы выражаем сердечное согласие с убеждённостью авторов этой статьи, полной надежды на то, что правда в конечном счёте восторжествует и церковь последует за Господом. Знание правды о нашей истории должно подготовить нашу церковь к покаянию и примирению со Святым Духом.

(б) *В действительности нам неизвестно, в чём заключается весть 1888 года, потому что проповеди Джоунса и Ваггонера в Миннеаполисе не стенографировались. Нам приходится полагаться на проповеди и труды Эллен Уайт, и на то представление о вести, которое имеют современные комментаторы* (см. стр. 15, 16, 23–33).

Весть Джоунса и Ваггонера не была ограничена их проповедями на конференции в Миннеаполисе. Одобрительные высказывания Эллен Уайт относятся к тому, что они преподавали вплоть до 1896 года, и даже позже. Например, её известное высказывание о том, что эта весть является «самой драгоценной», датируется 1896 годом (Ле Рой Фрум рассказывает, что вдова Ваггонера говорила ему о том, что она застенографировала выступления мужа в 1888 году, а он (т. е. Ваггонер) впоследствии расшифровал и дополнил эти записи для своих редакционных статей опубликованных в 1889 году в «Знамениях», а также для его работ «*Христос и Его праведность*» (1890 г.) и «*Радостные вести*» (1900 г.)).

Книги Эллен Уайт, как например «*Путь ко Христу*» или «*Желание веков*», прекрасны сами по себе. И всё же она никогда не говорила о том, что её труды делают устаревшей весть 1888 года, открытую через Джоунса и Ваггонера. Она также никогда не претендовала на то, что в её книгах излагается весть громкого клича и позднего дождя, однако о вести 1888 года она писала именно так. Её книга «Путь ко Христу» была издана тиражом в миллионы экземпляров, и всё же поздний дождь так и не излился. Почему? Ещё одно тысячелетие принятия раннего дождя не обеспечит созревание жатвы, потому что для этого нужен поздний дождь. Разумно ли умалять ту весть, которая по свидетельству Эллен Уайт была началом этого дождя?

(в) *Весть о праведности через веру в изложении Джоунса и Ваггонера содержала заблуждения. Она вела к ереси о «святости плоти» и к пантеизму. Эллен Уайт критиковала их весть и находила в ней ошибки* (см. стр. 13, 61).

Все авторы, истолковывающие эту весть как ошибочную, опираются на одну-единственную фразу, сказанную Эллен Уайт: «Некоторые толкования Святого Писания, сделанные доктором Ваггонером, я не считаю точными» (Рукопись 15. 1888 г. пункт 5). Использование этой фразы вне её контекста противоречит сотням других её высказываний, выражающих безусловное одобрение. Только пользуясь неверной методологией, можно истолковать это высказывание как критику богословия Ваггонера, особенно если учитывать, что на той же странице Эллен Уайт пишет: «То, что было изложено, соответствует свету, который Бог открыл мне» (пункт 7). Всего через несколько дней она написала: «Когда … я впервые услышала точку зрения пастора Э. Ваггонера, … я пришла к выводу, что это были драгоценные истины, которые я могу принять всем сердцем». «Каждая фибра моего сердца воскликнула – Аминь» (Рукопись 24. 1888 г. пункт 41; Рукопись 5. 1889 г. пункт 38). Если поставить в этой фразе должное ударение на слове «я», как это удачно сделано в Рукописи 15, 1888 года, то всякое противоречие исчезнет. Она утверждает, что готова сменить *своё личное* предвзятое мнение на больший свет.

Окончательным испытанием для уникальной вести Джоунса и Ваггонера является свидетельство Священного Писания. Там мы и находим весомые доказательства.

(г) *Значительная доля вины за то, что руководство церкви в период 1888–1896 годы отвергло весть, лежит на самих Джоунсе и*

Ваггонере, которые были в то время фактически необращенными, «гордыми и самоуверенными». Излагая весть о праведности через веру, они проявляли дух непосвящённости (см. стр. 11, 13, 61).

> Не существует высказываний Эллен Уайт, подтверждающих это голословное обвинение. Не находим мы таких высказываний и в недавно опубликованных письмах их современников за период 1888–1896 годов. Трудно понять, как Господь мог выбрать этих двух посланников для особой миссии в 1888 году, если они тогда были необращёнными, грубыми, несносными, надменными, гордыми, самонадеянными, придирчивыми или резкими.³

(д) *Некоторые авторы утверждают, что личный опыт и способность завоёвывать души важнее истины. Другие возражают им, говоря, что истинный опыт невозможно приобрести, не понимая истинного учения. Но акцент в этом выпуске журнала «Служение» ставится на том, что ни учение, ни богословские откровения вести 1888 года нам не нужны и что доверие им является ошибочным направлением* (см. стр. 16, 61).

> Библейский принцип «праведности через веру» утверждает, что «евангелие есть сила Божья ко спасению». В нём содержится доктринальная «истина евангельская», противоречащая лжи «иного евангелия». «Истина сделает вас свободными». Доктринальное заблуждение портит и парализует евангелие, даже если подаётся в малых дозах. Истинный «духовный опыт» в «последнее» время невозможен без знания полной истины евангелия, которая несёт в себе самой знания, несущие спасение.

(е) *Не существует разницы между «верой, необходимой для вознесения и встречи с Христом, так не увидев смерти» и «верой, необходимой для воскресения из мёртвых при Его втором пришествии». Те, кто устоит во время последнего испытания, не одержат боль-*

[218]

---

³В письме к Джоунсу, написанном Эллен Уайт значительно позже его «отступления», она говорит, что он «всё ещё не обратился» (19 ноября 1911 г.). Если это относится и ко времени, когда Господь поддерживал его в его трудах, то возникает серьёзный вопрос: почему Эллен Уайт поддержала его, и как быть с очевидным опытом покаяния Джоунса, который он тогда пережил. Фраза «всё ещё не обратился» скорее всего относится к периоду времени после 1900 года, когда он «потерял терпение» и, следовательно, стал вновь необращённым.

шей победы и не отразят характер Христа в большей степени, чем те, кто жил в прошлых веках* (см. стр. 42).

Это утверждение явно находится в противоречии со следующим свидетельством: «Те, кто будет жить на земле, когда окончится посредническое служение Христа в небесном святилище, должны будут находиться в присутствии Святого Бога без Заступника. ... Среди народа Божьего на земле должна произойти особая работа очищения и оставления греха» (Великая борьба. стр. 425.1; смотри там же. стр. 623). С первых дней возникновения адвентистского движения наш народ признавал уникальную природу зрелой веры тех, кто будет готов встретить Христа. И если бы не многочисленные высказывания Духа Пророчества и библейские тексты в поддержку этого, то нам пришлось бы отказаться от этого убеждения, как рекомендует журнал «Служение». Однако вдохновенные свидетельства весьма многочисленны.

(ж) *То, что мы говорим, менее важно, чем то, как мы это говорим. Другими словами, истинность нашего учения менее важна, чем приятное впечатление от нашей личности* (см. стр. 61).

Такая позиция, доведённая до своего логического завершения, может посодействовать принятию начертания зверя, вместо печати Божьей, особенно когда вам предложат что-то кажущееся более привлекательным, завоёвывающим души. «Многие люди с развитым интеллектом и приятными манерами ... становятся отточенным орудием в руках сатаны» (Великая борьба. стр. 509.2). Новый Завет же учит нас тому, что истина, какова она есть в Иисусе, делает верующего не только подобным Христу по духу, но также и настойчивым в деле проповеди истины, что и было явлено вестниками 1888 года.

(з) *Отступничество Джоунса является предупреждением, призывающим не доверять их вести. Другими словами, это послание не может быть «самым драгоценным», если оно привело их к падению* (см. стр. 13, 61).

Данное утверждение не согласуется с несколькими высказываниями Эллен Уайт о том, что неудачи или даже отступничество вестников не умаляют ценности их вести, и что те, кто так думают, находятся в плену «рокового заблуждения» (Письмо 24. 1892 г. пункт 14).

(и) *Быть реформатором плохо, потому что это опасно. Реформистов обычно невысоко ценят* (см. стр. 62).

Быть самозваным, фанатичным «реформистом» действительно опасно; но сотрудничество со Святым Духом в деле реформ не может быть опасным. Церковь отчаянно нуждается в подлинном возрождении и реформации, и для нас небезопасно ждать, пока за эту работу возьмётся следующее поколение.

(к) *Адвентистское богословие и проповеди сегодня более сконцентрированы на Христе, чем в период до 1888 года. Это указывает на хороший духовный прогресс, достигнутый после 1888 года* (см. стр. 62).

Это утверждение может быть правдой, но так ли это на самом деле, показывает оценка самого Христа, чем наша собственная. Разве не актуально сегодня для нас послание к Лаодикии из книги Откровение (3:14–17)? Безусловно, главные идеи вести 1888 года всё ещё встречаются с сопротивлением и даже борьбой спустя столетие, а мирские интересы и состояние «теплоты» продолжают распространяться. Всё это было бы не так, если бы чистое евангелие ясно проповедовалось, ибо оно есть «сила Божья ко спасению». Тщательный анализ мотивов показывает, что в современном учении церкви гораздо больше законничества, чем мы предполагаем.

(л) *Весть 1888 года была принята в течение десяти лет после событий в Миннеаполисе, и новый президент Генеральной Конференции О. А. Олсен (не А. В. Олсон) поддержал её «с энтузиазмом»* (см. стр. 62).

Эта точка зрения опровергается свидетельствами Эллен Уайт 1896 года, в которых действия Олсена сравниваются с «действиями Аарона», когда президент легко поддался давлению решительных противников вести. Смотри 15-ю главу этой книги.

(м) *Молитва из девятой главы книги Даниила не выражает корпоративного покаяния, но является ходатайственной молитвой, и не подтверждает идею о том, что последующее поколение верующих должно каяться в грехах предыдущего поколения. Вместе с этим идея корпоративного покаяния неверно толкуется в данном журнале как якобы формальное решение сессии Генеральной Конференции по признанию ошибки, совершённой сто лет тому назад с «официальным» выражением сожаления в содеянном* (см. стр. 34–36; стр. 7, 8).

[219]

Мы должны осознать более глубокую реальность: весь мир разделяет вину в убийстве Сына Божьего (Свидетельства для проповедников. стр. 38; Желание веков. стр. 745; Римлянам 3:19). Неужели только древним евреям и римлянам следует каяться в этом грехе? Голгофа открывает корпоративную вину всего мира за грехи, которые мы, возможно, и не совершали лично, но совершили бы, если бы не благодать Божья, из-за своей природной вражды против Бога (Римлянам 8:7). Эту вину разделяют все люди, независимо от их покаяния в содеянном ими лично. Журнал «Служение» должен также признать имевший место опыт корпоративного покаяния самого Христа за весь мир, о чём свидетельствует Его крещение (В небесных обителях. стр. 254; «Ревью энд Геральд». 21 января 1873 г.; Бюллетень Генеральной Конференции. 1901 г. стр. 36). Библейское корпоративное покаяние есть личное, персональное покаяние в грехах других людей, как если бы это были наши собственные проступки, ведь мы тоже поступали бы также, если бы не благодать Христова. Мы все нуждаемся в Христовой праведности, вменённой на все сто процентов. Недопонимание истинных глубин корпоративного покаяния обесценивает весть о праведности Христа, подразумевая, что мы не так уж и нуждаемся в одной лишь вменённой праведности Христовой.

Насколько нам известно, до сих пор не нашлось ни одного служителя или богослова, настолько наивного, чтобы порекомендовать воспользоваться формальным голосованием на сессии Генеральной Конференции, или даже на собрании одного из её комитетов для того, чтобы исправить ошибку 1888 года. «Коллективное признание вины» всегда было неверной формулировкой. Верный термин – «корпоративное покаяние». И, благодарность Богу, эта идея уже признана заслуживающей серьёзного изучения.

(н) *Время второго пришествия Христа предопределено Богом. Следовательно, чтобы избежать возникновения «искажённой картины», нам не следует принимать в расчёт пророческие высказывания о том, что мы своим неверием отдалили это время, а значит, можем приблизить его своим покаянием и истинной верой. Полагают, что Христос отложил Своё пришествие, но якобы «грешно» утверждать, что мы виновны в том, что Он ещё не вернулся* (см. там же. стр. 41–45).

Это противоречит тому, что Христос говорит в Своей притче. Приведённый взгляд основан на двух изолированных высказываниях Эллен Уайт, причём оба они неправильно применяются, а в одном допущены неточности при цитировании. Верно то, что пришествие Христа откладывается, но неверно то, что Он его отложил. Отложили его мы.

(I) «Подобно звёздам в их непрерывном движении по предназначенному пути, намерения Божьи не знают ни спешки, ни промедления» (Желание веков. стр. 32). Здесь Эллен Уайт говорит о первом пришествии Христа, а не о втором. Отметим контекст цитаты: «На небесном совете также был определён и час пришествия Христа. И когда исполнились сроки, Иисус родился в Вифлееме». Автор полагает, что если время первого пришествия было предопределено, то так же обстоит дело и со вторым пришествием. Время первого пришествия установлено пророчеством Даниила; второе же пришествие относится к другой категории: «В те дни, когда возгласит седьмой Ангел, когда он вострубит», «времени уже не будет» (Откровение 10:7, 6). Другими словами, начиная с 1844 года, не существует более предопределённых сроков.

(II) «Предполагаемое промедление в реальности представляет собой не то, чем оно кажется, ибо Господь явится в назначенное время» (Письмо 38. 1888 г. пункт 17). Автор неправильно цитирует из этой фразы словосочетание «назначенное время», называя его «Богом назначенным временем», то есть назначенное время, которое Бог предопределил. Однако наш Господь Сам объясняет, что означает это «назначенное время», называя его не предопределённым днём, а временем «созревания жатвы, [когда] немедленно Он пошлёт серп». «Пусти серп свой и пожни, потому что пришло время жатвы; ибо жатва на земле созрела» (От Марка 4:29, Откровение 14:15). Автор не ссылается на эти два ключевых отрывка из Библии, но фактически опровергает их с помощью слов Эллен Уайт. Далее он утверждает, что «Эллен Уайт заявила о том, что Христос отложил Своё пришествие», но при этом получается, что она вторит словам неверного раба из известной притчи. В действительности же именно мы виновны в том, что второе пришествие отложено.

Данный тезис вводит в адвентистское мышление элемент кальвинизма, пренебрегая важностью 1888 года с точки зрения его связи со временем второго пришествия. Отец небесный всеведущ, но это никак не подтверждает кальвинистское предопределение.

[221]

(о) *«Динамика спасения» (The Dynamics of Salvation) рекомендуется в качестве изложения праведности через веру, настолько полного и содержательного, что фактически делает ненужным обнародование самой вести 1888 года. Это якобы и есть доказательство того, что руководство понимает, верит и проповедует эту весть. В предисловии выражается сожаление по поводу того, что некото-*

рые сегодня обвиняют руководство церкви в том, что их взгляд на праведность по вере совпадает со взглядом тех, кто выступал против вести 1888 года сто лет тому назад (см. стр. 22–28).

(I) Очевидно то, что данный вопрос стал предметом горячих споров. Действительно, авторы данной книги уже много лет придерживаются точки зрения о том, что общепринятое понимание «праведности через веру» представляет собой главным образом смесь вероучения церквей, соблюдающих воскресенье с учением тех, кто выступал против вести 1888 года сто лет тому назад.

(II) Авторы книги вынуждены признать доказательства того, что наше долгое странствование по пустыне и состояние «теплоты» всемирной церкви является результатом отвержения вести 1888 года, и отчаянной нужды нашего народа в этом послании. Мы не хотим вызывать вражду наших братьев. Мы желаем честно заявить о своих убеждениях, как этого требует совесть, и сделать это в духе христианской любви и верности.

(III) Вопрос настолько важен, что всемирная церковь должна рассмотреть его беспристрастно. Если наша позиция неверна, то всемирная церковь должна её решительно отвергнуть. Если же мы правы, то нет ничего важнее, чем перейти на сторону правды. Мы должны прилежно изучить весть 1888 года по сохранившимся письменным источникам, и сравнить её с нашим современным пониманием евангелия. По адвентистским изданиям можно изучить мотивацию преобладающих в нашей церкви взглядов. Мы обнаружим, что вестники 1888 года совершили такой прорыв в богословском и практическом понимании истины, который помирил кальвинизм с арминианством, и далеко превзошёл их обоих. Именно поэтому Эллен Уайт как минимум десять лет с таким восторгом относилась к этой вести. Весть, которая более ясно и полно восстановила истину, чем реформаторы 16-го века, или наши современные толкователи Библии, должна осветить всю землю славой.

(IV) Заявления в журнале «Служение» относительно «Динамики спасения» похожи на утверждения президента Генеральной Конференции, сделанные в 1952 году на Библейской конференции в Слиго. Он заявил, что представленная там весть превосходит по значению весть 1888 года. Журнал «Служение» может утверждать, что наши богословы поступают сегодня так же, а другие авторы могут это отрицать, но всё это бесполезно, пока всемирная церковь сама не сравнит оба взгляда и не рассмотрит объективные свидетельства, сравнивая эти две позиции.

(V) Ниже кратко перечислены некоторые из уникальных истин вести 1888 года: юридическое оправдание, а также эффективность оправдания по вере; благая весть о двух заветах; могущественная сила Христа, спасающая от постоянного согрешения; Христос приблизился к нам, облёкшись в падшую, греховную природу человечества; инициатива Святого Духа в спасении погибших; инициатива Доброго Пастыря в Его поиске заблудших овец; возможность победить все грехи, подобно Христу, победившему их ради нас; убеждённость в том, что в последнем поколении верующих отразится характер Христа; практическая связь между очищением небесного святилища и очищением человеческих сердец; мотив истинной веры – это желание, чтобы Христос был прославлен, а не эгоистичное стремление получить свою награду или избежать наказания; погибель для вечности будет происходить только по инициативе самих погибающих; а также истина о том, что жертва Христа совершила гораздо большее, чем просто создала какие-то условия для спасения, которые так и не подействуют, пока мы не сделаем чего-то со своей стороны: Он пролил Свою кровь за весь мир, и поэтому все люди обязаны Ему даже тем, что живут сегодня. Весть 1888 года раскрывает глубины искупления, которые миру ещё предстоит увидеть.

Кроме нескольких коротких цитат Ваггонера, приведённых одним из авторов, журнал «*Служение*» не предоставляет слова ни одному из вестников 1888 года, которых одобряла даже Эллен Уайт. Журнал объёмом в 64 страницы полностью посвящён теме вести 1888 года, но в нём читателю даже мельком не удастся столкнуться с самой вестью в том виде, в котором «Господь в Своей великой милости» послал её нам. Несомненно, причина этого в том, что редакторы знают, что каждая уникальная истина вести сегодня отвергается, так что послание 1888 года стало камнем преткновения и камнем соблазна для Церкви Адвентистов Седьмого Дня так же, как Христос был камнем преткновения для иудеев.

(6) Книга «*Совершенные во Христе*» (*Perfect in Christ*), автор Хельмут Отт (опубликована «Ревью энд Геральд», 1987 года), была рекомендована журналом «*Адвентист Ревью*» 7 января 1988 года (стр. 21). Эта книга «сосредоточивает внимание на двух темах сессии 1888 года: работа, которую совершает Христос сегодня, чтобы обеспечить спасение тем, кто Его принял, и совершенная праведность Христа, которая вменяется человечеству через веру».

Фактически основной тезис этой книги прямо противоречит вести 1888 года о праведности Христа. Но автор так искусно ма-

[223]

нипулирует цитатами из Писания и высказываниями Эллен Уайт, что у редакторов «*Ревью*» создалось впечатление, что этот взгляд на праведность через веру достаточно обоснован.

Основная идея книги состоит в том, что наш могущественный Спаситель настолько слаб, что не может помочь «верующим развить совершенный характер и достичь духовного совершенства», или явить Его праведность «в своей жизни». По его мнению, непрерывное согрешение верующих и их неправедность покрывается в юридическом, заместительном смысле совершенной праведностью Христа. Автор насмехается над созданным им образом верующего человека: «Верующие» на самом деле «не *достигают*» «совершенной праведности ... в течение всей своей жизни».

Вопрос же состоит не в том, могут ли верующие *достичь* уровня характера Христа, а в том, что через веру в Него они *продемонстрируют* такой характер «в своей текущей жизни». Писание громко заявляет о том, что так и будет.

В книге неправильно понимается суть вести 1888 года, а именно, праведность по вере. *Юридическое* оправдание благодаря жертве Христа сошло на «весь мир», на «всех людей» (Римлянам 3:23, 24; 5:18; 2-е Коринфянам 5:19; 1-е Иоанна 2:2; От Иоанна 1:29 и т.д.). Но те, кто откликаются на эту «благую весть», кто *верит*, те переживают опыт оправдания *через веру*, и таким образом становятся послушными всем заповедям Божьим. Это чудо совершается посредством «веры, действующей любовью». Таким образом, народ Божий *продемонстрирует* «в своей личной конкретной жизни» истинное послушание.

В начале 1988 года комитет наследия Эллен Уайт издал «Анализ» книги Отто, в котором делается вывод, что публикация этой книги в издательствах Адвентистов Седьмого Дня просто немыслима. Сам анализ показал, что книга «сводит на нет свидетельство Духа Божьего», данного в трудах Эллен Уайт, и что её аргументы основаны на том же самом неверном истолковании и применении высказываний Эллен Уайт, которым пользовался Дезмонд Форд. (20 января 1988 г.).

(7) Книга Роберта Виланда «*Благодать на суде*» (Grace on Trial). Рукопись книги была запрошена в 1987 году редакцией Пасифик Пресс, предполагавшей выпустить книгу до лагерных сборов 1988 года. Рукопись, согласно принятым правилам, была предоставлена в редакцию. После того, как она была прочитана, редакция приняла решение опубликовать её, и начала подготовка к изда-

нию. Но тогда вмешались представители Генеральной Конференции и вынудили редакцию отказаться от публикации книги.

Если бы книга была опубликована издательством Пасифик Пресс, она стала бы первой книгой из юбилейной серии, в которой весть 1888 года изложена самими вестниками.

(8) Книга Арнольда В. Валленкампфа «*Что каждый адвентист должен знать о 1888 годе*» (*What Every Adventist Should Know about 1888*), опубликованная в «Ревью энд Геральд» (1988 г.) является вехой в истории нашей церкви. Она представляет собой расширенную версию четырёх неопубликованных статей, написанных доктором Валленкампфом в 1979 году. Эта книга полностью разоблачает тезис о том, что «мы богаты, разбогатели и ни в чём не имеем нужды», характерный для работ, опубликованных при поддержке руководства церкви за последние сорок лет.

[224]

Автор с совершенной ясностью доказывает, что этому посланию противостояли, и оно было отвергнуто «большинством служителей на сессии 1888 года», и что сопротивление этой вести продолжалось «в последующие годы». Он утверждает, что мы находимся «в состоянии мятежа» против Бога. Руководители Церкви Адвентистов Седьмого Дня «обошлись жестоко» со Святым Духом, говорили «резкие слова ... против Самого Христа». Наша подлинная история является «коллективным» «предательством и распятием Иисуса», «поражающим воображение». Нам следует научиться «не следовать слепо за руководителями». «Если бы большинство делегатов Конференции в Миннеаполисе не последовало за своими лидерами в отвержении вести 1888 года, то Эллен Уайт не утверждала бы, что на этой конференции сам Иисус был, образно говоря, распят».

Далее автор замечает, что покаяние самых влиятельных оппонентов вести «не было искренним и полным». В течение десяти лет, последовавших за Миннеаполисом, «постепенное сопротивление вести только росло». «К 1899 году самоправедность церкви стала вызывать отвращение у Спасителя». Ссылка Эллен Уайт в Австралию была следствием неверия в весть 1888 года: «Идея отправить Эллен Уайт в Австралию в 1891 году была вызвана в основном тем дискомфортом, который вызывало её присутствие и её проповеди у некоторых влиятельных лидеров церкви». После 1901 года положение не намного улучшилось: «Очевидно, что с 1902 по 1904 год наблюдалась опасность для церкви вернуться к тому состоянию, которое имело место до Конференции в Миннеаполисе». «Вплоть до своей смерти в 1915 году Эллен Уайт не считала, что большинство Адвентистов Седьмого Дня на своём личном опыте приняли весть 1888 года». В 1926 году А. Г. Даниэльс «считал, что Адвентистской церкви всё ещё предстоит пережить духовный опыт, который Бог хотел открыть им в Миннеаполисе».

Согласно Валленкампфу, мы сегодня сформировали трагическое неверие, «претендуя» на то, что за отвержением вести последовало её «восторженное принятие». «Если мы прямо и откровенно не представим происходившее на сессии Генеральной Конференции 1888 года и в последующие годы, то мы как церковь увековечим грех, совершённый в Миннеаполисе в 1888 году. Тем самым мы присоединимся к нашим духовным отцам, и будем заново распинать Христа в лице Святого Духа».

Автор книги, являющийся одним из руководителей Генеральной Конференции, говорит в завершение: «Наш долг – признать, что мы как народ Божий в значительной степени долгое время фактически отвергали весть 1888 года. ... что Бог желает, чтобы все Его последователи были правдивыми и честными». «Сегодня на нас лежит ответственность рассказать правду о сессии в Миннеаполисе 1888 года и последующих событиях. Нельзя назвать добродетелью отрицание правды и заявления о том, что всё было хорошо». Это его слова, а не наши.

Аминь!

Пусть Святой Дух в Своей великой милости даст нам силу быть честными хотя бы через сто лет! Он может даровать нам возрождение, реформацию и покаяние, если мы расскажем всю правду и перестанем отрицать её и бороться с ней. Это принесёт нам примирение со Христом и излечит наше разрушительное разобщение. Безусловно, 100 лет вполне достаточно, чтобы взглянуть в лицо реальности, внять призыву Христа, обращённому к *ангелу Лаодикийской церкви*. (Валленкампф признаёт, что этот «ангел» есть руководство Церкви Адвентистов Седьмого Дня и что десятилетия отрицания правды создали состояние «теплоты» и апатичности во всемирной церкви). Христос не может вечно терпеть наше состояние, вызывающее у Него такую тошноту. Доказательств этому уже предостаточно.

Столетний юбилей сессии в Миннеаполисе отмечен явным прогрессом. Привлечение внимания церкви к событиям 1888 года и к самой вести, даже посредством неверного толкования, может стать благословением от Господа и пробудить многих. Заинтересуется этим главным образом молодёжь, которая смущена и подавлена состоянием современного адвентизма. Святой Дух допускает даже публикацию неправды, чтобы на её фоне истина засияла ещё ярче. (Валлепкампф критикует идею корпоративного покаяния, но ясно показывает своё искреннее непонимание этого вопроса. Всемирное осмеяние корпоративного и церковного покаяния, имевшее место в 1988 году, будет использовано Святым Духом для пробуждения во многих серьёзных умах интереса к более глубокому изучению призыва Христа из книги Откровение (3:19). Для адвентистских руководителей отвратительны насмешки над Божьим призывом.

Есть надежда на то, что хотя бы это поколение придёт к пониманию истинной духовной потребности нашего народа, будет «алкать и жаждать» праведности (через веру), которую Господь в великой милости Своей попытался даровать нам. Покаяние не может быть произведено нашими собственными усилиями, оно не может быть навязано, даже путём публикации исчерпывающих документальных доказательств. Оно остаётся драгоценным даром Божьим.

Мы молимся, чтобы Он милостиво даровал его нашему поколению и надеемся, что это случится.

Об авторах книги «Новый взгляд на 1888 год»

Оба они родились в семьях, не принадлежащих к адвентизму. Каждый из них встал за истину и стал Адвентистом Седьмого Дня посредством личного изучения и личных убеждений, и крестился в юности, во время учёбы в старших классах школы. Со времени своего личного призыва к служению в качестве рукоположённых служителей, и до ухода на заслуженный отдых, Божьей благодатью они вместе насчитывают более ста лет служения в Церкви Адвентистов Седьмого Дня, 62 из которых они были миссионерами в Африке. И даже после официального ухода на заслуженный отдых они до самого конца своей жизни оставались активными и официальными служителями Бога и Его Церкви Адвентистов Седьмого Дня. Так и не складывая своего оружия, они мирно успокоились во Христе Иисусе, ожидая звука Его последней трубы.

Роберт Виланд (**Robert J. Wieland**, 1916–2011) родился в штате Айова и стал Адвентистом Седьмого Дня во Флориде в 1929 году. Он был рукоположённым служителем Церкви Адвентистов Седьмого Дня со стажем служения более 50 лет. Он учился в Южном Миссионерском Колледже (ныне Южный Адвентистский Университет) и окончил семинарию Адвентистов Седьмого Дня в Объединённом Колледже Колумбии (ныне Адвентистский Университет Вашингтона), после чего он посвятил свою жизнь церковному служению в конференции Флориды, служа пастором до тех пор, пока не был призван в Миссию Какро, Восточная Африка, в 1944 году. Именно в семинарии в 1938 году он обнаружил красоту вести о Христе и Его праведности, читая книгу «Радостные вести», комментарий Эллета Ваггонера на Послание к Галатам. Пастор Виланд также защитил степень магистра по богословию в университете Эндрюса в 1965 году.

Пастор Виланд служил президентом миссии Уганды и Центральной Кении, секретарём «Голоса пророчества» в Западно-Африканском Унионе, а также соавтором статей и редактором книг и периодики в Восточном Африканском Издательстве. Он овладел языком Уганды и Суахили. Благодаря его труду и служению он встретился с пастором по имени Дональд Карр Шорт, с которым они дружили всю оставшуюся жизнь. Пастор Виланд написал много книг, которые были изданы на языках Уганда, Суахили и на английском языке. Его книги продолжают издаваться и до сих пор ценятся народами Восточной Африки. Пастор Виланд вернулся в Америку в 1965 году, чтобы служить в Юго-Восточной конференции Калифорнии.

После выхода на пенсию в 1986 году пастор Виланд продолжал своё посвящённое служение своей церкви и вести о Христе и Его праведности — «вести третьего ангела в своей подлинной сути» — раскрытой более ясно на Генеральной Конференции 1888 года в Миннеаполисе Джоунсом и Ваггонером. Семинары и проповеди на церковных собраниях в Англии, Франции, Германии, Индии, Японии, Австралии, Африке и в разных уголках Соединённых Штатов вместе с многочисленными статьями в журналах, книгах, аудио и видеозаписей составляют наследие пастора Виланда.

Дональд Шорт (**Donald K. Short**, 1915–2004) родился в штате Индиана. После посещения серии евангельских встреч в Дайтона Бич, Флорида, он крестился и стал членом Церкви Адвентистов Седьмого Дня в 1930 году, ещё во время учёбы в старших классах школы. Его последующее образование проходило только в учебных заведениях этой деноминации (Академия Форест Лейк, Южный Объединённый Колледж, ныне Южный Адвентистский Университет). Пастор Шорт окончил Союзный Колледж Колумбия (ныне Адвентистский Университет Вашингтона) в 1940 году, после чего он был призван для служения миссионером в Восточную Африку. Он также защитил степень магистра искусств в Университете Эндрюса в 1959 году.

В 1946 году пастор Шорт был переведён в Кению, где он содействовал удвоению размеров существующей церковной школы, и строительству новой церкви. В 1950 году, изучив язык Суахили, он стал управляющим издательством «Адвент пресс» в Кении (позже названным «Издательским домом Африканский вестник»). Он оставался в Восточной Африке до 1960 года, исполняя обязанности директора школы, секретаря-редактора, директора миссии и менеджера издательства в этот период. Впоследствии он служил генеральным директором Транс-Африканского издательства, Издательской ассоциации «Страж», расположенной в Кейптауне, Южно-Африканская Республика, которая издавала адвентистскую литературу на ряде языков для большой части Африканского континента. В течение 17 лет служения на этом посту пастор Шорт был также ответственным за расширение издательских возможностей и обновления типографского оборудования.

Пастор Шорт был также выдающимся автором, известным своими глубокими изысканиями. Он часто использовал фразы из Писания в качестве названий своих книг. Две из наиболее известных называются «И тогда святилище очистится», и «Уподобился… братьям».

www.ingramcontent.com/pod-product-compliance
Lightning Source LLC
Chambersburg PA
CBHW081353070526
44583CB00020B/2539